健康之路

跑步 OR 健步走

曹 金 孟 强 马海霞 张亚庆 著

清華大学出版社
北 京

内 容 简 介

本书从跑步与健步走实战角度出发，详细地介绍了跑步与健步走的理论知识及实训技术，全面而科学地为跑步和健步走爱好者制定了一套系统的运动技巧与练习方法。全书共分12章，分别介绍了跑步发展史、初识跑步、跑步生物系统、了解身体结构、运动装备、热身与放松、健步走、开始跑步、健康跑、竞技跑、力量训练、运动损伤的预防与恢复等内容。

本书图文并茂，秉承了运动理论知识与实训相结合的特点，从技术、基础理论以及练习方法3个角度帮助读者掌握跑步与健步走理论与训练方法。其内容简单易懂、结构清晰、实用性强、训练计划经典，适合于跑步爱好者、健步走者、徒步者、大中院校师生及健身培训人员使用，同时也是健身爱好者的必备参考书。

图书在版编目(CIP)数据

健康之路：跑步OR健步走 / 曹金等著. —北京：清华大学出版社，2019
ISBN 978-7-302-52459-5

Ⅰ. ①健… Ⅱ. ①曹… Ⅲ. ①健身跑—基本知识 Ⅳ. ①G806

中国版本图书馆CIP数据核字(2019)第043577号

责任编辑：陈立静
封面设计：侯国卫
责任校对：李玉茹
责任印制：李红英
出版发行：清华大学出版社
网　址：http://www.tup.com.cn，http://www.wqbook.com
地　址：北京清华大学学研大厦A座　　邮　编：100084
社 总 机：010-62770175　　邮　购：010-62786544
投稿与读者服务：010-62776969，c-service@tup.tsinghua.edu.cn
质量反馈：010-62772015，zhiliang@tup.tsinghua.edu.cn
印 刷 者：北京鑫丰华彩印有限公司
装 订 者：三河市溧源装订厂
经　销：全国新华书店
开　本：170mm×240mm　**印　张**：17.5　**字　数**：280千字
版　次：2019年5月第1版　**印　次**：2019年5月第1次印刷
定　价：59.80元

产品编号：081252-01

前言 Preface

本书系统、全面地介绍了跑步与健步走的基础理论、训练技巧和训练计划，内容安排收放自如，阅读体验轻松，上手容易，方便读者学习跑步与健步走内容。全书共分 12 章，内容概括如下。

第 1 章：全面介绍了跑步发展史，包括“贵由赤”长跑、马拉松跑、奥运会第一项目等内容。

第 2 章：全面介绍了初识跑步，包括跑步的类型、运动生物类术语、跑步基本术语、马拉松跑术语、跑步的益处等内容。

第 3 章：全面介绍了跑步生物系统，包括碳水化合物、蛋白质、脂肪、再生系统等内容。

第 4 章：全面介绍了了解身体结构，包括肌肉分布、心肺结构、核心区域、臀部、膝关节、脚踝和足部等内容。

第 5 章：全面介绍了运动装备，包括跑鞋、功能性服装、配件、特定环境下的运动装备等内容。

第 6 章：全面介绍了热身与放松，包括初识热身与放松、动态拉伸技术、静态拉伸技术、泡沫轴放松等内容。

第 7 章：全面介绍了健步与徒步走，包括初识健步走、健步走计划、徒步走、徒步走计划等内容。

第 8 章：全面介绍了开始跑步，包括跑步准备、跑步练习、跑步中的体能、跑步技巧、制订跑步计划等内容。

第 9 章：全面介绍了健康跑，包括认识健康跑、正确开启跑步之门、确定运动方式、优化跑步方式、健康跑计划、不同人群的跑步方式等内容。

第10章：全面介绍了竞技跑，包括参加入门赛、10公里比赛、半程马拉松、全程马拉松、其他专业跑等内容。

第11章：全面介绍了力量训练，包括认识核心力量、核心力量练习、抗阻力练习等内容。

第12章：全面介绍了运动损伤的预防与恢复，包括认识运动损伤、运动损伤的预防、运动损伤的治疗与康复、常见的运动损伤等内容。

对于初学者，本书可以帮助他们以正确的方式打开跑步之门，经过一段时间或许还可以帮助他们到达马拉松跑的门前，真正达到马拉松运动员的水平；对于已经具备一定水平的跑步者，本书可以帮助他们在跑步运动中更上一层楼，可以完美、优雅地进行跑步并刷新最好成绩；对于为了健康而跑的新手来讲，本书可以帮助他们通过运动和健康饮食使身体达到一个新的健康程度，从而获得更高的生活质量。

本书中，清华大学校友曹金和张亚庆负责编写了第1~4章和第9章内容，郑州大学体育学院的孟强负责编写了第5~8章，河南安阳职业技术学院的马海霞负责编写了第10~12章内容。

参与本书编写的人员除了封面署名人员之外，还有房松、王在芳、王克勤、刘妍洁、卢春笛、王晶晶、刘娟、杨鄢戎、郭新峰、王富印等人。由于水平有限，疏漏之处在所难免，欢迎读者朋友登录清华大学出版社的网站www.tup.com.cn与我们联系，帮助我们改进与提高。

编　者

目录
Contents

2019 高校

第 1 章　跑步发展史

在古代，人们以狩猎与耕种为主要生活来源，因此强壮的身体成为生存的必要条件。随着科学技术的迅速发展，汽车、地铁、公交等各种交通工具越发便捷，促使人们抛弃了以往的步行与骑车这种最为基础的运动方式，导致人们的运动量越加贫乏。而互联网的高速发展，带给人们的除了网络的无限畅游之外，更多的则是长期坐立而导致的体重超标。自2009年开始，国务院批准每年的8月8日为“全民健身日”，全民健身被提上了重要议事日程。跑步作为最基本的健身方式之一，也越来越受更多人的青睐，在了解跑步对健康的意义之前，我们还需要先来了解一下跑步的历史。

1.1 “贵由赤”长跑

跑步是最古老的运动方式之一。在远古时代，只有跑得够快、够持久，才可能获得更多的猎物及保护自身安全。提起跑步，大多数人想到的是非洲，因为非洲一直在跑步中占据着统治地位。其实，世界上最早、距离最长且比较正规的跑步运动起源于中国蒙古军的“贵由赤”长跑，它比马拉松运动还要早600多年。

“贵由赤”是指元时禁军“贵赤卫”的长跑比赛，“贵由赤”与“贵赤卫”为蒙古语，表示“快跑”的意思。早在公元1287年，元世祖忽必烈时期便开始举办每年一次的“贵由赤”比赛了。这项比赛，类似于近代的马拉松，其里程为90公里，比马拉松的里程长一倍多。

“贵赤卫”禁军的主要职责是负责大都（今北京）和上都（今内蒙古正蓝旗东闪电河北岸）的警卫工作，并肩负两地紧急公文的传递任务。为了方便传递，每隔5~7.5公里便设一急递铺，每个铺子分别配备了数量不等且身强力壮的铺卒，铺卒以接力的方式传递消息。遇紧急军情，这些铺卒便“腰系革带，悬铃，持枪，夹雨衣，赍文书以行”，一个铺子挨着一个铺子将公文传递下去，直至终点，通常昼夜可行200公里。

陶宗仪在《南村辍耕录》卷一中对此进行了详细的记载：“贵由赤者，快行是也。每岁一试之，名曰放走。以脚力便捷者膺上赏，故监临之官齐其名数而约之以绳，使无后先参差之争，然后去绳放行。在大都，则自河西务起程，若上都则自泥河儿起程。越三时，走一百八十里，直抵御前，俯伏呼万岁。先至者赐银一饼，余者缎匹有差。”

元代的一百八十里，约合现在的67.6公里，其距离超过了全程马拉松。选手需要在6个小时内跑完全程，这

对于选手的体力来说是极大的考验，“贵由赤”可以说是真正意义上的超级马拉松。

“贵由赤”比赛最后只取前 3 名，其余选手不记名次，但也会获得相应的奖励。据元杨瑀《山居新语》中“皇朝贵由赤”条中所述：“头名者赏银一锭，第二名赏缎子四表里，第三名赏二表里，余者各一表里。”其中，“一表里”表示一套服装的里外布料。

1.2 马拉松跑

马拉松（Marathon）是一项长跑比赛项目，全程距离为 42.195 公里（也有说法为 42.193 公里）；分为全程马拉松（Full Marathon）、半程马拉松（Half Marathon）和四分马拉松（Quarter Marathon）3 种形式。目前，全程马拉松比赛最为普及，一般提及马拉松比赛，即指全程马拉松。

马拉松比赛起源于公元前 490 年 9 月 12 日的一场战役，史称希波战争。当时波斯人入侵雅典，双方在距离雅典不远的马拉松海边发生激战。由于双方力量悬殊，雅典急派士兵菲力庇第斯跑去向斯巴达求援，他在两天内跑了 150 公里，于 9 月 9 日到达斯巴达，出人意料，斯巴达当时正逢宗教节日，拒绝救援。所幸的是，最终雅典军队以少胜多，获得了反侵略胜利。为了让故乡人民尽快获知胜利的喜讯，雅典军队统帅又派士兵菲力庇第斯跑回雅典报信。这位带着神圣使命的雅典士兵，接到命令后，又从马拉松一口气跑回雅典。因为极速跑了 42.193 公里，菲力庇第斯报捷后便倒地身亡。为了纪念这位长跑英雄，1986 年在雅典举行的近代第一届奥运会上，设立了“马拉松赛跑”这一比赛项目，并将菲力庇第斯当年报信跑的距离作为竞赛距离，即 42.193 公里。

近代第一届奥运会之后的十几年内，马拉松跑的距离都被定为 42.193 公里。在 1908 年第三届奥运会中，为

方便英国王室人员观看马拉松比赛，特意将起点设在温莎宫的阳台下，将终点设在奥林匹克运动场内，两地距离经测量为26英里385码，折合42.195公里。国际田联（IAAF）后来将该距离作为马拉松跑的标准距离，而女子马拉松直到1984年第二十三届奥运会时才被正式列入比赛项目。

马拉松赛被定为奥运会比赛项目之后，便在世界各地广泛举行。美国从1897年便开始在波士顿举办马拉松赛，成为世界上马拉松赛举办最悠久的国家。据统计，2017年10月8日美国银行芝加哥马拉松赛，吸引了世界各地近4.5万名选手参加，创下了参赛人数的最高纪录。

中国的第一届马拉松比赛于1910年11月17日在南京举办，是近代体育传入中国后具有记录的首届马拉松比赛。该马拉松比赛在清末民初时被称为“竞走”，其赛道位于南京与镇江之间，起点位于镇江金山顶，终点位于劝业会纪念塔。全程分为不连贯的3段，参赛者分为3天跑完3段路程。最初参赛者为10人，坚持跑完全程的为6人，同时到达终点，排名不分先后。

马拉松运动一开始是不设定世界纪录的，只有最好成绩。国际田联为了刺激马拉松、竞走等比赛的发展，于2004年1月1日决定开始设立马拉松、竞走等比赛的国际纪录。马拉松的国际赛事包括波士顿马拉松、纽约马拉松、柏林马拉松等，其具体情况如下表所示。

赛事名称	开始时间	赛事特点	路　线	最大规模
波士顿马拉松	1987年4月	全球首个城市马拉松，参赛资格具有严格的限制，女子马拉松产生过3次世界最好成绩	从波士顿正西方的Hopkinton出发，穿过7个小镇，最后在位于波士顿市中心的Copley广场结束，整个路线起伏较大	超过3万人
纽约马拉松	1970年11月	最受欢迎的马拉松，参赛选手最多的马拉松	起点设在通向Staten岛的Verrazano-Narrows桥上，穿过纽约的五个城区后，抵达中央公园结束	超过10万人
柏林马拉松	1974年9月	世界上最快的赛道，男子马拉松产生过7个世界纪录，女子马拉松产生过3个实际纪录	线路设计尤其突出了城市的历史、文化特色，路线上可以看到柏林市内著名的地标性建筑	超过3万人

续表

赛事名称	开始时间	赛事特点	路 线	最大规模
伦敦马拉松	1981 年 4 月	慈善马拉松赛，历史上产生男、女世界最好成绩最多的比赛城市，增加了化妆队伍	从伦敦西南的布莱克希思格林尼治公园出发，经过国会大厦和白金汉宫，抵达靠近圣琼斯公园的终点	超过 3 万人
东京马拉松	2007 年 2 月	报名选手最多，举办“东京大马拉松节”声援马拉松比赛	从东京都厅出发，沿途经过日本桥、浅草、银座、日比谷等东京知名地标	超过 3 万人

马拉松的中国赛事包括北京国际马拉松、厦门国际马拉松、上海国际马拉松、南京国际马拉松等。其中，北京国际马拉松赛是最具有代表性的马拉松比赛，起始于 1981 年，是市场化程度最高、规模最大和最具代表性的马拉松比赛，最大规模为 3 万人；2017 年比赛路线的起点设置在天安门广场，终点设置在奥林匹克公园景观大道中心区庆典广场，全程路线沿途经过东城区、西城区、海淀区和朝阳区。

中国最具影响力的马拉松赛则是厦门国际马拉松赛，起源于 2003 年，它在春季举行，具有世界上最美丽的赛道；2017 年的比赛路线从金门岛隔海相望的厦门国际会议展览中心出发，沿途既有依山傍海、风景如画的环岛路，更有厦门二十名景中的八大景点缀其间，一路跑来可尽览厦门的天风海韵。

1.3 奥运会第一项目

奥运会全称“奥林匹克运动会”，为国际奥林匹克委员会主办的世界上规模最大的综合性运动会，是世界上影响力最大的体育盛会，每 4 年举行一次，其会期不会超过 16 日。

奥运会上的第一个运动项目是跑步运动，是奥运会初期仅有的一种比赛项目，可见跑步运动贯穿于古今。

奥运会发源于 2000 多年前的古希腊，因为第一届运动会在奥林匹亚举办而得名。奥运会按时间划分可分为古代奥运会和近代奥运会，古代奥运会起于公元前 776 年，止于公元 394 年，一共举办了 293 届。在古代奥运会停办了 1500 年之后，法国人皮埃尔•德•顾拜旦于 19 世纪末提出了举办现代奥运会的倡议；于是在 1896 年举办了首届现代奥运会。

古代奥运会的创始人是伊利斯城邦的国王伊菲图斯，首届奥运会在奥林匹亚村举办，最初的项目只有跑步，长度为192米，相当于现代奥运会中的短跑运动。运动场的跑道宽32米，每次可以容纳20名运动员同时进行比赛。

在公元前724年举办的第十四届古代奥运会上，出现了中跑比赛项目，其长度为2个跑道长度，也就是384米。当时由于受运动场地的限制，中跑的跑法为折返跑。

在公元前720年举办的第十五届古代奥运会上，出现了长跑比赛项目，其长度为24个跑道长度，也就是4608米。也是因为受到当时运动场地的限制，长跑的跑法也为多次折返跑。

从第十五届古代奥运会开始，跑步项目一直占据奥运会比赛的首要地位，并持续至现代奥运会。在现代奥运会各比赛项目中，跑步项目更加繁多，包括100米跑、200米跑、400米跑、800米跑、1500米跑、5000米跑、10000米跑、马拉松跑、3000米障碍跑、110米跨栏跑、400米跨栏跑等项目。

1.4 大众跑步热

跑步是人类最基本的运动方式，如今跑步已风靡全世界，越来越多的人爱上了跑步。跑步不仅盛行于欧美，在中国也已悄然成风。根据尼尔森市场调查机构于2016年公布的数据显示，国内70%的受访者表示最喜欢的运动方式是跑步；而根据上海市路跑协会统计的数据显示，中国参加路跑比赛的人数已超过90万。仅对上海一个市的民众统计就发现，在2014年经常进行跑步运动的民众人数便已达到了20多万；随着最近几年跑步的热潮升温，参与跑步的人数更是突飞猛涨。

跑步在中国一年比一年火热，2017年国内的跑步媒体联合健身机构Keep和淘宝酷动对中国跑步者进行数据调查。调查显示，2017年实际发生的马拉松赛事达到了1600多场，而参与跑步的人数已超过了600万（包括线上和线下）。

随着互联网和APP小程序的快速普及，跑步APP已成为当前跑友的“标配”，通过APP不仅可以记录跑步成绩，而且还可以将跑步成绩分享给朋友。跑步APP于2014年大规模兴起，随着跑友的普遍要求，现在的APP逐渐演变成了跑友消费的重要渠道之一。正因为跑步APP的诞生与普及，更加刺激了部分民众的跑步意愿，同时也彻底激活了跑步消费的潜能，并为中国的跑步热添油加火，带动了跑步热的二次升级。

中国的跑步热相对于欧美国家来讲，属于刚刚兴起的阶段，真正具备日常跑步习惯的跑步者占总体民众的比例依旧很低。据国家体育总局统计的数据，日本 2015 年全程马拉松赛的完赛人数将近 60 万，经常参与跑步的人数超过了 1000 万，相当于全国人口的 1/10。而美国 2015 年全程马拉松赛的完赛人数超过了 55 万，2016 年仅青少年参与跑步的人数便已经达到了 1900 多万。相对于美国与日本而言，中国的跑步热还处于萌芽状态，相信随着健身热潮的持续升温，中国的跑步者会越来越多。

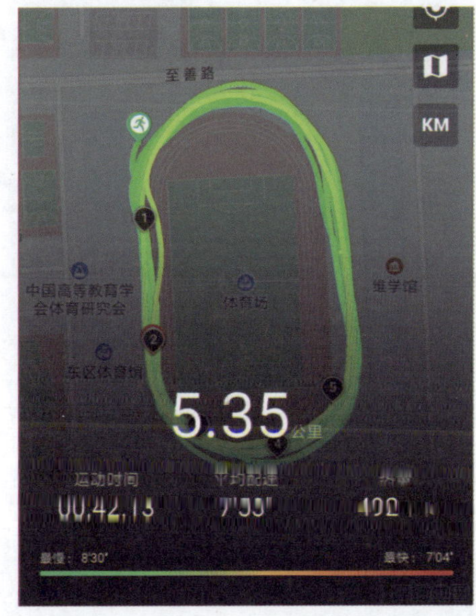

第 2 章 初识跑步

跑步运动一直是最为简单、最为有效和最为方便的体育运动方式之一，它技术要求简单，无须特殊的场地、服饰与器械，跑步者可以自由掌握跑步的速度、距离和路线。跑步运动属于有氧或厌氧运动，长期坚持跑步，不仅可以调节心情、促进血液循环、增强心肺功能，而且还可以增强肌肉力量、强健骨骼以及改善心血管机能等。

2.1 跑步的类型

跑步可以理解为双脚不会同时触碰地面的一种步行方式，是日常生活中最为方便的一种锻炼方法。同时，跑步也是一门学问，只有运用最为科学的锻炼方法，才可以获得良好的锻炼效果。

每一种乐器都有自己的音色与节奏，共同融合才能演奏出一首悦耳美妙的乐章。跑步亦如此，不同的跑步协奏曲（有快有慢、有重有轻、有高有低）以及风格各异的跑步方式，在形如五彩唱盘的跑道上共同谱写出一首健康的乐章。

跑步类型按照形式和功能划分，可以分为赤脚跑、越野跑、田径跑、马拉松跑等类型，每种类型的具体介绍如下所述。

1 赤脚跑

赤脚跑即光脚跑，远古时代的人类都是赤脚跑，进入文明社会之后人类发明了鞋，从此告别了赤脚跑的时代。近年来，受市场上一些畅销跑步图书推波助澜的影响，赤足训练被大众认为是改善跑步品质的良药，因此在一时之间赤脚跑成为一股新的热潮。

所谓“树大根茂，人壮脚健”，适度地赤脚跑确实有助于形成健康的脚掌着地方式，也有利于肌肉骨骼的健康；对于儿童来讲，适度地赤脚活动，既可以健身，又可以健脑。但是，赤脚跑并不一定适合所有的跑步者，例如，在马拉松和越野跑中，脚掌每分钟撞击地面几十次，并需要跨越各种各样的障碍，因此在整个跑步过程中会引起不同程度的擦伤、肿胀等一些不可避免的创伤。

注意：

若进行赤脚跑，首先需要选择合适的场地，比如塑胶跑道，以预防不必要的创伤；其次还需要循序渐进、量力而行。

2 越野跑

越野跑可分为 The North Face 100® 赛事、越野跑赛事和定向越野跑赛事，每种赛事的具体介绍如下所述。

1）The North Face 100® 赛事

The North Face 100® 是国际越野

跑挑战赛系列赛，一般包括100公里、50公里、25公里等比赛项目。对于长距离的赛事，举办方会强制运动员配备指定的装备，例如号码布、计时芯片、保温毯、救生哨、水壶或水袋等。该比赛赛事采用积分方式，例如2018年北京国际越野赛挑战赛中，100公里积5分、50公里积3分、25公里积1分，而积分最终结果以ITRA评估为准。

2）越野跑赛事

越野跑是一种在野外自然环境中跑步的赛事，没有固定的距离，也不受场地的约束，比赛距离不等，著名的越野跑热点场地包括美国大峡谷、洛基山、黄石公园、亚拉斯加山脉等。

3）定向越野跑赛事

定向越野跑是一种新兴的运动项目，是国际定向运动联合会（IOF）比赛项目之一。参赛者在比赛过程中需要依靠标有若干检查点和方向线的地图并借助指北针，选择行进路线，依次寻找各个检查点，在最短时间内完成比赛的参赛者为胜。定向越野跑既是一种户外休闲运动、娱乐运动，又是一种竞技运动。

3 田径跑

田径跑可分为短距离跑、中距离跑、长距离跑、跨栏跑、接力跑和障碍跑，每种类型的田径跑，具体介绍如下所述。

1）短距离跑

短距离跑包括100米跑、200米跑和400米跑，其中100米跑是田径比赛中距离最短的跑步比赛，被称为“挑战人类速度极限的比赛”。400米跑是一种“长距离”的短跑比赛，为有氧占据比例小而无氧占据比例大的一种混氧型跑步项目。

2）中距离跑

中距离跑包括800米跑、1500米跑和3000米跑，其中男子800米跑和1500米跑于1896年在希腊雅典第一届现代奥林匹克运动会中，正式成为奥运会田径比赛项目。中距离跑采用站立式起跑方式，需要混合速度、力量和耐力，是最富挑战性的运动项目之一。800米跑起跑的时候需要在自己的跑道中进行，当运动员通过指定标志串道分离线时，才可以离开自己的跑道串道到最内侧的跑道。

3）长距离跑

长距离跑包括5000米跑和10000米跑，长距离跑步的过程中若出现冲撞、突然切入或阻碍其他参赛者跑步的行为，均会被取消参赛资格。

4）跨栏跑

跨栏跑包括 110 米和 400 米栏跑，是一种跨越障碍的跑步比赛。其中 110 米栏分为男子组和女子组 2 个组别，它是由 110 米跑道和跑道上的 10 个跨栏组合而成的运动项目，每个跨栏之间的间距为 9.14 米，男子组栏高为 106 厘米，女子组栏高为 84 厘米。400 米栏也分为男子组和女子组 2 个组别，它是由 400 米跑道和跑道上的 10 个跨栏组合而成，第 1 栏距离起跑线 45 米，最后 1 个栏距离终点线 40 米，栏间距为 35 米，男子组栏高为 91.4 厘米；女子组栏高为 76.2 厘米。

5）接力跑

接力跑分为 4×100 米和 4×400 米接力跑，是田径运动中唯一的一种集体项目，以队为单位，每队 4 人，每人跑相同的距离。其中 4×100 米接力跑简称 4×1，全程分道进行。4×400 米接力跑第 1 棒次是分道进行的，剩余棒次不再分道，可以串道跑。在接力跑过程中，接力棒必须拿在手上，接棒者可以在接棒区前 10 米内起跑，在接棒区内完成交接棒，参赛者完成交接棒后故意越道以妨碍其他参赛队伍的行为被判为犯规，其队伍将会被取消参赛资格。

6）障碍跑

障碍跑分为 400 米和 3000 米障碍跑，其中 400 米障碍跑由跨桩、壕沟、矮墙、高板跳台、云梯、独木桥、高墙、低桩网 8 组障碍物所组成，共分为 14 个障碍。3000 米障碍跑于 2008 年第 1 次列入奥运比赛项目，障碍物包括水池和障碍架，全程跨越 35 次障碍物，包括 7 次水池。障碍架高 91.9~91.7 厘米，宽 3.96 米，400 米跑道上可摆放 5 个障碍架，其间距为 80 米，运动员不仅可跨越障碍架，也可踏上障碍架再跳下。

4　马拉松跑

马拉松跑是国际上非常普及的长跑比赛项目之一，分为全程马拉松、半程马拉松和四分马拉松。随着马拉松比赛的进一步发展，除了上述 3 种标准的马拉松比赛项目之外，最近还增加了 5 公里和 10 公里马拉松跑。

1）全程马拉松跑

全程马拉松跑的全程距离为 42.195 公里，一般提及的马拉松都是指全程马拉松。目前全程马拉松男子组的世界纪录为 2 小时 2 分 57 秒，女子组的世界纪录为 2 小时 17 分 01 秒。

2）半程马拉松跑

半程马拉松也称为 1/2 马拉松，全程距离为 21.0975 公里。半程马拉松通常与全程马拉松同时举办，男子组的世界纪录为58分23秒，女子组的世界纪录为1小时4分52秒。

3）四分马拉松跑

四分马拉松也称为1/4马拉松，全程距离为10.548公里（10548.25米），是最为普及的马拉松比赛项目。四分马拉松在中国尚未普及，国际上定期举办四分马拉松的城市，包括加拿大的德汉姆（每年7月）和美国芝加哥（每年7月）。国际上四分马拉松与全程马拉松同时举办的城市，包括马来西亚的槟城（每年8月）和美国麦迪逊（每年5月）。

4）10公里马拉松跑

10公里马拉松即全程比赛距离为10公里的马拉松比赛，参赛人员无须专业训练，长跑爱好者一般可以在1小时内完成比赛。

5）5公里马拉松跑

5公里马拉松即全程比赛距离为5公里的马拉松比赛，参赛人员无须专业训练，长跑爱好者一般可以在30分钟内完成比赛。

2.2 跑步常用术语

各行各业都有自己独特的“行话”（术语），不懂这些“行话”不仅无法明白话意，而且还会被行内人判定为“外人”。跑步圈子也不例外，也拥有独特的跑步“术语”，只有了解了这些“术语”，才能真正了解跑步这一运动，并能跟跑友愉快地进行聊天。

1 运动生物类术语

运动生物类术语是指一些有关跑步中运动生物学方面的常用术语，包括有氧运动、无氧运动、最大摄氧量、最大心率、内啡肽、多巴胺等。

1）肌纤维

肌纤维即肌细胞，分为红肌纤维和白肌纤维，红肌纤维又称为Ⅰ型纤维或慢缩肌纤维，白肌纤维又称为Ⅱ型纤维或快缩肌纤维。肌肉是由快、慢肌纤维共同组成的，快肌纤维支持力量与爆发力的运动项目，而慢肌纤维拥有较好的耐力。快、慢肌纤维在身体里面的分布是与生俱来的，普通人的分布概率几乎相等，专业运动员分布概率会有所不同，例如，马拉松选手慢肌纤维所占比例大约为80%以上，世界级短跑运动员快肌纤维所占比例大约为65%。在跑步过程中，速度较慢时启用的是慢肌纤维，速度较快时启用的是快肌纤维。

2）三磷酸腺苷

三磷酸腺苷又称为腺嘌呤核苷三磷酸，简称 ATP，是一种不稳定的高能化合物，水解时释放能量较多，是生物体内最直接的能量来源。

人体内储存的三磷酸腺苷约有 0.5 千克，只能维持 0.3 秒左右的剧烈运动。当三磷酸腺苷发生水解时，会形成二磷酸腺苷同时释放能量，并为肌肉收缩输送能量。三磷酸腺苷在细胞中是可以再生的，它可以源源不断地生成，是人体内一种源源不断的能源。

在无氧运动中，细胞是通过分解磷酸肌酸来提供能量和无机磷酸的，从而促使二磷酸腺苷合成三磷酸腺苷，以维持三磷酸腺苷存在的稳定水平。该分解与合成过程不需要氧气参与，也无须细胞内的特定结构即可完成，而且完成的过程非常迅速。

对于无氧运动这种高强度的运动项目，在最初运动的几秒钟内，其三磷酸腺苷含量维持在一个相对不变的水平中，但此时因为需要补充不断消耗掉的三磷酸腺苷，因此磷酸肌酸的含量在不断地下降。当无氧运动达到力竭程度时，三磷酸腺苷和磷酸肌酸的含量将会显著下降，以至于降到无法继续提供用以维持肌肉收缩和舒张的能量。因此，通过细胞分解磷酸肌酸用来维持 ATP 含量的作用是非常有限的。

人体内存储的三磷酸腺苷和磷酸肌酸，可以为无氧运动提供 3~15 秒的能量，超过 3~15 秒肌肉将会通过糖酵解和有氧氧化产生三磷酸腺苷。

也就是说，如果需要短时间内获取三磷酸腺苷和磷酸肌酸中的能量，这一过程则不需要氧气的参与；但如果运动持续较长的时间，此时的能量代谢需要通过分解脂肪和碳水化合物进行，三磷酸腺苷就必须有氧气的参与才能合成。

3）有氧运动

有氧运动是指人体在氧气充分供应的情况下所进行的体育运动。在运动过程中，新陈代谢速度加快，其加快的代谢需要消耗更多的能量；而能量是通过身体内的糖、蛋白质和脂肪分解代谢而来。因此，对于运动量不大的慢跑、跳舞等运动项目来讲，机体能力的供应主要来源于糖的有氧代谢。这种以糖的有氧代谢为主要供应能力的运动便是有氧运动。

有氧运动可以提升氧气的摄取量，可以更好地消耗体内多余的热量。有氧运动具有强度低、节奏强、持续时间长等特点。其要求每次运动时间不少于 1 小时，每周运动频率为 3~5 次。

在有氧运动过程中，氧气可以充分酵解体内糖分，消耗体内脂肪，增强和改善心肺功能，预防骨质疏松，调节心理和精神状态，是目前最大众化的健身方式之一。

有氧运动的主要功能方式为氧化能系统，当人体运动中的能量来源于细胞内的有氧代谢（氧化反应），充分氧化 1 个分子葡萄糖，可产生 38 个三磷酸腺苷能量。进行无氧运动时，葡萄糖代谢后生成水和二氧化碳，并通过呼吸排出体外，对人体无害。

通常情况下，肌糖原无氧分解所提供的能量，只能维持 1 分钟左右，超过 1 分钟后则需要由糖、脂肪酸和氨基酸在有氧状态下，合成新的三磷酸腺苷来提供能量。此时，糖是由糖原分解后供应的，脂肪酸是由脂肪分解后供应的，氨基酸是由蛋白质分解后供应的，这整个过程需要氧气，也就是靠氧气燃烧糖、脂肪和蛋白质生产三磷酸腺苷能量，这段时间内的运动便是有氧运动。800 米或 1500 米、200 米和 400 米游泳、拳击等运动，都需要利用氧气燃烧糖原、脂肪和蛋白质，故此类运动的后段都是有氧运动。

有氧运动，心率一般维持在 130 次 / 分为最佳状态，其运动的前段大约 5 分钟时间内先燃烧糖原，运动持续越久所燃烧的脂肪也就越多，当运动持续半小时至一小时时，所消耗热量的一半都是通过燃烧脂肪来提供能量的。

在运动选择方面，有氧运动的强度相对较低，比较安全，机体各器官的负荷也相对较小，不易出现伤害事故。

注意:

有氧运动的心率并不是指定 130 次 / 分，最佳心率需要根据年龄、身体状况及是否经常参加运动而定。

4）无氧运动

无氧运动是相对有氧运动而言的，当人们在进行剧烈运动或者具有爆发性的运功时，有氧代谢无法满足身体的需求，此时糖进行的不是有氧代谢，而是无氧代谢，以便可以迅速地产生大量能量，这种状态下的运动便是无氧运动。

无氧运动的最大特征是运动时氧气的摄取量非常低。这是因为当运动速度快、爆发力高时，人体内的糖分来不及氧化分解，必须依靠“无氧功能”系统来维持，从而在体内产生过多的乳酸，导致肌肉疲劳不能持久，同时还会在运动后产生酸痛。

无氧运动的能力主要来自无氧酵解，在无氧酵解时，1 个分子葡萄糖产生 2 个三磷酸腺苷能量，而且在酵解过程中会产生大量乳酸等中间代谢物，堆积多了会对人体造成一定的伤害。

人体预存的三磷酸腺苷能量只可以维持大约 2 秒的极限强度运动，随后所需要的能量则由磷酸肌酸合成三磷酸腺苷能量来提供，而磷酸肌酸合成的三磷酸腺苷能量大约可以维持 6 秒，所有的 ATP 能量合计维持极限强度运动时长为 8 秒。也就是说，全速跑 100 米左右即用完了预存的三磷酸腺苷能量；跑 200 米时，后面的 100 米必须由血糖在无氧状态下迅速合成新的三磷酸腺苷来提供能量，这样势必产生中间代谢物——乳酸。200 米跑、400 米跑、100 米游泳、网球和足球等运动，都是利用肌糖原无氧分解提供能量，因此运动后肌肉里面会堆积大量的乳酸。

无氧运动中的酵解过程会产生大量丙酮酸、乳酸等中间代谢物，这些代谢物无法通过呼吸排出，通常会堆积在细胞和血液中，从而产生“疲劳毒素”，让运动员感到肌肉酸痛、疲乏无力，甚至会出现呼吸、心跳加快和心律失常等现象，严重时还会出现酸中毒及增加肝肾负担等症状。无氧运动后总会感到疲惫不堪，肌肉疼痛并持续几天才会消失，这便是上述原因造成的。

无氧运动可以有效增加肌肉力量、爆发力和肌肉体积，并能提高运动速度。另外，因为运动强度相对较高，机体各器官所承受的负荷也相对较大，因此可以更好地提高机体的工作能力。

注意：

运动中通常所说的无氧运动，大部分是指力量训练或者快速跑步（如 100 米等）等运动项目。

5）最大摄氧量

最大摄氧量（VO_{2max}）是指进行最大强度运动过程中出现力竭状态下每分钟内所摄入的氧气含量，是反映有氧运动能力的重要指标之一，也是评价有氧运动最常用和最有效的方法。换句话说，最大摄氧量其实就是运动过程中每分钟身体可以“消耗”的最大氧气量，代表了身体有氧系统制造能量时使用氧气的最大量。因此，身体的最大摄氧量越高，其所产生的氧能量也就越多。

一般情况下，最大摄氧量由基因所决定，但也与后天的体育锻炼及体重有关。随着体重的增加其最大摄氧量会有所下降，但经常坚持体育锻炼者的最大摄氧量会有所增加。

运动中的耐力型运动都是依赖氧气而进行的，因此最大摄氧量通常与耐力运动的能力具有一定的相关性。相同条件下摄入和使用的氧气越多，便能通过燃烧更多的脂肪和糖来为运动提供更多的能量。由于人体是一个复杂的系统，摄氧量只是其中一个单纯的因素，因此并不能简单地判断摄氧量高的人在耐力方面就具有非常良好的表现。

普通人的最大摄氧量一般介于30~50毫升/分钟，耐力运动员一般介于60~70毫升/分钟，而一些顶级跑步或自行车等运动员的最大摄氧量可以达到80~100毫升/分钟。另外，女性比男性的最大摄氧量要低10%左右。

注意:

最大摄氧量可以通过实验室测试法（直接测试法）、间接测试法、Bruce测试法、12分跑测试法进行测试。另外，目前市场上出现了一些运动手表，也具有最大摄氧量的测试功能。

6）乳酸

在运动过程中，乳酸一直是肌肉疲劳与疼痛的罪魁祸首。但是乳酸在一般的新陈代谢和运动过程中，其浓度会保持不变，就算是变化也是微小的。只有当体内的乳酸产生速度过快，乳酸无法被及时清理掉时其浓度才会提高。

人体运作过程中，大部分能量来自糖分，而血液需要将葡萄糖分别送至各个器官进行燃烧，以产生足够的热量供人体使用。在糖分燃烧的过程中，会产生水、二氧化碳和丙酮酸，此时丙酮酸会和氢结合产生乳酸。如果人体的能量代谢正常，则不会产生乳酸堆积，乳酸会被血液输送到肝脏，被肝脏进一步分解成水和二氧化碳，这样人就不会产生疲劳感了；但是当运动过于持久或剧烈，又或者身体内分解乳酸所需要的维生素和矿物质不足时，体内的乳酸则不能得到及时清理，这样便会造成乳酸堆积。

血液中的乳酸浓度正常状态下为1~2毫摩尔/升，强烈运动时可以达到20毫摩尔/升。当体内乳酸堆积过多时，便会影响细胞对氧气和营养的吸收，此时堆积乳酸的肌肉便会发生收缩，过快的收缩会挤压血管，促使血液流通不畅，从而导致肌肉酸痛和疲倦。

7）线粒体

线粒体是细胞进行有氧呼吸的场所，它属于一种细胞器，分布在大多数细胞中。每个细胞中各自拥有大小、数量和外观不等的线粒体。一般情况下，线粒体的直径介于0.5~1微米，其形状一般为棒状和圆球状（也有环状、线状、分杈状等其他形状）。

线粒体所产生的有氧能量占人体每天消耗能量的90%左右，也就说人体中拥有的线粒体数量越多，其所产生的有氧能量也就越多。一般情况下，细胞中的线粒体其数量取决于该细胞的代谢水平，代谢能力越高其线粒体也就越多，而增加线粒体数量和大小的最好方法便是运动。

8）内啡肽

据神经内科专家介绍，运动本身可以产生内啡肽物质，这种物质会影响人心情的好坏。通过运动可以刺激内啡肽的分泌，使大脑内的内啡肽分泌增多，从而使人的身心处于轻松愉悦的状态中。

内啡肽（endorphin）又被称为安多芬或脑内啡，是一种内成性（脑下垂体分泌）的类吗啡生物化学合成物激素。它是由脑下垂体和脊椎动物丘脑下部所分泌的氨基化合物（肽），它可以与吗啡受体结合，产生与吗啡、鸦片剂一样的止痛和欣快感。因此，内啡肽也被称为“快感荷尔蒙”或者“年轻荷尔蒙”，这种荷尔蒙可以使人保持年轻快乐的状态，甚至可以帮助人排遣压力和不快。

据专家提示，并非所有的运动都可以产生内啡肽。内啡肽的分泌需要一定的运动强度和运动时间，一般认为只有中等偏上强度的运动，且运动时间超过 30 分钟以上，才能够刺激内啡肽的分泌，例如健身操、跑步、登山、羽毛球等运动项目。长期坚持体育运动的人经常会在运动后产生一种心情舒畅的感觉，这便是运动促进内啡肽分泌的缘故。当经常参与运动的人突然停止运动后，大脑内的内啡肽分泌必然会减少，这会直接导致整个人变得无精打采。

运动与内啡肽最为显著的反应是跑步后获得的愉悦感，这种愉悦感是因为长时间的运动将肌肉内的糖原耗尽，只剩下氧气，此时内啡肽便会分泌，从而使人产生愉悦感。产生愉悦感的一些运动项目包括跑步、游泳、越野滑雪、长距离划船、骑单车、举重、有氧运动舞或球类运动（例如篮球，足球或美式足球）。除此之外，长时间的、连续性的、中量至重量级的运动以及深呼吸等因素也是产生内啡肽的前提条件。

9）多巴胺

不少爱好体育运动的人士都听说过，运动可以产生多巴胺，多巴胺不仅可以使人产生快乐的感觉，而且还可以使大脑变得更加聪明，那么多巴胺到底是什么东西呢？

多巴胺（dopamine）是一种神经传导物质，是用来帮助细胞传送脉冲的化学物质。这种脑内分泌物和人的情欲、感觉有关，它可以传递兴奋及开心的信息。除此之外，多巴胺也与各种上瘾行为有关。

当脑内的多巴胺缺少时，人的情绪便会变得压抑，并产生抑郁症。同时，还会令人失去对肌肉的控制能力，严重时会导致手脚不自主地颤抖或帕金森综合症。相反，当脑内的多巴胺过剩时，则会产生幻想、狂躁，严重时会诱发精神分裂。

多巴胺可以让运动员进入到最佳的竞技状态，而通常所讲的运动上瘾也是因为多巴胺的分泌造成的。据美国的研究者凯娜里克称："锻炼只要不对一个人生活的其他方面产生干扰，就对身心健康有好处。但过多跑步跟吸毒一样，会上瘾。"

美国科学家对多巴胺的产生做过专项试验，试验表明如果让长期坚持健身运动的人停止健身运动，便会出现紧张、焦虑、沮丧的症状；但恢复运动后，这些症状便会自动消除，又变得愉悦起来。研究认为，人体具有一种奖励机制，当运动中愉悦的体验频繁出现在大脑中时，大脑便会下达再次体验的命令，这种反应便是致瘾性。

那么为什么有的人不会对运动产生致瘾性呢？那是因为产生多巴胺的神经递质的神经元（即多巴胺能神经元）对所释放的多巴胺采取了"回收-利用"式的管理方式，也就是根据大脑活动的需要释放一定量的多巴胺，同时又利用多巴胺转运体将释放出去的多巴胺适时、适量地予以回收，这样既可以达到调节多巴胺浓度、适应生理活动需要的目的，又可以使多巴胺得到重复再利用，节能增效。一旦多巴胺的回收系统发生功能障碍，便会发生多种中枢神经系统疾病，例如药物成瘾等。

10）心率

心率是指每分钟的心跳次数，是衡量运动状态的指标之一。正常人的心率一般为60~100次/分，年龄越小心率越快，女性的心率要比同龄男性的心率略快，而运动员的心率则比一般人的心率偏慢。

11）最大心率

最大心率是指心率的最大值，是人体在最大负荷运动中耗氧量和心率无法继续增加时所达到的最高水平，它是测定最大耗氧量和最大运动量的一个重要的参考依据。目前，理论上比较流行的最大心率的计算公式为：最大心率=220-实际年龄。例如，年龄为36岁的人，最大心率为220-36=184次/分；但这个公式发表于1971年，由于时间比较久远及计算的归纳方式比较简单，造成后人对这个公式的适用性和准确性比较怀疑。目前，国外宣传较多的最大心率公式为208-0.7×年龄。例如，年龄为36岁的人，最大心率应为208-0.7×36≈183次/分。另外，通过研究发现，同一年龄段的正常人，其最大心率也存在一定的差异性，差异度大约为 12 次。

12）靶心率

靶心率是指运动时的一个有效且安全的运动心率范围，是判断有氧运动的一个重要依据，通常为最大心率的 60%~80%。目前，最为流行的靶心率计算公式为：贮备心率 ×（60%~80%）+ 静态心率，其中贮备心率的计算公式为：最大心率 − 静态心率。例如，年龄为 40 岁，静态心率为 70 的靶心率为 136~158 次 / 分。

13）有氧心率

有氧心率是指从事有氧运动时的一个心率范围，目前每个健身平台有氧心率的计算方式不尽相同。一般有两种计算方法：一种是最大心率的 60%~80%，其 60%~70% 为燃脂心率，70%~80% 为心肺提高心率；另一种计算方法类似于靶心率的计算方法：贮备心率 ×（65%~85%）+ 静态心率，其 65%~75% 为燃脂心率，75%~85% 为心肺提高心率。

2 跑步基本术语

跑步的基本术语是指有关跑步的一些常用术语，包括配速、跑量、步频、步幅、拉爆、撞墙、跑姿、线上活动等，具体描述如下所述。

- 配速　表示跑一公里所需要的时间。
- 跑量　表示跑步距离的累积叠加，分为周量跑、月量跑和年量跑。
- 跑姿　表示跑步的姿势。
- 步频　表示每分钟的步数。
- 步幅　表示每一步的距离。
- 打卡　表示每次跑步结束后通过朋友或朋友圈晒自己的跑步数据。
- 拉爆　表示在团队跑步时，为了赶上团队速度超出自己体能所引起的心率爆表。
- 线上活动　表示互联网（包括运动 APP）组织的一些跑步活动。
- 线下活动　表示现实中一些社会组织举办的跑步活动。
- 撞墙　表示在长距离或过度跑步等运动过程中，由于体能不济出现呼吸困难、极度疲劳、电解质紊乱等一些不良症状，从而导致无法继续跑步。
- 极点　在跑步过程中，当遇到胸闷、气喘、双腿乏力等症状时称为极点。极点是暂时性的，它是耐力性运动中的正常反应，跑步者继续坚持下去其疲劳感会消除，从而迎来一个新的跑步舒适时段，直到下一个极点。
- 放松跑　表示慢跑，其跑步速度以可以自由交谈及感觉不到呼吸急促为标准。

- 节奏跑　表示呼吸和步频相互配合具有一定节奏性的跑步。
- 变速跑　表示快跑和慢跑相互结合的一种跑步方式，其慢跑和快跑的交替间隔具有一定的规律性。
- 间歇跑　表示快跑和休息相互结合的一种跑步方式，其快跑和休息间隔具有一定的规律性。

3 马拉松跑术语

马拉松跑术语是指有关马拉松比赛的一些常用的术语，包括全马、半马、关门、兔子、330、背靠背等，具体描述如下所述。

- 全马　表示全程马拉松比赛，即42.195公里。
- 半马　表示半程马拉松比赛，即21.0975公里。
- 关门　表示马拉松的结束时间，国内大部分马拉松都设有关门时间，无法在关门时间内完成比赛的运动员将无完赛证书和奖牌。关门时间各个赛事没有绝对的规定，一般全程马拉松的关门时间为6~7小时，例如，北京马拉松的关门时间为6小时15分，厦门马拉松的关门时间为7小时，而夏威夷马拉松则没有设置关门时间。
- 330　表示比赛的成绩，其成绩中的小时数和分钟数统一使用数字来表示。330中的3表示小时数，使用300进行表示，而30表示分钟数，整体时间便是3小时30分钟。
- 兔子　表示马拉松比赛中的领跑员，也有人称其为速配员，基本被视作比赛中的某种速度标准或参照物。一般为志愿者，可以较好地控制自己跑步的速度和节奏，跟着他们一般可以确保完成某种比赛。一次马拉松赛事官方会安排多名兔子，包括4小时、3小时等兔子，例如“400”表示可以跑进4小时之内的兔子。比赛中除了官方安排一定数量的兔子之外，参赛选手个人也可以准备自己的兔子。
- PB　表示个人最好成绩。
- PW　表示个人最差成绩。
- SB　表示赛季最好成绩。
- 枪声成绩　表示发枪那一刻开始记录的比赛成绩。
- 净成绩　表示由芯片记录的比赛成绩，一般小于枪声成绩。
- 背靠背　表示连续2天参加2次马拉松比赛。
- 分段时间　表示马拉松比赛中的每一分段距离所使用的时间，一般情况下5公里为一个分段。
- 霸王跑　表示没有报上名的比赛选手，强行参加比赛。
- SubX　表示马拉松参赛选手

的期望成绩，例如“Sub300”表示希望比赛成绩跑进 3 小时之内；除此之外对于整数小时数，也可以使用“Sub3”进行表示。

- BQ　表示波士顿资格，即表示具有参加波士顿马拉松比赛的资格，可以参加波士顿马拉松比赛是每一位跑步者的一种荣誉象征。

2.3 跑步的益处

随着科技的快速发展，人类的生活方式越来越便捷了，随之“亚健康”也愈发普遍。“跑步治百病”，虽然这句话有点夸张，但跑步绝对是治疗“亚健康”、增强体质和强健体魄的有效运动方式之一。长期坚持跑步，身体从内到外都会发生惊人的变化。跑步的益处主要包括减肥、疾病预防、促进健康等。

1 减肥

长期坚持跑步，具有一定的减肥作用，这对于想要减脂瘦身的人士来讲，算是一种不错的福利了。经常跑步，对减肥具有下列 3 种益处。

1）易于燃脂

长期坚持跑步，不仅可以提高肌肉能力，使肌肉含量适当地恢复到正常水平；而且还可以提高基础代谢水平，加速脂肪的燃烧，从而养成易于燃脂的体质。

2）美体塑形

长期坚持跑步，除了可以有效燃烧脂肪之外，在保证跑步姿势正确的前提下，还可以达到美体塑形的效果。例如，良好的跑姿具有提臀和锻炼胸廓的功能，从而使身体变得更加前凸后翘。除此之外，长期跑步还可以促进体内荷尔蒙的分泌，促使肌肤和体态更加紧致，使人变得更加年轻。另外，坚持跑步，可以使女性体内的脂肪含量减少 12%~20%，使男性体内的脂肪含量减少 6%~13%。

3）瘦身动力

每天坚持户外跑步，不仅可以舒缓工作压力，放松身心；而且还可以加强脑部和内脏机能，使身体充满活力。长此以往，在减肥瘦身的道路上自然而然地可以增加不少动力，从而为运动减肥奠定良好的基础。

2 疾病预防

长期坚持跑步，不仅具有瘦身塑形的功效，而且还可以降低一些患病风险。据不完全统计，坚持跑步可以降低25%的乳腺癌、50%的白内障、50%的胃癌、19%的抑郁症、50%的心脏病等疾病的发病概率。另外，经常跑步还可以预防高血压、高血脂、脂肪肝、心血管等一些疾病的发生。

1）预防高血压

人体在跑步的过程中，其动脉会持续扩张与收缩，从而可以促使血压维持在一个正常的范围内，不仅可以预防高血压的发生，而且还可以降低血压对天气变化的敏感性。

2）预防心血管疾病

跑步可以消除一些不健康的生活方式，并可以预防心血管疾病。一般情况下，引起心血管疾病的原因包括吸烟、糖尿病、高血压、高血脂、肥胖、缺乏运动等，而这些原因归根结底是懒惰和不良的生活方式所引起的。因此，消除上述心血管疾病犯病因素的方式，便是有氧运动和健康的生活方式。

通过有氧运动可以有效改善心脏冠状血管的血液流量，增加毛细血管的数量和血管弹性，因此可以提高血液的缓冲能力、增加血容量、改善氧气和营养的输送，有效降低血栓和动脉硬化疾病的患病风险，达到增强心血管系统功能的目的。另外，强大的心血管系统可以改善人体的新陈代谢，降低血脂和胆固醇，从而达到有效预防心血管疾病的目的。

3）预防高血脂

长期坚持跑步结合健康饮食，可以更好地调节血糖、血压和血脂。血脂中的胆固醇最怕跑步，长期跑步不仅可以降低血液中总胆固醇的含量，而且还可以有效降低有害的低密度脂蛋白胆固醇和甘油三酯的含量，同时提高具有保护作用的高密度脂蛋白胆固醇的含量。

4）强化心肺

心肺是人体中的重要零件，跑步可以有效锻炼与保养心肺功能。坚持跑步会增加心脏的容积，增大摄氧量，增强心脏输送各器官的氧气能力，从而提高了各个器官的工作能力。除此之外，跑步还可增加血液的循环能力，促使冠状动脉具有足量的血液输送给心肌，有效预防各种心脏病。通过下肢的持续运动，积极地促使静脉血流回心脏，达到预防静脉内血栓的目的。另外，由于跑步会增加心脏的容积，因此经常参加跑步运动会降低安静和运动时的脉搏，并能维持最佳的心跳次数，这是强化心脏功能最有效的佐证。

对于肺部来讲，长期坚持跑步可以有效锻炼每天辛苦工作的两片肺叶，使肺部功能变强，增大肺活量。经常参加跑步的人，其肺活量平均从 5.8 升可以上升到 6.2 升左右。除此之外，长期跑步还可以增加肺部的毛细血管功能，使肺部可以更好地利用氧气，可以有效预防哮喘类疾病。

5）预防脂肪肝

对于患有脂肪肝的人士来讲，跑步是最好的治疗方法。据《印度时报》报道，一项新的研究显示，跑步等有氧运动可以使肥胖患者的非酒精性脂肪肝病情的发展放缓。这是因为，长期坚持跑步可以增加荷尔蒙脂联素，从而增强胰岛素的敏感性，并有效提升肝脏多重不饱和脂肪（PUI）。因此，长期坚持跑步等有氧运动，可以有效燃烧脂肪，降低脂肪肝的危害。

6）提高免疫力

长期坚持户外跑步，身体接受紫外线的照射，会生成维生素 D，从而增强抵抗力，有效降低患感冒和流行性传染病的概率。即使患病，由于其免疫力的提高，其病情也会得到相应的减轻，并可以很快痊愈。但需要注意的是，高强度的运动量（跑量），比如马拉松，并不能提高机体的免疫力。

7）预防肠道疾病

一些中长跑参与者，具有良好的精神状态，这样有助于增强食欲，强化消化功能，并能促进营养的吸收，在一定程度上可以减少便秘和肠道出血。

8）预防抑郁

在跑步的过程中，人体内的内啡肽和多巴胺会被释放出来，并能有效减少肾上腺素、去甲肾上腺素和皮质素激素的分泌，从而使人的身心处于轻松愉悦的状态中，有效减少抑郁症的发生。

3 促进健康

长期坚持跑步，对身体健康有着积极的影响，包括缓解衰老、保护膝盖、增加骨骼强度、提升关节强度和稳定性等方面。

1）缓解衰老

经常参与跑步，可以有效缓解衰老，这是因为跑步是最天然的抗衰老的方法。据不完全统计，长期坚持跑步者比非跑步者的寿命要延长数年，从外貌上看起来会更年轻一些。更重要的一点是，跑步者的老年生活质量将会得到显著提高，拒绝病床与吊瓶将是跑步者最终的追求。

2）改善颈、肩和脊柱

对于一些经常坐在电脑前的办公人员来讲，颈椎病、肩周炎等已逐渐成为职业病，大部分人士都存在或多或少的颈部、肩部和脊柱的问题。那么，解决这些问题的有效方法还是跑步，这是因为正确的跑姿要求跑步者背部挺直放松，长此以往会在一定程度上缓解与改善颈椎及肩部的不适。

3）锻炼腰、腹、臀部

平坦的腹部、马甲线和八块腹肌是很多人所追求的梦想，虽然目前市场中流行一些类似于“腹肌撕裂者”等一些腹肌专项训练方法，但不通过有氧运动来消除腹部厚厚的脂肪，这些训练方法也将无法达到预期的目的，因此不要迷信单纯的腹肌训练了。

除了腹肌之外，跑步还可以改变腰部和臀部的外观，通过一段时间的跑步运动，可以惊奇地发现腰部和臀部的曲线变得更加漂亮了，这是因为跑步可以使身体长时间处于高速度的新陈代谢状态中，帮助身体燃烧更多的热量。如果想拥有纤细的腰及出众的臀肌，那就开始跑步吧!

4）保护膝盖

对于跑步的一些评价，最为普遍的看法是跑步百利而唯伤膝盖。这话虽然很大程度上批评跑步有伤膝盖，但却具有一定的道理。虽然跑步会伤膝盖，但对比非跑步者来讲，跑步爱好者所患关节炎的风险反而更低。除此之外，经常跑步还可以加强膝关节的承受能力，其跑量越大的跑步者，膝关节也就越健康。

注意:

刚开始跑步时，膝盖多多少少会出现一些问题，因此初跑步者需要循序渐进地积累慢跑量，并同时注重膝盖周围小肌肉群力量的练习。

5）增强腿部肌肉

在跑步者坚持一段时间的跑步之后，会惊奇地发现腿部的肌肉变得更加结实、更加健美了；而长期参与跑步的跑步者也会发现小腿的肌肉线条更加完美了。这是因为持续性小步伐的跑步，可以刺激机体的保护反应，从而促进血液循环加快，增加肌肉力量和氧气的储存量，从而改善肌肉的平衡性，增强肌肉耐力，达到紧致肌肉的目的。

6）增强骨骼和关节

长期坚持跑步，特别是户外跑，通过紫外线的照射，会生成维生素D，而维生素D又是促进钙、磷吸收的重要因素。因此，跑步不仅可以提高关节的强度和韧带的柔韧性，而且还可以有效提高骨骼的密度和坚固性，避免退化性的骨质疏松症，降低骨折发生的风险。

另外，跑步还可以促使关节得到足够多的润滑液，从而提高关节的灵活性，减缓关节的退化程度。总而言之，每天 30 分钟高强度的运动，可以有效强健骨骼以及提升关节的强度和稳定性。

7）促健康助睡眠

通过跑步可以促进白血球和热原质的生成，而白血球和热原质又是消除体内大多数病毒和细菌的重要元素。另外，运动中的心脏跳动频率与功效都会大大提升，其心跳、血压和血管壁的弹性也会随之升高，从而促使体内的“泵”力大增，因此长期坚持跑步可以有效促进健康。

除此之外，通过跑步还可以有效提升大脑的供血和供氧量，如此一来便会提高夜晚的睡眠质量。如果想拥有好的睡眠和身体，那就坚持跑步吧！

8）储存能量

长期坚持跑步，肌糖原的储存量会得到有效提升，一般情况下可以从 350 克提升到 600 克左右。同时，跑步还可以提升线粒体的数量，为人体储存必要的能量。

除了上述益处之外，跑步还具有一定的边际效应，最为显著的边际效应就是跑步的社交行为。随着社会的快速发展，人们越来越忙，其交际圈子也越来越窄；但通过兴趣爱好可以结交一些志同道合的朋友。跑步也不例外，通过一定的跑圈可以有效扩大自己的人际交往范围。

一旦开始跑步，首先收获到的便是满满的自信心，整个人变得精神了，体重也变得可控了，身型也变得紧致了，穿衣也有型了。虽然跑步有如此多的益处，但对于初跑步者来讲还需要按照正确的跑步方式，循序渐进地累积跑量，不然既无法达到健身、减肥和塑形的目的，而且还会增加各种伤痛，并断送了跑步的乐趣。

第 3 章 跑步生物系统

在跑步的过程中，身体是最直接、最重要的跑步“工具”，只有充分了解身体的运作机制，才能有效评估跑步效果，从而避免出现一些完全可以规避的跑步风险和错误。看似简单的跑步运动，如果没有科学和智慧作为依据，只是一味地采用野蛮的训练方法，那么用不了多长时间就会触及自己的生物极限，导致训练停滞不前或效率低下。只有充分了解生物系统的运作基础，再加上训练中的思考和反馈，才能促使自己成为一名更具有智慧和效率的跑步者。

3.1 碳水化合物

碳水化合物由碳、氢和氧元素组成，其中氢和氧的比例占据 50%，类似于水，是维持生命活动所需能量的主要来源。碳水化合物主要是由绿色植物经过光合作用生成（生长）的，它与脂肪、蛋白质合称为生物界的三大基础物质，是人类生存不可缺少的重要物质之一。

人体所需要的碳水化合物大多经过食物获得，而食物中的碳水化合物分为有效碳水化合物和无效碳水化合物两种形式。其中有效碳水化合物是人体可以吸收、利用的碳水化合物，例如单糖、多糖、双糖等；而无效碳水化合物则是人体无法吸收、利用的碳水化合物，例如纤维素等。

碳水化合物主要以葡萄糖、糖原和含糖的复合物 3 种形式存在，其生理功能与人体摄入的碳水化合物种类和存在形式有关。世界卫生组织根据中国膳食碳水化合物的实际摄入量，建议健康人群碳水化合物的摄入量为总能量的 55%~65%，碳水化合物的主要来源包括糖类、谷物、水果、干果类、干豆类、根茎蔬菜类等。

1 碳水化合物的作用

碳水化合物是构成机体组织的重要物质，具有节约蛋白质、抗生酮、解毒和增强肠道功能等作用，其具体作用如下所述。

- 供给能量　经膳食摄入的碳水化合物经体内消化以葡萄糖或其他单糖的形式参与代谢，是人体能量的主要来源。一般而言，膳食中的米、面等主食所含碳水化合物的量比较高，但食用这些食品在摄入碳水化合物的同时也会摄入蛋白质、维生素、脂类、矿物质等营养物质；而单纯摄入单糖或多糖，则无法补充其他热量，只能单纯地补充能量，例如白糖等。

- 构成细胞和组织　碳水化合物以糖脂、糖蛋白和糖白多糖的形式分布于每个细胞之中，其含量占细胞的2%~10%。
- 节省蛋白质　当体内的碳水化合物缺乏时，机体会调用蛋白质来满足机体所需要的能量，过多地调用蛋白质会影响机体的组织更新以及新蛋白质的合成效果。
- 维持脑细胞功能　碳水化合物是维持脑细胞正常功能的重要元素，这是因为碳水化合物中的葡萄糖是维持大脑正常功能的必要营养素。当缺少碳水化合物而引起血糖降低时，其脑细胞的功能会因缺乏能量而受损，从而引发头晕、心悸、出冷汗等一系列不良反应，严重了还会引起昏迷。
- 抗生酮　充足的碳水化合物会抗拒酮体的生成，而当体内的碳水化合物不足时，会导致体内的糖分缺乏。此时，机体会被迫分解脂类用以提供必需的能量；机体在分解脂类的同时会生成酮体，脂类分解得越多其酮体生成得也就越多，从而因酮体过高而导致高酮酸血症的出现。
- 解毒　碳水化合物中的糖类代谢会产生葡萄糖醛栓，而葡萄糖醛栓会与体内的胆红素等一些毒素结合，从而达到解毒的目的。

刻意规避摄入碳水化合物而致使膳食中缺乏碳水化合物时，会导致疲乏、全身无力、血糖低、心悸等不良状态发生，严重缺乏者会导致因血糖偏低而引发的昏迷；而糖类不足也会造成脂肪分解不良，最终会导致酸碱平衡错乱形成酮症，身体如果持续处于酮症状态则会导致尿酸中毒昏迷直至死亡。

当然了，如果过多摄入碳水化合物，所摄入的量严重超过机体所需的能量，那么多余的碳水化合物将会转化成脂肪存储在机体内，长此以往便会导致肥胖，并引发高血脂、糖尿病等各类疾病。

注意：

在运动或减脂过程中，当尿液的颜色渐渐变成深黄色或茶色时，需要自判体内是否上火了，如非上火导致，则有可能是身体内的糖分不足，此时需要持续观察尿液的颜色。

2 碳水化合物的代谢过程

碳水化合物以糖原的形式储存在身体中，人体能够储存大约350克肌糖原，大约90克的糖原储存在肝脏中，大约5克的葡萄糖储存在血液循环中。体内的糖原是由葡萄糖合成的，而胰岛素的分泌主要用于调节体内血糖，如果胰岛素分泌过多则会导致低血糖，从而导致生成更多的脂肪；而胰岛素分泌不足则会导致高血糖或糖尿病。胰岛素调整血糖的分解过程，如下图所示。

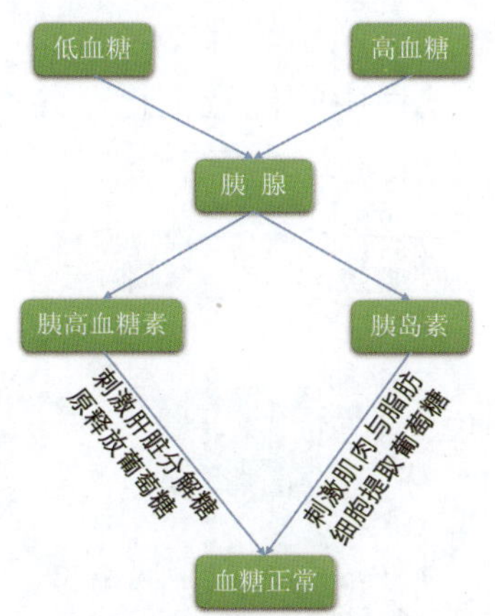

通过上图可以发现，胰岛素通过影响肌肉与脂肪细胞来降低血糖，以达到从血液中获取葡萄糖的目的，也就是让血液中的葡萄糖进入到细胞中，使血液葡萄糖转移为细胞葡萄糖，从而使细胞获得了所需要的能量。而胰高血糖素，则是通过刺激肝脏来分解肝糖原并向血液中释放葡萄糖，因此肝糖原也是用于调节血糖水平的重要因素。

胰岛素分泌的反应高低与血糖高低具有相关性，血糖越高其胰岛素反应也就越高。但正常血糖下的胰岛素也处于持续分泌状态，此时的胰岛素分泌的量比较少，其作用是促使葡萄糖可以稳定地为肌肉与脑细胞提供能量，使人体维持正常的水平。

注意:

胰高血糖素是一种促进分解代谢的激素，具有很强的促进肝糖原分解和糖异生的作用，它与胰岛素相对抗，具有增加血糖的作用；其血糖浓度是调节胰高血糖素分泌的主要因素。

身体内的葡萄糖大部分来源于膳食中的碳水化合物，而多余的葡萄糖以糖原的形式储存在肝脏与肌肉中。当储存的糖原达到饱和之后，多余的葡萄糖则会以脂肪的形式进行存储。其中，肝糖原主要用于调节血糖，而肌糖原主要为运动提供相应的能量。当肝糖原耗尽时，不管肌糖原是否充足，其体内的血糖都很难维持正常了。综上所述，血糖是中枢神经系统的主要能量来源，运动中出现低血糖会出现神经疲劳，从而导致肌肉疲劳，使人整体上感觉比较疲劳，因此，在运动中，体内充足的碳水化合物是保持神经功能和肌肉功能的关键因素。其血糖的存储与分解，如下图所示。

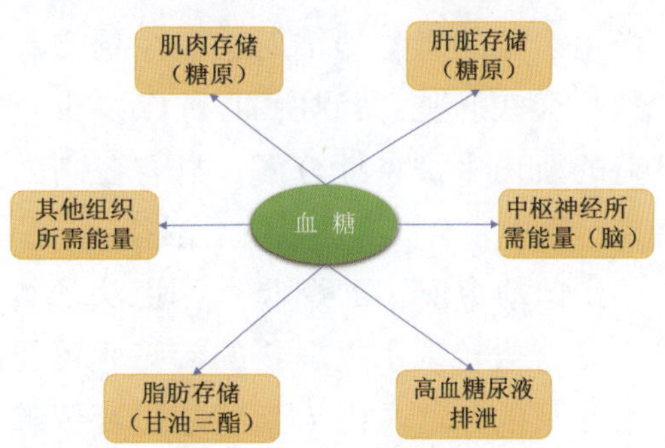

3 碳水化合物与运动

参与运动的碳水化合物主要是存储在肌肉中的肌糖原，所有的体育运动都依赖于体内的碳水化合物，而长跑运动则可以清空体内的所有糖原储备。通过长跑训练和摄入富含碳水化合物的食物，可以增加肌糖原和肝糖原的含量。当然，摄入的碳水化合物必须通过氧气参与合成，才可以产生糖原，以帮助身体获得相应的能量。这一合成过程中，会产生二氧化碳和水这两种分解物，并会合成三磷酸腺苷这一能量，以供身体所需。

除了氧气参与之外，碳水化合物也可以在无氧情况下，以较短的时间释放相应的能量。这种短暂的能量释放适合于短时间内的快速运动，例如跑步中的冲刺阶段。这种无氧参与的能量合成称为无氧酵解过程，其合成速度相对于有氧参与合成能量的速度要快得多，优先用于快肌纤维中。但是，这种合成过程会产生乳酸和乳酸盐。一般情况下，慢跑和平缓的长跑只会产生少量的乳酸盐，而这些少量的乳酸盐会在肝脏、肾脏、心脏以及少负荷的肌肉中被持续分解，只有在高强度运动中才会产生大量的乳酸盐。

运动中所谓的燃脂这一说法，其实只有依赖碳水化合物的参与才可能达到目的；这是因为脂肪是需要依赖碳水化合物燃烧掉的，因此碳水化合物摄入不足，不仅无法减脂，也无法获得良好的运动效果。理想状态下，需要摄入合理的复杂碳水化合物；但在运动过程中或运动之后，也可以即刻摄入一些简单的碳水化合物，以满足运动过程中的能量消耗。各类碳水化合物的来源，如下图所示。

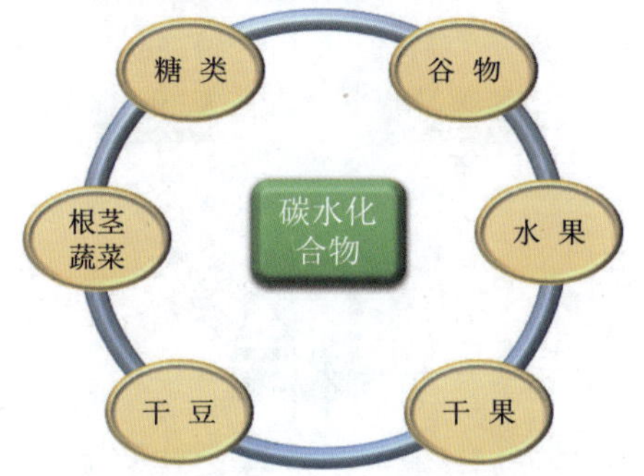

运动强度越高，对碳水化合物的依赖也就越强；即便是一些以燃脂为目的的低强度运动，也需要一定水平的碳水化合物来支持脂肪的燃烧及维持血糖平稳。一般情况下，对碳水化合物依赖较强的运动包括高强度、持续时间较长、高温或极低温下、高原等运动项目。

注意：

总碳水化合物是指碳水化合物和膳食纤维的总和，应尽量多摄入富含大量纤维的碳水化合物，例如豆类和全麦类食品。

碳水化合物是跑步的必备营养之一，简单的理解就是如果跑步，那就需要碳水化合物。减少碳水化合物的摄入，会导致跑步变慢、力量变弱及头脑昏沉等现象的发生。所有的高强度运动中的体力都需要碳水化合物来提供能量。除此之外，一些变速跑、配速跑、抗阻力练习、肌肉增强练习及各种技巧类练习都需要碳水化合物来提供能量。因此，正确地选择碳水化合物，是维持身体基本能量和加强跑步等训练的有效手段。

3.2 蛋白质

蛋白质是组成人体所有组织和细胞的重要成分，包括肌肉、肌肤、器官和腺等组织。蛋白质还是生命活动的主要承担着，而氨基酸则是蛋白质的基本组成单位。蛋白质约占人体总量的 16%~20%，人体内的蛋白质种类很多，其性质和功能也各不相同，这些各异的蛋白质分别由 20 多种氨基酸按照不同的比例组合而成，并参与体内的代谢与更新。

在日常的饮食中，蛋白质主要存在于瘦肉、蛋类、豆类和鱼类中。摄入的蛋白质在体内经过消化被水解成氨基酸后被机体吸收，从而合成人体所需要的蛋白质，同时新的蛋白质会被不断地代谢与分解，整个蛋白质的循环系统时刻处于动态平衡之中。因此，摄入饮食中的蛋白质，其质量及各种氨基酸的比例，直接关系到人体蛋白质合成的量。

1 蛋白质的分类

蛋白质根据需求、外形、结构和营养价值，可分为不同的种类。下面将从营养价值和需求两个方面，详细介绍蛋白质的分类情况。

1）按营养价值分类

食物蛋白质的营养价值取决于所含氨基酸的种类和数量，按照决定营养价值的氨基酸组成进行分类，蛋白质可分为完全蛋白质、半完全蛋白质和非完全蛋白质三类。

- 完全蛋白质　完全蛋白质中含有的氨基酸种类齐全、数量充足、比例适当，属于品质比较优良的蛋白质，既可以维持成人身体健康，又可以促进儿童身体发育，例如乳类中的酪/乳白蛋白、蛋类中的卵白/卵磷蛋白、肉类中的白/肌蛋白、大豆中的大豆蛋白等。

- 半完全蛋白质　半完全蛋白质中富含必需的氨基酸种类不全，数量不是很充足，比例也不是很适当，无法促进生长发育，例如小麦中的麦胶蛋白等。
- 非完全蛋白质　非完全蛋白质中缺乏多种必需氨基酸，属于最无用的蛋白质了，例如玉米中的玉米胶蛋白、动物肉皮中的胶质蛋白等。

2）按需求分类

摄入的蛋白质只有经过胃肠道消化，分解成氨基酸后才能被人体所吸收，而吸收后的氨基酸只有在数量和种类上都符合身体需要的部分，才会被合成自身需要的蛋白质；因此蛋白质未分解之前是无法被人体所吸收的，人体对蛋白质的需求实际上是对氨基酸的需求。氨基酸在营养学上又被分为必需氨基酸和非必需氨基酸两类。

- 必需氨基酸　必需氨基酸是指从食物中获取的氨基酸，该类型的氨基酸人体自身无法合成或合成速度非常慢，必须从摄入食物中获取。必需氨基酸包括成人需求的赖氨基酸、蛋氨酸、亮氨酸、异亮氨酸、苏氨酸、缬氨酸、色氨酸、苯丙氨酸8类，而婴儿需求的氨基酸除了上述8类之外，还包括组氨酸。
- 非必需氨基酸　非必需氨基酸是指人体可以自身合成或由其他氨基酸转化而成的氨基酸，包括甘氨酸、丙氨酸、丝氨酸、天冬氨酸、谷氨酸、脯氨酸、精氨酸、组氨酸、酪氨酸、胱氨酸。一些非必需氨基酸在供给充足的情况下还可以节省必需氨基酸中蛋氨酸和苯丙氨酸的需求量，例如胱氨酸和酪氨酸。

2 蛋白质的生理功能

蛋白质是机体细胞的重要组成部分，同时也是人体组织更新和修复的主要原料。人体内的每个组织，包括毛发、皮肤、肌肉、骨骼、内脏、大脑、血液、神经和内分泌等都是由蛋白质组成的，因此蛋白质是人体生命的物质基础，也可以理解为饮食造就了人体。除了上述最基本的生理功能之外，蛋白质还具有下列7种生理功能。

- 结构物质　蛋白质是构成细胞的基本有机物，而细胞是生命的最小单位，人体是由百兆亿个细胞组合而成的，机体中的每一个细胞都有蛋白质参与。因此，良好的蛋白质摄入、吸收和分解过程是维持健康人体的必备条件；反之，人体不仅会处于亚健康状态，还会无法高质量地修补损伤，并加速机体衰老。

- 运输载体　蛋白质具有维持肌体正常的新陈代谢和各类物质的输送功能，载体蛋白可以运载各种物质，对维持人体的正常生命活动至关重要。例如，血红蛋白用于输送氧气，脂蛋白用于输送脂肪，而白蛋白是用于维持机体营养和渗透压的主要物质。
- 免疫抗体　机体内的免疫抗体包括白细胞、淋巴细胞、巨噬细胞、免疫球蛋白（抗体）、干扰素等，它们每 7 天更新一次。当人体内的蛋白质充足时，这些免疫抗体便具有非常强大的功能，其数小时便可以增加 100 倍。
- 催化酶　蛋白质可以催化和调节人体所必需的各种酶，人体内具有数千种酶，充足的酶会促使机体反应顺利，使人体精力充沛、不易生病。
- 调节激素　蛋白质具有调节体内各器官生理活性的功能，包括胰岛素和生长激素。其中，胰岛素由 51 个氨基酸分子合成，而生长激素则由 191 个氨基酸分子合成。
- 增加胶原蛋白　胶原蛋白是一类蛋白质家族，是机体内结缔组织中的主要成分，也是机体内含量最多、分布最广的功能性蛋白，它占人体蛋白质的 1/3。胶原蛋白不仅构成了身体骨架，还决定了皮肤弹性，并具有保护大脑的功能。
- 能源物质　蛋白质经过分解可以提供生命活动所需要的能量。

3 蛋白质的作用

蛋白质是构建身体的基础材料，是酶和激素合成的原料，在细胞和生物的生命活动过程中起着十分重要的作用。蛋白质具有多种功能，其最主要的功能如下所述。

- 催化功能　酶是具有催化功能的一种蛋白质，机体内新陈代谢的所有化学反应都是通过酶进行催化完成的。
- 运动功能　所有的运动都是通过蛋白质来实现的。例如，肌肉的松弛度与收缩性主要是由肌球蛋白和肌动蛋白这两个主要成分相互配合完成的。
- 运输功能　不同的专项蛋白具有不同的运输功能，机体内的大部分物质是由蛋白质作为载体被输送到各个地方。例如，红细胞中的血红蛋白用于输送氧气和二氧化碳等。
- 支撑和保护功能　机体内具有支撑功能的组织包括骨骼、结缔组织、毛发、皮肤等，而这些组织则由胶原蛋白、角蛋白和弹性蛋白等蛋白质组合而成。

- 免疫功能　机体为了维持生存，具有多种免疫功能，而这些免疫功能大部分需要依靠蛋白质才能发挥作用。例如，免疫功能中的一些抗体能力则是由高度专一的蛋白质来执行的，它可以识别和抵御侵入机体的外来物种。
- 调节功能　蛋白质具有调节代谢机能、生物机能以及控制生长发育和分化的功能，在这一功能中起着重要作用的是多肽和蛋白质激素这两类蛋白质；除此之外，各类激素的受体蛋白等蛋白质，还具有接受和传递调节信息的功能。

除了上述蛋白质具有的一些主要功能之外，蛋白质还具有下列作用。

- 维持钾钠平衡，消除水肿。
- 合成抗体，提高免疫力。
- 提供机体需要的部分能量。
- 缓解贫血，降低血压。
- 形成胶原蛋白。
- 为大脑细胞分裂提供动力，合成脑脊液。
- 提升肝脏的造血和解毒功能。
- 合成必需的消化酶，促消化，修复与保护胃。
- 预防肌肉萎缩，提升骨头韧性。

蛋白质在生命活动中具有重要的作用。随着科技的发展，许多蛋白质被应用到临床检验中。例如，甲胎蛋白被用于检测早期肝癌病变的指标。

4 蛋白质的补充

蛋白质是建造和修复身体的重要原料，受损细胞的修复与更新及人体发育都离不开它，同时蛋白质也会被分解为人体所需能量。蛋白质的主要来源是肉、蛋、奶和豆类食品，而动物蛋白质含有充足的必需氨基酸，其品质高于植物蛋白质。这是因为植物类蛋白质中所含有的必需氨基酸通常会存在1~2种含量不足的情况，因此素食者必须摄入多样化的食物，以弥补必需氨基酸的不足。

一般来讲，普通成年人每公斤体重大概需要0.8克蛋白质。另外，摄入各种食物是获取高质量蛋白质的有效方法。每天摄入的蛋白质最好的分配比例为：动物类蛋白质占1/3，植物类蛋白质占2/3。

蛋白质的需要量根据健康状态、年龄和体重等各因素的不同而不同。一般情况下，不同年龄段的人所需要蛋白质的指数分别为：1~3 岁为 1.80，4~6 岁为 1.49，7~10 岁为 1.21，11~14 岁为 0.99，15~18 岁为 0.88，19 岁以上为 0.79。其蛋白质需要量的计算公式为：身体指数 × 体重（公斤），例如，年龄为 40 岁、体重为 50 公斤，每天需要的蛋白质量为 0.79 × 50=39.5 克。

注意：

早餐必须摄入足够的优质蛋白质，建议各类食物搭配摄入。例如大豆中含有的蛋氨酸很低，而玉米中的蛋氨酸很高，两者结合摄入会产生互补作用，可大大地提高自身的营养价值。

1）补充过量

蛋白质，尤其动物性蛋白质摄入过量会在机体内转化为脂肪，从而造成脂肪堆积。一旦蛋白质在体内转化为脂肪，其血液的酸性也会被提高，从而导致大量的钙质被消耗，此时存储在骨骼中的钙质也会一同被消耗，促使骨质变脆。另外，过多摄入蛋白质后，机体会将多余的蛋白质脱氧分解，分解后的氮需要通过尿液排出体外，而这一过程需要大量的水分，如此一来不仅加重了代谢负担，还加重了肾脏的负荷。

2）补充过少

蛋白质补充过少会导致蛋白质缺乏，短期蛋白质缺乏会导致代谢率下降、抵抗力减弱、易生病等。而长期蛋白质缺乏则会对器官造成损害，常见症状表现为儿童发育迟缓、营养不良、贫血、干瘦及水肿等。

5 蛋白质与运动

在运动过程中，蛋白质主要用于为机体提供载体，以激活一系列的功能。其中，蛋白质作为酶，既可以促进产生有氧能量，又可以促进产生无氧能量；作为运输蛋白的甘油三酯，则可以将乳酸盐和氢离子运载到细胞外；作为血红蛋白，则可以运输机体所需的氧气。

在运动过程中，当机体中的糖和脂肪充足时，蛋白质通常不会作为肌肉活动的主要能量来源。蛋白质主要对整体代谢起到调节作用。另外，蛋白质对训练后的肌肉修复和恢复至关重要，蛋白质不足会增加运动训练中受伤的风险。

只有在糖和脂肪不足的情况下，机体才会被迫分解蛋白质，也就是从蛋白质及乳酸盐分子中生成葡萄糖。但是，分解蛋白质的同时也会分解一些身体组织及功能性身体组织，例如肌肉组织和血红蛋白、抗体等。因此，在运动训练过程中，燃烧机体内太多的蛋白质并没有太大的好处，此时应该保持较高含量的碳水化合物。除此之外，在每次运动后期补充运动过程中燃烧的蛋白质至关重要。

3.3 脂肪

脂肪、蛋白质和碳水化合物并称为人体三大营养元素，脂肪与碳水化合物一样，主要用于提供热能、保护内脏、维持体温、协助脂溶性维生素的吸收，以及参与机体的代谢活动等。脂肪是由甘油和脂肪酸组成的三酰甘油酯，其中的脂肪酸决定了脂肪的性质和特点，而脂肪酸又分为饱和脂肪酸、单不饱和脂肪酸和多不饱和脂肪酸。

人体内的脂类分为脂肪和类脂两部分，脂肪又可分为饱和和不饱和脂肪两种形式。不同食物中的脂肪所含种类和含量各不相同，动物脂肪含饱和脂肪酸较多，而植物中含有不饱和脂肪酸较多。类脂是指胆固醇、脑磷脂、卵磷脂等。

1 脂肪的功能

脂肪存在于人体的体表和体内，体表的脂肪主要储存于皮下组织中，而体内的脂肪主要储存在腹部。脂肪是膳食能量的主要来源，每克脂肪含有 9 卡路里能量，相对于每克含有 4 卡路里的蛋白质和糖类，其能量高出很多。但脂肪相对于蛋白质来讲更为美味，这也是它俘获味蕾的特殊原因。由于脂肪含有很高的卡路里，因此被人类误认为头号公敌。摄入过多的脂肪，确实会让身体变得臃肿，而且血液中过高的脂肪是诱发高血压和心脏病的主要因素。虽然如此，脂肪仍然是机体维持生命的重要物质，如同蛋白质和碳水化合物一样，是不可或缺的。

脂肪不仅具有储存能量、保护重要器官等功能，而且还具有促使肌肤光滑、头发柔顺、吸收重要脂溶性维生素等功能。另外，脂肪中含有机体需要的必需氨基酸，而这些必需氨基酸在一定程度上可以保证大脑的正常运转，控制炎症及减少血凝。

脂肪与碳水化合物一样，不仅可以提供能量，而且其提供的能量远远大于碳水化合物。例如，机体在休息过程中所使用的能量，大部分是通过燃烧脂肪产生的有氧能量；在运动强度低于最大摄氧量的运动项目中，其能量也是通过燃烧脂肪来获得的，配速 5 公里跑时脂肪只能提供大约 15% 的能量，而在散步过程中则可以提供 80% 左右的能量。随着运动时间的增长，其脂肪的燃烧率也会增高，例如，当以最大摄氧量进行运动到最后阶段时，通过燃烧脂肪所提供的能量可以达到 45% 左右。因此，通过科学的靶心训练可以提高身体内脂肪的燃烧能力。

2 脂肪的分类

脂肪是由甘油和三分子脂肪酸合成的甘油三酯，脂肪酸直接决定了脂肪的性质和特点，不同食物中脂肪所含的脂肪酸含量也各不相同。按照常见分类，脂肪可分为不饱和脂肪、饱和脂肪和反式脂肪等类型。

1）不饱和脂肪

脂肪也分好脂肪和坏脂肪，虽然所有的脂肪提供的热量都是相同的，但是一些好脂肪更有助于健康，而不饱和脂肪便属于好脂肪。

不饱和脂肪是指至少含有一个双键的脂肪或脂肪链，包含一个双键的称为单元不饱和脂肪，包含两个双键及以上的称为多元不饱和脂肪。例如，存在于多数植物油中的不饱和脂肪，一般情况下对血液中的胆固醇不会产生影响；而存在于鱼和鱼油中的多不饱和脂肪，则具有降低胆固醇的作用，有益于人体健康，这种不饱和脂肪又称为Omega-3多不饱和脂肪。

脂肪的不饱和程度越高，脂肪含有的双键数量越多，其氧化的可能性也就越高，对人体健康的不利性也就越大。但是，单不饱和脂肪不会增加血液中的胆固醇，对人体健康更加有益。

当膳食中的不饱和脂肪存在不足时，会增加血液中的低密度脂蛋白和低密度胆固醇，长此以往会产生动脉粥样硬化，诱发心脑血管疾病。当膳食中的不饱和脂肪摄入过多时，则会影响体内的生长因子、细胞质和脂蛋白的合成，从而诱发各种肿瘤。而当膳食中的ω-3不饱和脂肪酸摄入不足时，不仅会影响记忆力和思维能力，更会影响婴幼儿的智力发展以及诱发老年痴呆症。

不饱和脂肪除了上述功能之外，还具有调节血脂、清理血栓、调节免疫力、维护视网膜、提高视力、补脑健脑、改善关节炎症状和减轻疼痛等功能。不饱和脂肪中的单不饱和脂肪主要来源于橄榄油和菜籽油、牛油果、杏仁、胡桃、榛子、芝麻等；多不饱和脂肪中的ω-3不饱和脂肪酸主要来源于多脂鱼、脂肪油、核桃、奇异籽、绿叶菜类、亚麻油、菜籽油、大豆油等物质，而ω-6不饱和脂肪酸主要来源于大多数植物油、鸡蛋、坚果等物质。

注意：

研究者发现不饱和脂肪会降低人体中的低密度脂蛋白胆固醇，提高高密度脂蛋白胆固醇。其中，低密度脂蛋白为“坏”胆固醇，容易促成血液中斑块的形成，从而导致动脉硬化；而高密度脂蛋白为“好”胆固醇，它可以将“坏”胆固醇运载到肝脏中，通过肝脏妥善处理它们，从而消除血液中的隐患。

2）饱和脂肪

饱和脂肪是不含有双键、而含饱和键的一种脂肪，主要来源于牛、羊、猪等动物的脂肪中，部分植物中也包含饱和脂肪，例如椰子油、可可油、棕榈油等。

膳食中包含饱和脂肪的食物同时也包含大量的胆固醇，因此摄入过多的饱和脂肪会导致胆固醇、低密度脂蛋白胆固醇、三酰甘油升高，继而引发动脉硬化，增加冠心病的患病风险。在细胞的新陈代谢中，饱和脂肪所产生的能量要高于不饱和脂肪。

注意：

日常膳食中需尽量避免使用富含饱和脂肪的食物，日常摄入量低于5%为理想状态，谨防日常摄入量高于20%，避免对身体健康造成伤害。

3）反式脂肪

一说到反式脂肪，许多人的第一反应是这个脂肪为“坏”脂肪。确实，反式脂肪是对人体健康非常不利的一种不饱和脂肪。反式脂肪在天然脂肪中占极少量，大部分来源于高温处理中的油脂，例如反复煎炸的食物、烹调中高温加热的食用油等。除此之外，一些食物为了增加保质期和稳定性，通常会添加氢化油，而氢化油中通常含有大量反式脂肪，例如面包、饼干、人造黄油等。

经研究发现，反式脂肪可以提高低密度脂蛋白胆固醇，降低高密度脂蛋白胆固醇，增加心脏病、中风和Ⅱ型糖尿病的患病风险。同时，它还具有降低免疫力、人体抵抗力、人体的生育能力和产生性激素酶的活性的作用。除此之外，它还妨碍人体对Omega-3 脂肪酸的利用率，从而增加患哮喘和过敏的风险。

3 脂肪与运动

脂肪是长时间运动的基础燃料，它作为一种巨大的能量储备，可以为一个正常体重的人提供 30 次马拉松的能量。在运动中，特别是有氧运动中，人体需要先将脂肪转化为糖原，使其以糖原的形式参与到运动中。脂肪转化为糖原的结构图，如下所示。

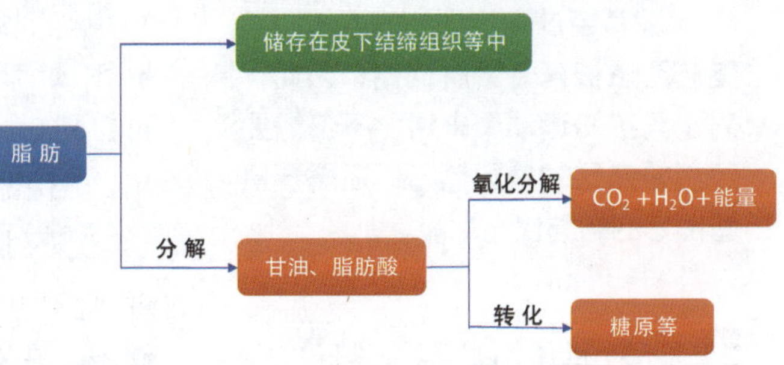

脂肪分解是通过脂肪酸氧化分解来实现的，在人体持续负荷比较小且时间比较长的运动中，例如马拉松、慢跑等运动，人体约 90% 的能量供给来自脂肪的分解。而对于训练有素的马拉松运动员来讲，通过脂肪分解供给的能量约占总能量的 70% 左右。

对于马拉松选手来讲，如欲保证足够的能量，必须储备足够的碳水化合物和葡萄糖。如果体内的碳水化合物储备用完了，人体便会分解蛋白质来供应能量所需了。因此，可以理解为马拉松运动中所获取的能量主要依赖于碳水化合物和脂肪代谢这两个能量系统。

一般情况下，中高等强度的训练，其能量供给主要来源于糖原，但仅凭借碳水化合物的能量对于马拉松运动员来讲，也只够坚持 90 分钟的跑步。在摄氧量相同的情况下，其脂肪提供的能量与碳水化合物提供的能量相差无几，仅仅存在 5% 的差别。

注意:

没有经过跑步训练的人体，其脂肪无法被充分分解代谢；因此，对于马拉松运动员来讲，不仅需要保持较充足的糖原储备，还需要具备良好的脂肪代谢功能。

4 运动中的能量消耗

人体是依靠能量代谢而生存的，睡觉、吃饭、合成身体各功能物质以及运动都需要能量来维持。所以，了解基本的能量代谢原理将有助于保持健康的身体以及掌握一些最为基础的营养学与运动学知识。同样，一些需要减脂增肌的人士更应该了解能量代谢原理，以便可以最大限度地活跃身体的新陈代谢速度，科学有效地进行减脂增肌运动。

人体内的脂肪、蛋白质和碳水化合物会一直持续工作，为人体提供必需的能量。但这些能量不同时段所占用的比例各不相同，每个能量系统都具有相应的能量支持，不同的运动所消耗的能量也各不相同。其中，碳水化合物和脂肪依赖于身体的运动负荷。

在参与马拉松跑步时，人体将会以一种平稳的速度进行耐力跑比赛，如此一来便需要面对氧气过度消耗这一问题，此时人体需要通过脂肪燃烧和分解碳水化合物来获取能量。长此以往，人体中的有氧能量系统也将得到相应的提高，并提高了通过脂肪获取能量的比例。良好的脂肪代谢系统可以对碳水化合物的储备起到保护作用，以保证人体能量的获取渠道畅通。

当马拉松选手准备不足或起跑速度过快时，会提前消耗掉自身的糖原储备，在一定程度上造成血糖降低，当血糖低于一定水平后，大脑便会抑制运动脉搏，从而出现身体极限反应。当大脑抑制运动脉搏时，其脂肪代谢相比之前所消耗的碳水化合物需要更多的氧气，此时会产生跑步速度突然下降、呼吸急促等反应。此时，人体内新的葡萄糖形成需要蛋白质的参与，也就是通过分解蛋白质来获取能量。综上所述，在运动过程中，良好的脂肪代谢系统可以有效保护肌肉组织和血红蛋白不被分解，降低运动副反应，增强运动效果。

在整个运动过程中，碳水化合物的储备对于时长超过 90 分钟的跑步具有非常重大的意义，它可以减轻耐力运动的疲惫感；而脂肪储备则是支持超过 4 小时以上运动的关键。因此，在参加马拉松跑之前，为了确保足够的糖原，运动员可以在赛前三四天保持碳水化合物的摄入，其摄入的热量可以占总热量的 70%。

对于减肥人士来讲，首先获取到的指导理论是必须做足够时间的有氧运动，才可以燃烧脂肪达到减肥目的。但是，通过实际验证，这种理论是错误的，并不是所有的跑步运动都需要运动时间超过 30 分钟后才开始燃烧脂肪，对于慢速跑步来讲从跑步开始之际脂肪便处于燃烧状态。因此，对于减肥人士来讲，为了达到减肥目的，最有效的运动方法是降低运动强度（速度），延长运动时间。另外，当肌肉负荷达到一定强度时，其肌酸值会上升到 7 毫摩 / 升，此时机体会加快脂肪的消耗速度。

3.4 再生系统

人体具有一套再生系统，也就是自身修复功能，该功能可以帮助人体修复和恢复一些受损的机制。例如，手指受伤后，机体将会启动一系列奇妙的机制，对受伤部位进行修复，经过一段时间后伤口便会自动愈合，这种愈合功能来自人体的再生能力。从生命科学的角度出发，人体本身可作为一个有机整体，而自身修复功能（再生系统）则是人体与生俱来的神奇功能。

对于跑步者来讲，需要很好地利用人体的再生系统，通过身体适应运动、刺激再训练、超代偿等方式对机体进行针对性的刺激训练，从而加强训练效果，提高训练成绩，增加机体的恢复能力。

1 训练中的再生系统

训练中的再生系统是由多种因素构成的，主要是通过运动对身体进行相应的刺激，以启动再生系统，达到训练、恢复与提高这一良性循环的目的。一般情况下，若通过运动刺激身体，则需要注意运动中的强度、密度和持续时间，只有完全满足上述 3 点运动因素，才可以获得再生的效果。

当跑步者进行相应强度、密度和时间的训练之后，所反馈回来的训练效果在很大程度上是由休息过程中组织的再生方式决定的。一些被动的运动部位，例如肌腱、关节和骨骼等，其恢复时间占据了所有再生系统的大部分时间；但主动参与运动的肌肉，由于具有良好的血液流通，其恢复时间相对较快。因此，运动员在组织训练时，需要等待那些被动参与运动的部位完全恢复过来，才可以进行下一次训练。例如，运动员在进行 2~3 周提高性训练之后，需要进行 1 周相对平缓的训练，以保证再生系统中最慢环节的完全恢复。

在再生系统中，三磷酸腺苷恢复时间最快，立马可以恢复；其次是肌酸盐，在运动后的几分钟内可以恢复过来；水分、乳酸盐分解和电解质亏损则需要几个小时的时间来恢复；而肌肉中的脂肪储备、糖原储备、酶合成和可收缩蛋白质则需要几天的时间进行恢复。其中，脂肪和糖原储备的时间要比酶合成和可收缩蛋白质的恢复时间快一些；线粒体合成、细胞膜则需要通过几个星期的时间才能恢复过来；激素系统、免疫系统、连接组织和支撑组织则需要通过几个月的时间才能完全恢复过来。但是，对于一些训练强度更大、大型比赛耗尽或过度使用的一些系统，则需要更长的再生时间进行恢复。也就是说，如果进行了一场马拉松比赛，其赛后的时间则需要通过较低强度的训练进行休整，以协助再生系统有效恢复。

2 再生与训练

人体最为显著的一个特征便是适应外界的刺激，同时为了维持或优化机体性能，人体也需要外界相应的刺激，并通过刺激产生相应反应，达到提高机体性能的目的。例如，通过运动可以增加关节的润滑程度，防止关节僵硬；可以促使生物系统处于承受负荷和放松的循环过程中。

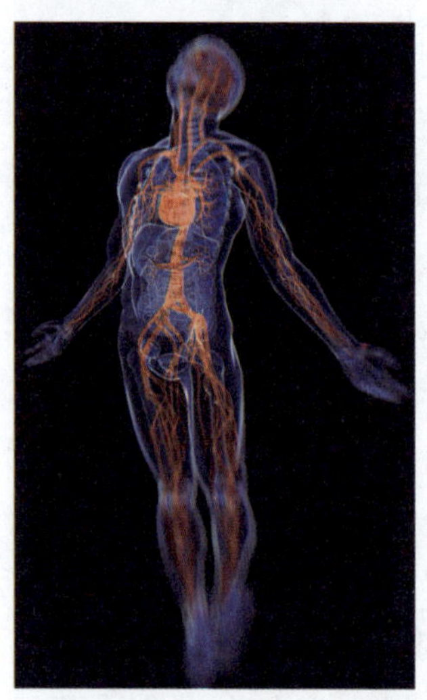

其中，当生物系统承受负荷时，会优化细胞层面的功能和结构，使其得到优化；而放松缓解则是运动负荷过后的休整时间，该时间段是生物系统的适应和改变时间。也就是说，再生系统会根据每个人的基因结构，对不同的训练强度做出相应的反应，并不是所有的训练强度所达到的生物反应都是相同的。因此，运动员在制订个人训练计划时，需要根据自身情况、训练强度及再生系统的反应情况，合理地进行制订。

但是，如果想刺激再生系统，则需要在训练中根据自身条件制订相应的运动强度，因为只有训练强度达到临界值（阈值），才能使再生系统做出警戒反应。此时，机体通过耗尽能量储备、消耗一些糖原以及破坏肌肉纤维等，达到刺激的目的，促使再生系统做出反应，以进行相应的修复。

在运动过程中机体会感应到疲劳，运动结束后再生系统开始运行，各系统修复运动时所造成的损害，从而得到相应的优化。再次进行相应的训练时，机体便会做好充分的准备，以适应这种训练机制，并做出增加能量储备、提高酶活性、改变肌肉纤维组织等反应。根据不同的训练强度，机体适应过程的时间和再生系统修复的时间也不尽相同；此时，可通过肌肉的松紧程度来判断训练的合理性。

如果运动过程中的强度太低，对再生系统刺激太弱，其身体已经出现的适应能力将会逐渐消失，再生系统也会退回到初始状态。因此，对于健身和减肥的人士来讲，坚持训练才会提高机体的整体能力。当然，如果过度运动且运动强度太大的话，那么机体的再生系统将无法得到足够时间的恢复，机体也无法提高，从而会导致身体素质下降。

在训练过程中，可以对身体执行多层次的刺激，通过应用多种训练模式，促使再生系统达到最佳水平。例如，同组人员一起跑步时，当速度较快的跑步者适应速度较慢跑步者的速度时，便是速度较快跑步者的再生跑。

第 4 章　了解身体结构

跑步属于全身性的运动项目，需要承担人体自身体重，因此对力量、协调性、灵敏性和心血管功能都具有一定的要求。跑步过程中，经常使用到的肌肉群包括股四头肌、腘绳肌、臀肌、髋屈肌和腓肠肌等肌群。除了上述经常使用到的肌群之外，一些核心肌群同样也负荷着身体的运动。为了使跑步者更加了解身体各系统的结构和功能，以及肌群和关节的作用，本章将详细介绍人体的分布结构。

4.1 肌肉分布

肌肉中的肌细胞为细长形状，呈纤维状。中医认为肌肉是身体肌肉组织和皮下脂肪组织的总称，而且认为脾主肌肉，肌肉的营养主要从脾的运化水谷精微而得，其肌肉的丰满程度直接与脾的健康有着密切的关系。

1 肌肉分布图

对于跑步者而言，肌肉是最重要的组织之一，它不仅可以为跑步者提供足够的动力，而且还可以通过即时反应提示跑步者运动是否过量。人体全身的肌肉分布，如下图所示。

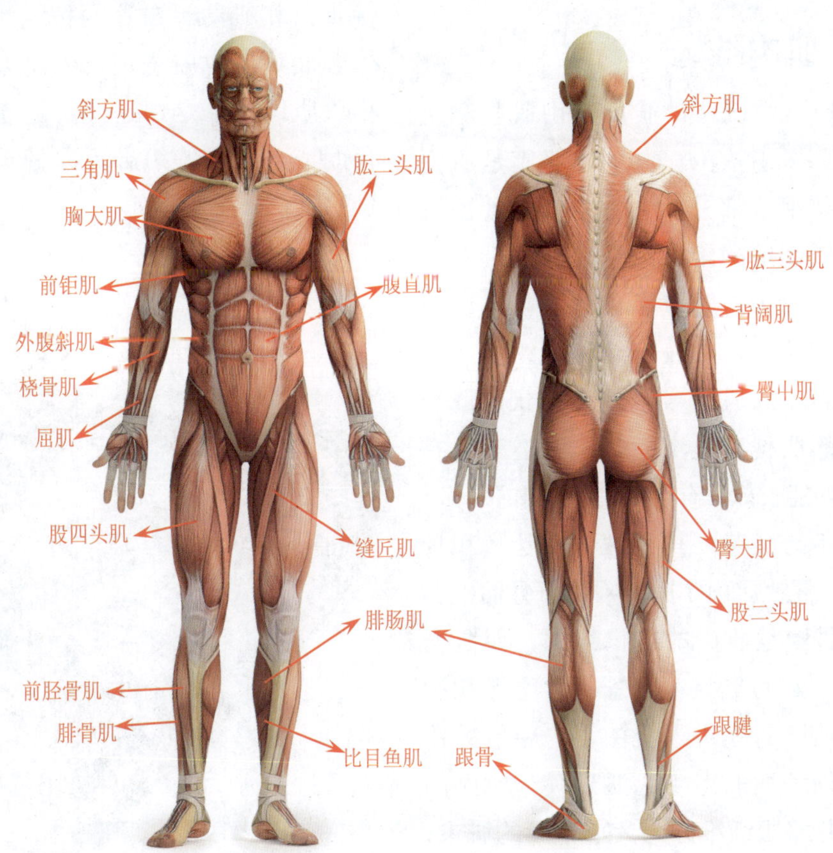

不同的肌群具有不同的功能，例如臀大肌用于伸展弯曲大腿，臀中肌用于稳定臀部，而三角肌用于摆动手臂。

从人体解剖学的角度来看，人体共有639块肌肉，约由60亿条肌纤维组成，一般人的肌肉约占自身体重的35%~45%。而人体内最主要的肌肉是骨骼肌，该肌群主要用于连接和包裹骨骼，并受大脑中枢神经的控制。另外，骨骼肌是人体进行各类运动项目时用于完成各类动作所使用的最主要的肌肉群。

2 肌肉结构

通常情况下，肌肉是由肌腹和肌腱两部分组成的。其中，肌腹是肌肉的主要组成部分，它是由多个骨骼肌纤维借助结缔组织结合而成，具有一定的收缩力。肌腱又称为腱膜，位于肌腹的两端，由致密结缔组织构成；位于躯干的肌腱多呈现薄板状，位于四肢的肌腱多呈现索状。肌腱不具有收缩功能，却具有很强的韧性和张力，而且不易疲劳；其纤维伸入骨膜和骨质中，促使肌肉牢固地附着于骨骼上。

肌膜是肌肉的支撑组织，使肌肉具有一定的形状，血管、淋巴管和神经会随着肌膜进入肌肉。一般包裹在肌肉外表面的组织为肌外膜，它向内伸入并将肌纤维分为大小不同的肌束，这些肌束被称为肌束膜；而肌束膜会继续向内伸入并包围每一条肌纤维，此时则被称为肌内膜。

肌肉的构造包括肌束、肌纤维、肌原纤维、肌节等，其结构类似于钢缆，由一道道肌纤维捆绑起来，这些肌纤维组合成较粗、较长的缆绳群组，当肌肉运动时它会像弹簧一样具有伸缩弹性。在较粗的缆绳之内包含了肌纤维、神经、血管和结缔组织；每一根肌纤维则由较小的肌原纤维组成，而每一根肌原纤维则由缠在一起的肌凝蛋白和肌动蛋白这两种丝状蛋白质组合而成。也就是说，无论大块还是小块肌肉，都是由这两种丝状蛋白组合而成，它们的组合可以撼动不可估量的重量。

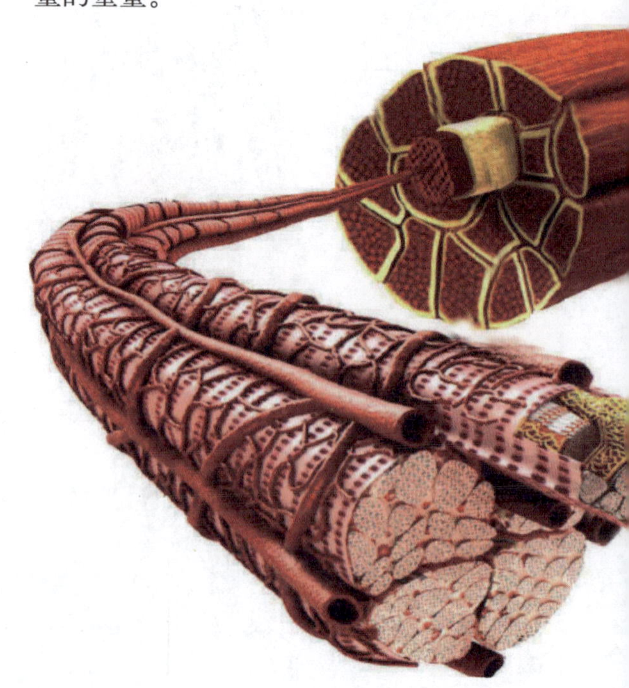

肌肉是由水、蛋白质以及少量矿物盐、脂肪和糖原构成，其血液供应丰富，每块肌肉均具备自身的血液供应，血液供应量与肌肉的代谢旺盛相关。肌肉通过收缩来牵引骨骼，从而产生关节的运动，运动原理犹如杠杆的工作原理。其中，骨骼形同杠杆，关节形同支点，而肌肉则为杠杆的力量来源，其力量的大小则由关节和骨骼的相对位置而定。肌肉在运动过程中是以成对肌肉组合的方式进行的，这是因为一块肌肉无法同时实现收缩和舒张，当一块肌肉收缩时，其长度便会变短，从而牵动所依附的骨骼，使其完成相应的动作；此时，若让骨骼复原到最初位置，则需要另外一块相对应的肌肉进行收缩，以协助完成复位动作。

3 辅助组织

在运动过程中，肌肉需要使用辅助装置来确保其活动及位置，以及减少运动过程中的摩擦并起到保护功能。筋膜、滑膜囊和腱鞘等组织为肌肉的辅助组织，不同的辅助组织具有不同的功能，其具体情况如下所述。

- 筋膜　筋膜分布全身，分为浅筋膜和深筋膜。浅筋膜又称为皮下筋膜，位于真皮之下，由疏松结缔组织构成，对深部肌肉、血管和神经具有一定的保护作用；深筋膜又称为固有筋膜，位于浅筋膜的深层，由致密结缔组织构成，随肌肉的分层而分层，全部附着于骨骼上。
- 滑膜囊　滑膜囊为封闭式的结缔组织囊，内有滑液，其壁比较薄，用于减少腱与骨骼之间的摩擦，通常位于腱与骨骼之间，部分位于关节附近并与关节腔相通。
- 腱鞘　腱鞘为包裹在肌肉腱外的鞘管，位于手指、腕、足趾和踝等处。腱鞘可分为纤维层和滑膜层，其中纤维层又称为腱纤维鞘，位于外层，对肌肉腱具有滑车和约束作用；滑膜层又称为腱滑膜鞘，位于腱纤维鞘内，又分为脏层和壁层，脏层包绕肌肉腱，壁层紧贴腱纤维鞘内面，脏层和壁层之间具有少量滑液，以保证肌肉腱在鞘内自由滑动。

肌肉是人体的引擎，人体的每一个动作都需要肌肉来牵动完成，从微笑、走路、跳跃、攀爬以至于一些复杂的动作，都是通过肌肉之间的协作来完成的。因此，为了增强肌肉力量，还需要进行一系列的力量练习，例如平卧举、上斜卧举、卧推、下蹲等动作练习。

4.2 心肺结构

心肺是人体重要的器官，它们直接影响全身器官及肌肉的活动，是人体生存的必备器官；而良好的心肺功能则是维持人体健康运作的重要前提。

1 心脏

心脏是人体最为重要的器官之一，主要功能是为血液流动提供动力，向器官、组织提供充足的血流量，以供应氧和各种营养物质，并带走二氧化碳、无机盐、尿酸、尿素等代谢产物，使细胞可以维持正常的代谢和功能。

1）心脏的构成

心脏位于胸腔中部偏左下方，横膈之上，两肺之间偏左，其体积相当于自身者的一个拳头大小。心脏由心肌构成，并由左心房、左心室、右心房、右心室四个腔组成，其左心室内壁最厚。左右心房之间和左右心室之间均由间隔隔开，互不相通。心房与心室之间隔有瓣膜（房室瓣），这些瓣膜促使血液只能由心房流入心室，而不能倒流。

➢ 心房　是心脏内部上面的两个空腔，左边的为左心房，右边的为右心房，连接静脉血管，壁厚且肌肉发达。左心房与肺静脉相连，右心房与上下腔的静脉和冠状窦口相连。左心房接受从肺部回来的血，右心房接受从全身其他部位回来的血。心房与心室之间有带瓣膜（房室瓣）的通路，心房收缩时血从通路流入心室。血液由心房压入心室后，由心室压入动脉，分别输送到肺部与全身的其他部分。

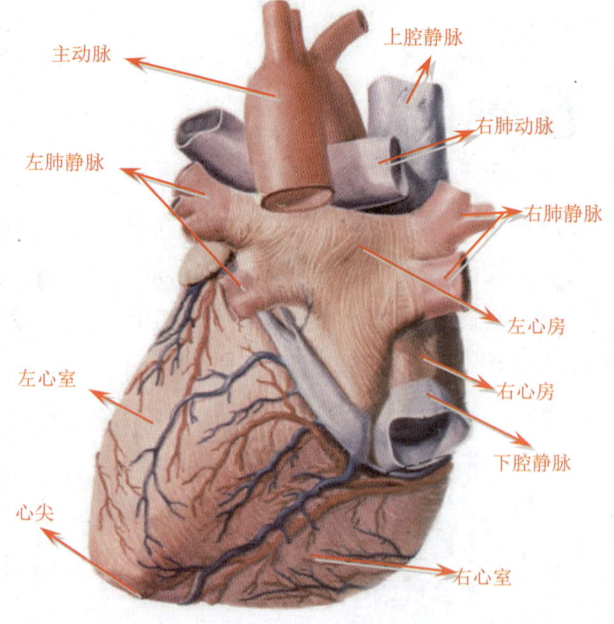

- 心室　是心脏内部下面的两个空腔，左边的为左心室，右边的为右心室，心室连接动脉血管，壁厚且肌肉发达，其左心室的壁比右心室更厚，肌肉更加发达。右心室有出入两个口，入口即右房室口，其周缘附有三块叶片状瓣膜，称右房室瓣（即三尖瓣）；出口称肺动脉口，其周缘有三个半月形瓣膜，称肺动脉瓣。左心室有出入两个口，入口即左房室口，周缘附有左房室瓣（二尖瓣）；出口为主动脉口，位于左房室口的右前上方，周缘附有半月形的主动脉瓣。
- 瓣膜　是人体器官里可以开闭的膜状结构，每个人的心脏内都有 4 个瓣膜，即连结左心室和主动脉的主动脉瓣、连结右心室和肺动脉的肺动脉瓣、连结左心房和左心室的二尖瓣和连结右心房和右心室的三尖瓣；它们均具有单向阀门作用，使血液只能从一个方向流向另一个方向，而不能倒流。

2）心脏的作用

心脏的主要作用是为血液流动增加动力，除了提供充足的血流量、供应氧和各种营养物质以及带走代谢产物之外，还可以通过血液循环将体内的各种内分泌激素和其他体液输送给靶细胞，以实现机体的体液调节，维持机体内环境的相对恒定。另外，心脏的“泵”功能还可以推动血液循环流动，实现血液的防卫技能及调节人体体温。

心脏中的心肌收缩和舒张具有节律性，从而形成心脏的搏动。当心肌收缩时，会推动血液进入动脉，流向全身；而当心肌舒张时，血液将由静脉回流至心脏。假如一个人的静息脉搏为 70 次，那么他的心脏每次泵血约 70 毫升，则每分钟泵血约 5 升。

心脏有节律地跳动，一次收缩和舒张，称为一个心动周期，包括心房收缩、心房舒张、心室收缩和心室舒张 4 个过程。心脏的跳动是因为心脏本身含有一种特殊的心肌纤维，具有自动节律性、兴奋的能力。这种特殊心肌纤维组成的传导系统，其功能是发生冲动并传导到心脏各部，使心房肌和心室肌按一定的节律收缩。传导系统包括窦房结、房室结、房室束、位于室间隔两侧的左右房室束分支以及分布到心室乳头肌和心室壁的许多细支，其中窦房结位于右心房心外膜深部，其余的部分均分布在心内膜下层，由结缔组织将它们和心肌膜隔开。系统内的心肌纤维聚集成结和束，拥有丰富的毛细血管，并受交感、副交感和肽能神经纤维支配。

如果平均心跳每分钟跳动 70 次，寿命为 70 岁，那么一生中心脏将会跳动近26亿次。其中，心房每工作（收缩）0.1秒，可以休息0.7秒；心室每工作0.3秒，可以休息0.5秒，因此心脏有足够的休息时间，可以一直跳动而不会累。

注意：

心脏作为人体的重要器官，需要时刻进行保养，保养方式除了合理饮食，还需要戒烟、戒酒、适量运动、规律生活、改善生活环境等。

2 肺

肺，所有人都知道肺是人体的呼吸器官，位于胸腔，左右各一个，并覆盖于心之上。但是，却很少有人知道肺也是重要的造血器官，它可参与血小板的生成。肺有分页，左二右三，共五页。肺经气管、支气管等与喉、鼻相连，故称喉为肺之门户，鼻为肺之外窍。

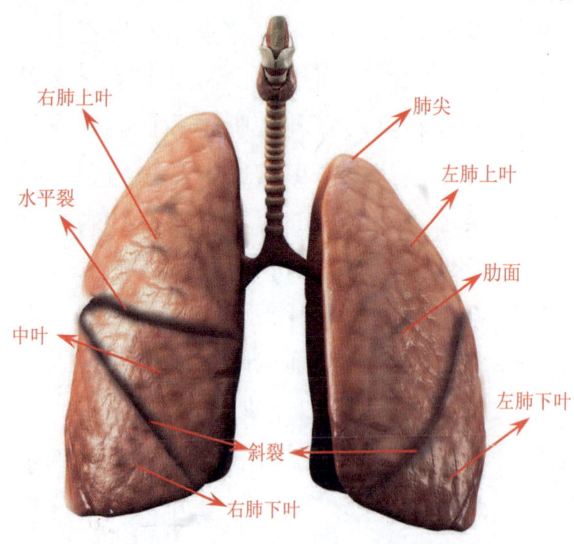

肺上端为肺尖，向上经胸廓上口突入颈根部，底端位于膈上面；对向肋和肋间隙的面为肋面，朝向纵隔的面为内侧面，该面中央的支气管、血管、淋巴管和神经出入处为肺门，这些出入肺门的结构，被结缔组织包裹在一起为肺根。左肺斜裂分为上、下二个肺叶，右肺除斜裂外，还有一水平裂，分为上、中、下三个肺叶。肺是以支气管反复分支形成的支气管树为基础构成的。

气管可分出一段支气管，也就是左、右主支气管。左主支气管细而长，经左肺门入左肺；右主支气管粗而短，经右肺门入右肺。

由于右肺分为上、中、下三叶，故右支气管较早分出一支进入右肺上叶，即动脉上支气管，而后下行又分成两支，分别进入右肺中、下叶。每侧支气管入肺后均反复分支，支气管最后的小支称小叶细支气管，穿入独立的肺小叶中。支气管在肺内反复分支可达23~25级，最后形成肺泡。

支气管各级分支之间以及肺泡之间是由结缔组织性的间质所填充，而血管、淋巴管、神经等则会随支气管的分支分布在结缔组织内。肺泡之间的间质中含有丰富的毛细血管网，毛细血管膜与肺泡共同组成呼吸膜，它是肺呼吸的重要组成部分，主要用于血液和肺泡内的气体交换。呼吸膜的面积比较大，平均约为 70 平方米，人体在安静状态下只会动用其中的 40 平方米用于呼吸。

细支气管的末端膨大成囊，囊的四周存在许多突出的小囊泡，这些小囊泡就是肺泡。它由单层上皮细胞构成，形成半球状囊泡，是肺部气体交换的主要部位，也是肺的功能单位。肺泡的大小形状不一，平均直径为 0.2 毫米，成人约有 3 亿 ~4 亿个肺泡。

气体是由肺泡吸入而进入血液的，此时静脉血将会变为含氧丰富的动脉血，并通过血液循环输送至全身各处。肺泡周围毛细血管内血液中的二氧化碳则可以透过毛细血管壁和肺泡壁进入肺泡，通过呼吸排出体外。

肺泡内的表面液膜含有表面活性物质，具有降低肺泡表面液体层表面张力的作用，使细胞不易萎缩，同时又使肺泡在吸气时极易扩张。相邻肺泡之间的组织为肺泡隔，内含丰富的毛细血管及弹性纤维、网状纤维；其中，弹性纤维包绕肺泡，使肺泡具有良好的弹性。

3 心肺功能

人体内的细胞需要氧气来供应，并通过氧气燃烧体内的能量变成热能以供肌肉和器官使用。此时，肺部负责吸入氧气，心脏则负责将氧气通过血液循环系统输送到各个器官及部位。因此，肺的容量大小和活动次数，以及心脏跳动的强弱会影响运动效果和强度，这也就是平常所说的心肺功能。

心肺功能是心脏泵血及肺部吸氧的能力，也是人体将摄取的氧气转化成能量的能力，包括心跳强弱、肺容量、呼吸次数及血液的循环速度。整套的心肺功能涉及心脏制血、泵血，以及肺部摄取氧气和转化氧气的能力。除此之外，还包括血液循环系统将氧气输送至全身各部位的效率，以及肌肉使用氧气的能力。因此，心肺功能对于运动来讲十分重要。

良好的心肺功能，不仅使身体的主要机制可以健康地运作，而且还可以降低患慢性疾病的概率，包括心血管病、内分泌系统及呼吸系统疾病等。

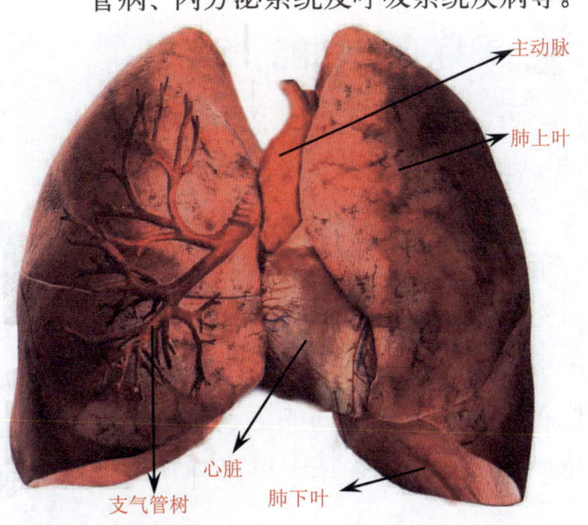

在呼吸过程中，膈肌和肋间肌收缩会带动胸壁运动，使空气进出肺部。也就是说在吸气过程中，肺部扩张，此时膈肌为放松状态，而肋间肌为收缩状态；在呼气过程中，肺部收缩，此时膈肌为收缩状态，肋间肌为放松状态。当空气进入肺部时，便可以通过气体交换将氧气通过肺泡的薄壁输送到血液中。该过程交换后剩余的物质即为人体内的“废弃物”，也就是二氧化碳。

肺部交换产生的氧气首先通过血液进入左心室，然后通过左心室输送至全身各处。当氧气遇到肺部的毛细血管时，经过气体交换二氧化碳会通过血液流向右心房，再经过肺部呼出二氧化碳。在交换过程中，红细胞中富含血红蛋白，具有与氧气结合的功能，而动脉肌壁则具有输送红细胞至全身的功能。

4 锻炼心肺功能

运动过程中所讲的有氧和无氧运动，是指运动中氧气含量是否足够。人体内大部分细胞需要通过氧气来获得能量，并加快新陈代谢。在一些有氧运动中，例如慢跑、骑行等会获得足够的氧气并产生足够的能量，此时肌细胞在进行长时间的运动后并不会感到疲劳。但是，在一些高强度的无氧运动中，肌细胞需要依靠“无氧”这一功能来提高肌肉的收缩速度，从而产生乳酸等一些废弃物，而这些废弃物会降低肌肉的运动效率，并会导致疲劳。

通过有氧运动可以有效锻炼心肺功能。一般来讲，运动心率达到最大心率的60%~70%时减脂效果最好，此时运动过程中所消耗的能量有40%来自脂肪，60%来自碳水化合物。若想增强心肺功能，则需要使运动心率达到最大心率的70%以上，此时运动过程中所消耗的能量有90%来自碳水化合物，10%来自脂肪。因此，针对不同的人群、不同的运动目标，需要制定不同的运动方案，例如，肥胖者一开始切忌剧烈运动，由于此时的心肺功能无法应付剧烈运动，需要先以慢速运动为主，减脂的同时加强心肺功能，逐渐减轻体重后再增加运动量，如此一来既可以达到减重的目的，又可以提高心肺功能。

增强心肺功能，以规律性、持续性、节奏性的运动为主，无论是哪种有氧方式的运动，若要对心肺功能具有促进作用，除了具有一定的运动量之外，还需要保持一定的时长。例如，慢跑、骑行、健步走等一些有氧运动需要每周从事3~4次，每次保证30分钟以上的运动时间，才可以达到提高心肺功能的目的。

4.3 核心区域

核心区域涵盖了人体内的骨盆和脊柱，是跑步过程中上下身力量的汇聚点。核心区域包括腹直肌、腹斜肌、下背肌等肌群，主要负责保护用于稳定脊柱和骨盆的肌群，以保证跑步过程中人体的核心部位稳固。核心区域内的肌群为运动锻炼的重点部位，良好的核心肌群不仅可以更有力地支撑上半身，而且还可以减少脂肪囤积，改善身体姿势。

1 腹肌

提起腹肌，首先映入脑海中的是"六块腹肌"这个情景，所谓的"六块腹肌"就是腹直肌。其实，腹肌远不止腹直肌，还包括腹横肌、腹外斜肌、腹内斜肌等肌群。腹肌主要用于稳定人体的核心区域，避免跑步过程中出现一些多余的动作。良好的腹肌不仅可以提升稳定性，而且还可以改善跑步姿势。

- 腹直肌　该肌群位于耻骨与中下区域肋骨之间，主要用于控制骨盆前倾及背脊的活动。
- 腹横肌　位于腹直肌和腹内斜肌之后，属于腹部肌群的最内侧，它的纤维呈水平走向，其诸多附着点用于牵动骨盆、下方肋骨和腹部的结缔组织，主要用于保持躯干弯曲压缩时的稳定性。
- 腹外斜肌　该肌群位于最低肋骨与腹白线之间，依附于髋骨和耻骨上支，主要用于控制躯干对侧的旋转。
- 腹内斜肌　该肌群位于髂嵴和腹股沟韧带之间，并延伸至腹白线和下方肋骨处，主要用于旋转躯干同侧。

2 腰背部肌肉

腰背部肌肉主要用于保持跑步时的身体姿势以及保护脊柱，对于跑步者而言至关重要，但一般跑步者会忽略对该肌群的锻炼。其中，各核心肌肉的具体作用如下所述。

- 竖脊肌　又称为骶棘肌，它被背部浅层肌及上、下后锯肌所覆盖，填充于棘突与肋角之间的深沟内，从骶骨至枕骨，为一对强大的伸脊柱肌；主要用于控制脊柱，并维护脊柱的稳定性。
- 背阔肌　位于腰背部和胸部后外侧皮下，呈直角三角形，为全身最大的阔肌，主要用于保证肩部至核心区域的稳定性，属于浅层肌肉。

- 腰方肌　位于腹后壁、脊柱两侧，其内侧为腰大肌，后侧为竖脊肌，主要用于辅助腰椎的伸展和侧屈，以及提升骨盆和帮助骨盆前倾。
- 腰大肌　位于腰椎两侧的长肌，大部分位于腰椎椎体与横突之间的陷沟内，其肌纤维以羽状形式向外、向下方排列走向，从而形成上下较细、中段较粗的条形肌肉；主要用于维持大腿屈并外旋以及躯干同侧屈、躯干前屈。
- 髂腰肌　由髂肌和腰大肌组成，是髋屈肌中最深层、最强壮的肌肉；其主要用于大腿的前摆功能。

除了上述肌肉群之外，核心区域的肌群还包括膈肌、盆底肌，以及大块的背部表层肌，它们同样对核心区域发挥着稳定和传输力量的重要作用。

注意:

在跑步的过程中，胸肌主要用于辅助腹肌，而肩部和手臂用于稳定肢体，为腿部提供平衡，有效控制跑步速度。

4.4 臀部

臀部是腰与腿的结合处，其骨盆是由髋骨和骶骨组合而成。盆骨外侧附着有臀大肌、臀中肌、臀小肌及梨状肌，其肌群主要用于兼顾身体的稳定性和灵活性，特别是对臀部、骨盆和腰背部的稳定支持，具有不可或缺的作用。其稳定性，来源于膝关节、脊柱和骨盆的配合，如果在跑步的过程中无法控制臀部的运动，将会大大地增加膝关节和背部的伤痛。因此，增强臀部力量，是跑步者必须注意的问题之一。

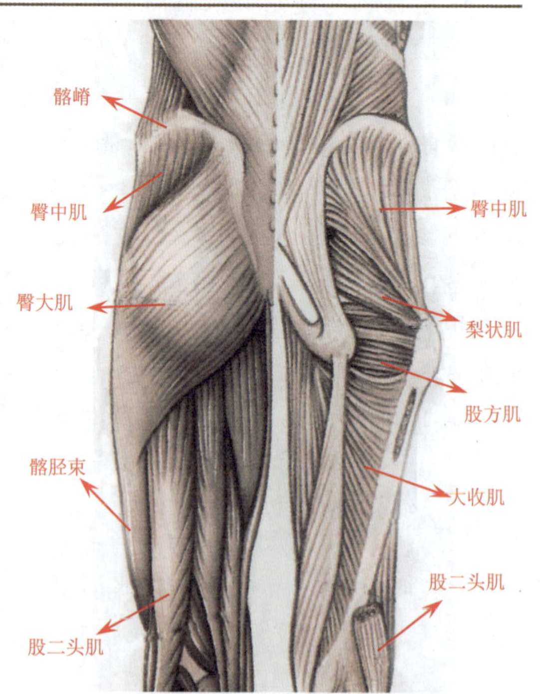

1 臀部肌肉组织

臀部与骨关节一样，其运动也是建立在成对拮抗肌的协作上，当这对肌肉相互平衡时，臀部便可以很好地实现其功能，当这对肌肉失去平衡时，则会引起相应的伤痛。

- 臀中肌　位于髂骨翼外面，其后部位于臀大肌深层，为羽状肌，主要用于旋转和外展大腿，是走路站立保持良好姿势的重要肌肉。
- 臀大肌　位于臀皮下，是髋肌后群肌之一，主要用于伸展臀部，使臀部外旋，是跑步过程中推送动力的关键肌群。
- 阔筋膜张肌　位于大腿上部前外侧，起于髂前上棘，止于胫骨外侧髁，主要用于扩展和屈曲臀部。
- 大收肌　位于大腿内侧，其前面上方为短收肌，下方为长收肌，内侧为股薄肌，后侧紧贴半腱肌、半膜肌和股二头肌，为内收肌群中最宽大的肌肉，整体呈三角形；主要具有内收臀部，牵拉大腿靠近身体中线的作用。
- 股二头肌　位于股后的外侧，有长短两个头，长头起于坐骨结节，短头起于股骨粗隆，两个头合并后，以长腱止于腓骨头；主要具有屈膝关节、伸髋关节的作用。
- 股薄肌　属于大腿内侧肌群，为扁薄的带状肌，位于大腿浅层，主要具有内收、内旋髋关节的功能。
- 缝匠肌　为人体最长的肌肉，呈扁带状，起于髂前上棘，止于胫骨上端内侧面，具有举放膝盖与盘腿的功能。
- 髂肌　髂肌与腰大肌一起合称为髂腰肌，起于髂骨内侧，具有外旋、屈大腿以及侧屈躯干的功能。
- 梨状肌　位于臀区中部，是臀肌中较小的肌肉，其位置较深，是臀部深层的侧旋肌。梨状肌收缩时，可使大腿外展、外旋和后伸；一侧收缩时，可使骨盆转向同侧；两侧收缩时，可使骨盆后倾；其紧张时，会刺激坐骨神经。
- 股直肌　为大腿前面中部较深的一块肌肉，是唯一一块从臀部延伸至膝关节的股四头肌，具有伸膝关节和屈大腿的功能，是跑步过程中臀部屈伸的重要肌肉之一。
- 髂胫束　为一种增厚的结缔组织，无收缩功能，位于大腿外侧的筋膜系统中。髂胫束经常会由于臀部和脚步的错误动作而导致紧张，从而导致膝关节疼痛。

2 骨盆结构

对于跑步者而言，因为一些肌肉力量的不足，会导致肌肉不平衡，长此以往不仅会影响到跑步姿势，而且还会导致骨盆倾斜或旋转移位，从而导致腰椎的排列及移位。在日常生活中，一些常见的跑步损伤也都是因为臀部肌肉不平衡及骨盆位置不对等因素所造成的，因此加强臀部肌肉锻炼，是每位跑步者必备的基础训练之一。

在运动过程中，髋关节的活动幅度比其他关节的活动幅度更大一些，因此在跑步过程中为了增加跑步的稳定性，还需要控制髋关节的活动范围。髋关节是由股骨头与髋臼构成，为典型的杵臼关节，具有较高的稳定性和灵活性。其中，股骨头为由软骨覆盖的关节面，髋关节的槽臼为骨盆髋臼。

髋骨为人体腰部的骨骼，幼年时为髂骨、坐骨和耻骨及软骨相连而成，成年后软骨骨化后成为一个整体，分左右两块。左髋骨、右髋骨、骶骨、尾骨及它们之间的骨连接成为骨盆，而髋骨和股骨则构成了髋关节。

骨盆不仅对内部器官起到保护的作用，而且也是肌肉连接及上下半身与脊柱之间传输力量的重要部位。臀部、骨盆和腰椎是由韧带相连而成的，有力地保证了这一区域的稳定性。

骶骨、髂骨和骶骨与尾骨间，均有坚强韧带支持连结，形成关节，一般不能活动。整个骨盆分为上部的大骨盆和下部的小骨盆。其界线由骶岬、两侧骶翼前缘、两侧弓状线和两侧的耻骨梳、耻骨结节、耻骨嵴以及耻骨联合上缘围成的环形线构成，即小骨盆上口；大、小骨盆借此口相通。小骨盆下口高低不齐，由尾骨尖和两侧的骶结节韧带、坐骨结节、耻骨弓，以及耻骨联合下缘构成，呈菱形；而上口与下口之间的部分是骨盆腔。

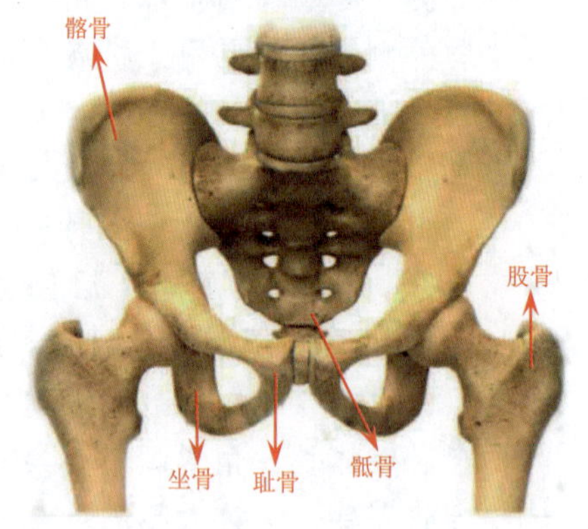

4.5 膝关节

膝关节由股骨下端、胫骨上端和髌骨组成，是人体最大、最复杂的关节（属于滑车关节），也是跑步者最容易受伤的部位之一。髌骨与股骨的髌面相接，股骨的内、外侧髁分别相对于胫骨的内、外侧髁。其中，髌骨也就是膝盖骨，是膝关节活动的中心点。

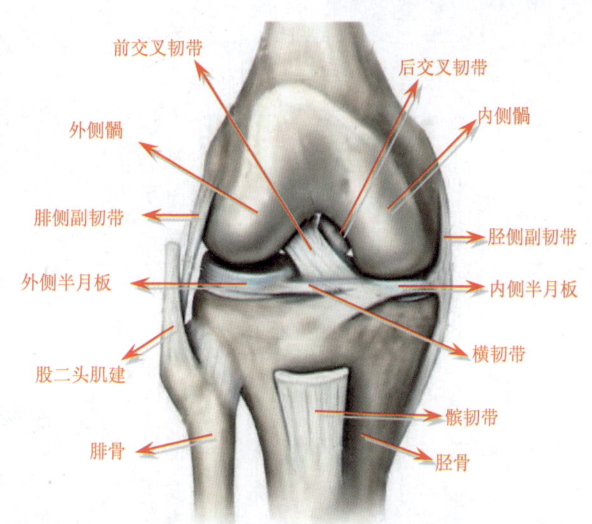

膝关节主要用于屈伸、旋转膝关节，其活动范围受到骨骼和排列结构的限制，而关节四周的肌肉则负责提供屈伸和旋转等动作所需要的力量。例如，当弯曲膝关节时，依靠腘绳肌的收缩力量；当伸展膝关节时，则依靠股四头肌群的收缩力量。

膝关节的灵活性介于髋关节和踝关节这两种高度灵活的关节之间，如此一来势必导致膝关节的稳定性偏弱一些。在跑步过程中，膝关节会承受自身体重的 8 倍重量，良好的跑姿和科学的方法可以保护膝关节免受伤害，并可以让膝关节变得更加强壮。

膝关节独特排列的目的是避免负重时受到损伤，因为臀部或脚踝上下位置的随意活动，会影响膝关节的确切位置。因此，对于跑步者而言仅仅关注膝关节是远远不够的，若想拥有强壮的膝关节，还需要加强臀部和脚踝的稳定性，以及增强臀部和脚踝的力量及肌肉的控制能力。当然了，维持膝关节周围肌肉的平衡性，也是不可或缺的训练项目之一，例如，加强腘绳肌练习可以平衡股四头肌的功能，达到保护膝关节的目的。

膝关节中的软骨是和韧带关联在一起的，由于膝关节的排列并不牢固，缺乏固有的稳定性，因此在运动过程中，必须依靠软组织来维持其稳定性。软骨具有防止膝关节磨损的功能，而韧带则负责连接各骨骼，并限制多余关节的活动。例如，半月板主要用于吸收膝关节所承受的冲击力，起到了保护膝关节的重要作用。

膝关节的关节囊薄而松弛，附着于各关节面的周缘，周围有韧带加固，以增加关节的稳定性。膝关节中的韧带主要包括下列 5 种。

- 髌韧带　为股四头肌腱的中央部纤维索，起于髌骨向下止于胫骨粗隆；扁平而强韧，其浅层纤维越过髌骨连接股四头肌腱。
- 腓侧副韧带　为条索状坚韧的纤维索，起于股骨外上髁，向下延伸至腓骨头；其表面大部分被股二头肌腱遮盖，与外侧半月板不直接相连。

- 胫侧副韧带　呈宽扁束状，位于膝关节内侧后面；起于股骨内上髁，向下附着于胫骨内侧髁及相邻骨体，与关节囊和内侧半月板紧密结合。胫侧副韧带和腓侧副韧带在伸膝时紧张，屈膝时松弛，半屈膝时最松弛。
- 腘斜韧带　由半膜肌腱延伸而来，起于胫骨内侧髁，斜向外上方，止于股骨外上髁，部分纤维与关节囊融合，可防止膝关节过伸。
- 膝交叉韧带　位于膝关节中央稍后方，非常强韧，由滑膜衬覆，可分为前、后两条交叉韧带。前交叉韧带起于胫骨髁间隆起的前方内侧，与外侧半月板的前角愈着，斜向后上方外侧，纤维呈扇形附着于股骨外侧髁的内侧；后交叉韧带较前交叉韧带垂直，短而强韧，起于胫骨髁间隆起的后方，斜向前上方内侧，附着于股骨内侧髁的外侧面。

注意：

膝交叉韧带牢固地连结股骨和胫骨，可防止胫骨沿股骨前、后移位；前交叉韧带在伸膝时最为紧张，主要用于防止胫骨前移；而后交叉韧带在屈膝时最为紧张，主要用于防止胫骨后移。

4.6 脚踝和足部

脚踝和足部共由26块骨头、33个关节所构成，是保证运动灵活性和稳定性的基础。脚踝和足部依靠小腿和足部的肌肉来承受跑步的重量和冲击力，以及适应不同的跑步地形。除此之外，脚踝和足部还是支撑及脚趾离地阶段中最重要的部位，跑步过程中的最后一步则需要它俩共同来完成。

脚踝又称为踝关节，是人体足部与小腿的相连处，由胫、腓骨下端的关节面与距骨滑车构成，故又名距骨小腿关节。胫骨的下关节面及内、外踝关节面共同形成的“冂”形的关节窝，容纳距骨滑车（关节头），其滑车关节具有前宽后窄的特性。

足部由骨头、肌肉和韧带构成，是人的第二心脏。足部的26块骨头是一个统一的整体，按照生理空间排列，形成足弓。而足弓由跗骨和趾骨借助韧带、关节及辅助结构按一定的空间排列而成，从而形成抛物线结构。足弓的稳定对足的运动功能具有重要的作用，维持足弓的稳定是由足部的骨性结构、韧带结构、足内外在肌共同作用的结果，其中，骨、韧带结构参与维持足弓的静态稳定，足内外在肌为足弓提供动力支持，参与维持足弓的动态稳定。而脚踝则是左右足部血液流动的重要关口。当足部着地时，可以分散人体重量，减少跑步过程中所造成的冲击力。

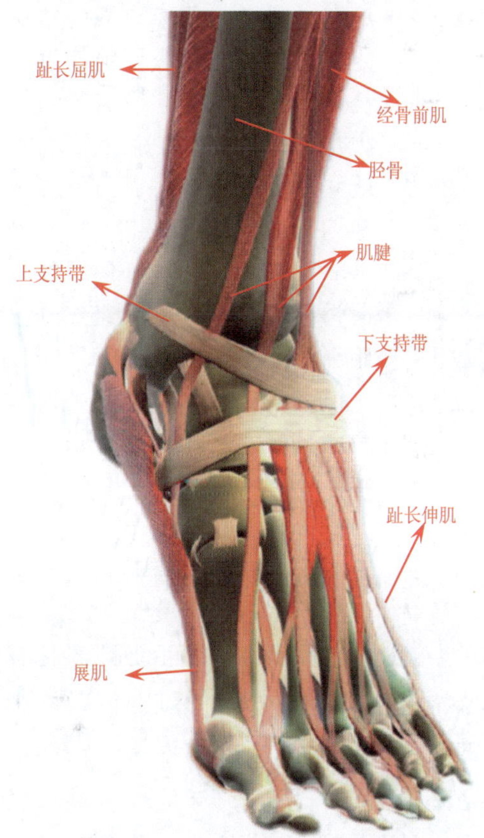

脚踝和足部是通过肌肉收缩来做出各个动作的，最常用的动作包括背屈、跖屈、足外翻和足内翻等动作，其每种动作的详细说明，如下所述。

- 背屈　是指足尖向上，足部与小腿间的角度小于 90°，该动作是通过肌肉主动完成的；当背屈时，较宽的前部进入窝内，此时关节稳定。
- 跖屈　是指足尖向下，足部与小腿间的角度大于 90°，该动作依靠小腿和小腿后侧其他肌肉的收缩来完成；当跖屈时，滑车较窄的后部进入窝内，关节松动且能做侧方运动，此时踝关节容易发生扭伤。
- 足外翻　属于足部旋前的一种动作，该动作不仅具有缓冲作用，而且还可以保留足部和脚踝结构的灵活性，该动作最常出现在负重状态下。
- 足内翻　属于足部旋后的一种动作，是在胫骨前肌和胫骨后肌主导下完成的，该动作不仅具有稳定作用，而且还是推动身体前行的必备动作。

脚踝和足部的大部分动作都是靠小腿上的一些肌肉来完成的，而足部的肌肉则用于控制脚趾和支撑足弓。虽然小腿的肌肉和韧带在跑步过程中具有举足轻重的作用，但也是最容易受到损伤的部位。小腿韧带中最重要的部位是跟腱，它位于脚踝的后方，与腓肠肌和比目鱼肌相连接，具有转移负重的作用。

跟腱是人体最粗壮和最强大的肌腱，可以承受自身体重的 7 倍重量。

在脚部蹬地时，其骨结构的压力是向下的，而跟腱的力量是向上的，如此一来便产生了一定的力量抗衡；因此，过度使用跟腱及运动中的突然撕裂，是造成跟腱损伤最为常见的原因。脚踝和足部中其他肌肉、韧带和骨头的主要作用，如下所述。

- 比目鱼肌　位于腓骨、胫骨后，横插在腓肠肌之下，一直穿插到小腿内侧；它和腓肠肌共同构成小腿的三头肌。比目鱼肌肥厚、强健，对人体的站立、行走和跑跳具有非常重要的作用。
- 腓肠肌　属于小腿后群肌之一，为小腿后侧浅组肌肉，在小腿上部形成膨隆的小腿肚，向下续为跟腱，止于跟骨结节。此肌与比目鱼肌一共3个头，故又称小腿三头肌。小腿三头肌可以使足跖屈，在站立时固定踝关节，防止身体前倾。
- 趾长伸肌　趾长伸肌为羽状肌，为小腿前肌群之一；它与肌腱共同协作，可伸趾并可使足背屈，当足骨固定时与其他肌共同收缩，可使小腿前倾。
- 腓骨长肌　位于小腿外侧皮下，紧贴腓骨的外侧面，为双羽肌，属于小腿外侧肌群之一，具有翻足心及协助跖屈等功能。
- 趾短伸肌　位于足部上方，主要用于伸展中间3个脚趾。
- 踇展肌　该肌肉用于弯曲踇趾并使其与其余脚趾分离。
- 踇长屈肌腱　该肌腱位于足底，主要用于弯曲踇趾关节及协助脚踝屈曲。
- 足底腱膜　主要用于支撑足弓的结缔组织。
- 肌腱　肌腱为肌肉末端的结缔组织纤维索，由致密结缔组织构成，色白较硬，没有收缩能力。该区域的肌腱主要用于连接小腿肌肉与脚趾，使脚趾屈曲。
- 上支持带　是一种可使跟腱与骨骼紧密相连的纤维组织。
- 距骨　它与胫骨远端、腓骨下端共同组成踝关节，是人体最大的负重关节，主要用于负重人体重量并将重量传递至足部。
- 足舟骨　足舟骨呈舟状，位于距骨和3块楔骨之间。

脚踝的肌腱和屈肌可使脚部具有独特的活动范围，而伸肌则可以控制脚趾，用于保持身体的平衡。跟骨是足部最大的一块骨，却是最容易发生应力性骨折的一块骨头；除此之外，外侧韧带损伤也是脚踝和足部最为常见的运动损伤。

第 5 章 运动装备

合脚的跑鞋，舒适的运动衣，是跑步者跑步之前必须准备的物品。选择一双合适的跑鞋对初级跑步者来讲十分重要。因为设计合理的跑鞋不仅可以避免受伤，还可以有效、合理地发挥跑步者的运动特质；而一套良好的功能性运动服不仅在任何季节都具有舒适性和排汗性，而且还具有御寒功能。除此之外，心率测试仪、GPS 跑步定位仪等专业装备也是跑步者所需要准备的运动装备。

5.1 跑鞋

跑鞋是跑步者最重要的装备，选择一双合适的跑鞋对于跑步者来讲十分重要。跑鞋又称运动鞋，主要用于辅助脚部在运动过程中保持受力均匀，并帮助脚部减震，降低运动损伤的风险。目前市场中的跑鞋种类繁多，“鞋合不合脚，只有脚知道”，跑步者在选择跑鞋时需要根据自身体型、跑步习惯、脚部的生理特征等一些特点进行选择。

1 跑步时穿不穿鞋

提起跑步，每一个人所想到的也许是古代的“贵由赤”长跑，或者是2015年北京田径世锦赛中来自也门最年轻的选手——阿卡瓦巴尼（他以赤足的方式跑出了个人最好成绩），又或许是长期在跑步中占据着统治地位的非洲人，因为非洲人都不穿鞋，于是心中开始怀疑是否赤脚跑更健康呢？这个问题早在克里斯托弗·麦克杜格尔于2009年出版的《天生就会跑》一书开始就一直争论不休，该书中的赤脚跑将大众的眼光成功转移到了脚部，许多跑步爱好者据此认为赤脚跑会更加健康、更加快乐。

赤脚跑，在一定程度上可以增强脚部和踝关节的力量，因为这两个部位在没有跑鞋支撑的情况下需要更加用力，从而增强了踝关节和脚部的力量。越是强壮的踝关节和脚部，就越不容易受伤。穿跑鞋跑步时，一些跑步者会使用后脚跟着地的落地方式，该落地方式会促使步幅过大，膝盖承受更大的冲击力，长此以往容易造成膝盖损伤。而赤脚跑可以避免脚后跟着地的跑步方式，其脚步落地方式为脚掌前、中部，减轻了跑步时脚部触地的冲击力，有力地保护了膝盖。

说起赤脚跑，也许会有一些人使用肯尼亚人来做对比，却没有考虑到肯尼亚人从孩提时代便开始赤脚跑。他们的脚部由于长期赤脚长出了厚厚的老茧，对脚部起到了良好的保护作用；而脚部发育良好的结缔组织、稳定的足弓以及出色的肌肉组织，都可以有效保护脚部免受摩擦等伤害。对于从小穿鞋长大的国人来讲，足部并不像肯尼亚人那样健壮，在赤脚跑的过程中不仅会面临场地、杂物等因素所造成的划伤和擦伤，而且还会因运动系统的排异而引起肌肉、肌腱、韧带、骨骼等组织的损伤。

当然了，适量的赤脚跑对健康有着不可估量的益处，因为在赤脚跑过程中会刺激脚底的一些穴位，从而达到健身的目的。若赤脚跑，需要选择合适的场地，例如草坪、沙滩或塑胶跑道等。在跑步过程中，充分体验脚趾抓地的感觉，享受赤脚跑的天然乐趣。

2 选择跑鞋类型

跑鞋是跑步者的重要装备，良好的跑鞋具有减震和支撑作用，可以有效保护膝盖。在选择跑鞋时，需要根据自身体重、落脚方式、脚部形状等因素进行选择。最好选择具有良好缓冲性、稳定性和减震性的跑鞋。

由于目前市场中的跑鞋种类繁多，选购到合适的跑鞋并非易事，最好可以在专业人士的指导下到专业商店中购买。

1）跑鞋的结构

若想选择合适的跑鞋，需要先了解一些有关跑鞋的知识。一般情况下，跑鞋可以分为外底、中底和上部3部分。

- 外底　为鞋子的底，是鞋子最下面和地面接触的那一层，应具备耐磨和防滑功能。外底一般覆盖整个鞋底，上面布满各种特殊的纹路或沟槽，厚度一般为3~5mm，材料一般为含碳的橡胶。
- 中底　为外底和鞋垫之间的那一层，应该具备弹性和保护的功能，中底也是跑鞋技术含量较高的部分。中底一般厚度为1~2cm，其材料除了各品牌的专利技术之外，大部分使用EVA或PU类的发泡橡胶。
- 上部　主要指鞋垫以上，包括鞋的整个上部，应具备透气、方便穿脱和美观的功能。

2）跑鞋的选择

选择跑鞋之前，需要先确定自己的脚型和步态类型，并根据跑步方式和足部形态来选择合适的跑鞋。

不同的人具有不同的足部形态，大体上可归纳为足外翻、足内翻、正常3种足部形态，足部形态与足底轮廓如下表所示。其中，正常足和足内

足型	正常足	足内翻	足外翻
足部形态			
足底轮廓			

翻的情况比较普遍，市场中的大部分跑鞋都适用这两种足部形态的跑步者；而足外翻的情况比较少见，所选择的跑鞋的鞋跟应该具有耐磨性，而且还需要在鞋跟中部添加一些防压材料，用于减少足外部的压力。

对于正常的足部形态来讲，所选择的跑鞋符合舒适性即可。对于过度足内翻的足部形态，由于脚部在着地的时候过于向内弯曲，会对脚踝和胫骨造成一定的扭伤，从而导致胫骨疼痛及髂胫束综合征。因此，建议选择具有两段式减震中底的跑鞋，该类型的跑鞋在鞋底夹层中填充了稍厚的减震材料，可以帮助跑步者纠正足内翻的情况。而对于足外翻的足部形态，由于需要向内弯曲足部，因此应该选择更具有缓冲作用的跑鞋，尽量不要选择鞋底带夹层具有减震作用的中底跑鞋。

3 选择跑鞋尺码

跑鞋的尺码是根据自身脚部的大小而定，但是因为跑步的速度远远大于走路的速度，因此应该选择相对合脚的尺码。选择跑鞋时，可尽量采用试穿法和踩脚法等方法来判断尺码是否合适。

1）试穿法

试穿跑鞋，使用一根手指伸进跑鞋的后跟处，此时尝试着活动脚趾，如果无法活动脚趾说明鞋子过小，需要更换大半号的跑鞋。另外，跑鞋的前脚掌部分应该可以为脚趾预留出充足的活动空间，穿上后大脚趾距离鞋边应该有一指宽的距离。

穿着跑鞋原地跳几下，感受跑鞋的缓冲性。除此之外，可通过前倾身体、弯曲膝关节等动作测试一下跑鞋的稳定性。

2）观察 / 试穿法

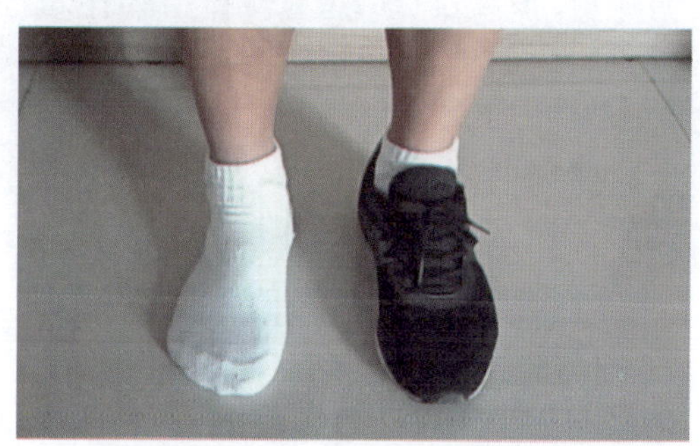

一般情况下，合脚的跑鞋会收紧脚部的骨骼，视觉上会感觉穿着跑鞋的右侧脚比只穿袜子的左侧脚显得小一些。同时，为了防止打滑，应选择脚背外围的尺寸和脚底的长度匹配的跑鞋。另外，还可以根据鞋带的解开程度来判断跑鞋是否合脚，对于 7 孔的跑鞋来讲，当鞋带解开到下数第 4 个鞋带孔时穿不进去的跑鞋才是合脚的跑鞋。除此之外，还可以取出跑鞋的鞋垫，将脚放在上面，当脚完全盖住鞋垫即表示为合适的跑鞋。

3）踩脚法

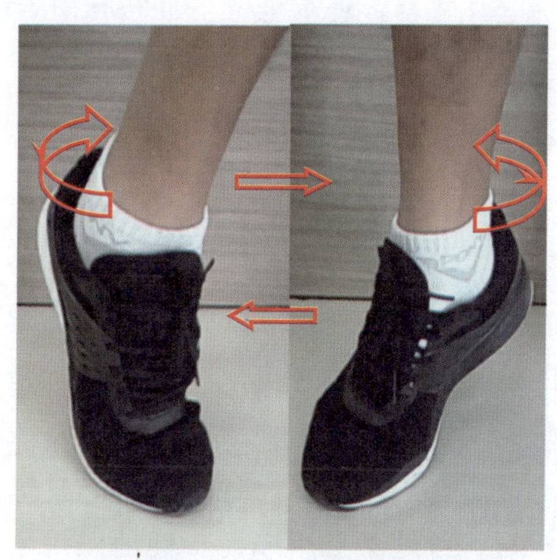

穿上厚质袜子，系紧跑鞋的鞋带，使用大踇趾做出“踩灭烟头”的动作，进行尺寸确认。此时，如果跑鞋晃动，表示跑鞋的尺码过大。除了确认跑鞋晃动之外，还需要确认鞋跟和鞋垫的贴合度；如果做该动作时脚跟无法和鞋垫完全贴合，也表示跑鞋的尺寸过大。这是因为在做“踩灭烟头”的动作时，可以抬高脚底的筋膜和腱膜，从而显现了脚背原有的高度和脚的尺码，便于跑鞋的选择。

4　鞋带的系法

系鞋带与选择跑鞋一样，也需要一定的技巧，才能使跑鞋更贴合脚部。根据跑鞋不同，鞋带孔的数量也各不相同。一般情况下，跑鞋分为 6 孔或 7

孔等孔型，6 孔跑鞋的鞋带为 12 个鞋带孔，而 7 孔跑鞋则为 14 个鞋带孔。下面以 6 孔跑鞋为例，详细介绍鞋带的系法，包括标准系法、高足弓系法和低足弓系法。

1）标准系法

标准系法是按照②→①→③→④→⑥→⑤的顺序系鞋带，鞋带从鞋带孔下面穿过。这种系法可以提高脚背的舒适感，同时也可以减少蹬地时跑鞋的晃动程度，实现蹬地阶段的持久力，适合下压足弓蹬地起跑时的骨骼状况，蹬地力量可以无损耗地作用于地面上。

2）高足弓专用系鞋带法

高足弓系法是按照②→①→④→③→⑥→⑤的顺序系鞋带，鞋带从鞋带孔下面穿过。当足弓过于紧张时，足弓的高度便会超出正常值，此时需要控制足弓上部高度，校正骨骼。这种系鞋带的方法可以使鞋带固定足弓的上部，适度地控制了跗横关节和跗跖关节的运动范围，抑制足弓过度弯曲。

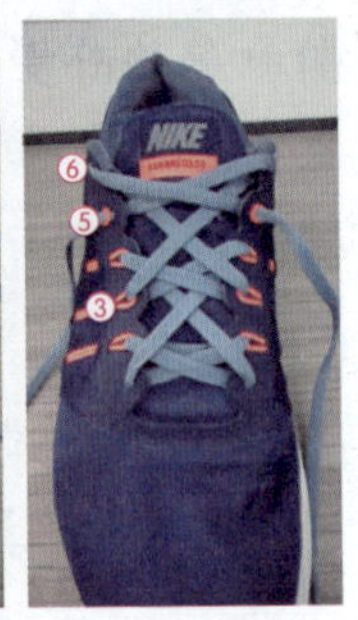

3）低足弓专用系鞋带法

低足弓系法是按照③→①→②→④→⑥→⑤的顺序系鞋带，鞋带从鞋带孔下面穿过。这种系法适合扁平足，具有矫正脚部骨骼，抬高足弓的效果。同时，该系法还具有固定足弓的效果，在实际应用时应根据鞋带孔的位置适当地调整起始孔位置。

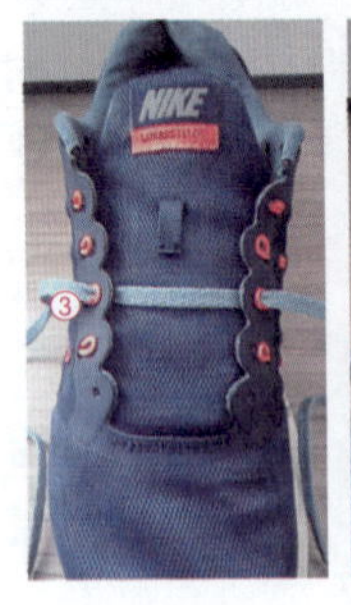

5.2 服饰与其他运动装备

随着跑步的盛行，市场根据跑步热潮特意为跑步爱好者提供了功能性服饰品、心率测试仪、GPS 定位仪、多功能腰带等优良装备。它们在监控、保护跑步者的安全、减少与避免运动损伤、记录与评估运动数据、提高运动成绩等方面做出了积极的贡献。

1 功能性服装

功能性服装是针对功能要求而设计的一种服装，其质量和技术含量相对较高，包括具有科学技术功能的、在特殊环境下具有防护作用的作业服装，目前市面上已开始出现普通人使用的商务休闲和运动服装。

运动功能性服装，选择的主要是衣服的款式和材料，不仅需要保证跑步的安全性和舒适性，而且还需要规避一些运动损伤的发生。

1）款式

对于功能性服装来讲，选购时需要注意选择修身型的款式，切勿选择太过宽松的款式。因为太宽松的衣裤会在摆动双臂时产生摩擦，不仅阻碍跑步，还会造成错误的跑姿；除此之外，过于宽松的衣服还会加快体能的下降速度。因此，跑步者应该选择更为贴身的上衣和富有弹性的裤子，以保证跑步时不会拖泥带水。

无论天气如何，都切勿穿得过于暖和，因为开始跑步之后，体温会逐渐升高，其衣服的厚度需要适合跑步练习，避免在跑步中途产生脱衣的动作。在天气炎热的季节里，许多跑步者习惯穿无袖紧身衣和衬衫，选择该类型衣服时尽量不要选择腋窝处过窄的款式，否则容易造成腋下擦伤。

许多有经验的跑步者习惯选择紧身衣款式的服装，因为紧身衣为贴身款式，并且具有一定的弹性，可以有效挤压肌肉，达到提升跑步效率的目的。其中，上半身的紧身衣还具有为核心部位提供支撑的作用，可帮助跑步者改善呼吸系统和跑步姿势，并促进血液循环。

2）材质

功能性服装的材质也是选购中最为重要的环节之一，良好的材质不仅可以免受风、雨、雪的伤害，而且还应具备快速排汗的功能。特别是在跑步者进行高强度练习时，为了调节体温会排出大量的汗液，而一些功能性服装支持体温的调节机制，可以有效帮助跑步者排出汗液，降低及保持体温。

如今，棉质的跑步服装并不是最佳选择，因为棉质材质特别容易吸水，吸水后其最大重量可增加衣服本身重量的40%。如此一来，棉质衣服不仅会造成不适感，而且在跑步过程中随着汗液的排出会变得越来越重，增加了跑步的阻碍。另外，由于吸水后的棉质纤维会阻碍皮肤换气和排汗，阻碍了体温的调节机制，跑步者无法及时降温，肌肉组织因此可能会受到伤害。

功能性服装一般由两种不同纤维的双层织物构成，具有贴身、排汗和保暖的多重功能。贴近皮肤的织物可以向外输送水分（排汗），而外面一层织物则为亲水性材料，可以快速吸收与蒸发水分。因此，在材质上应该选择高科技的功能性服装，既可保证衣服的轻便性、弹性和速干性，又可保证跑步过程中的干爽和舒适性。另外，该类型的衣服具有较强的贴合性，使跑步者完全感觉不到束缚感，而在寒冷的冬天里也只需两件轻薄的功能性服装，便可以让跑步者拥有温暖。

2 其他运动装备

跑步前，为了增加跑步的舒适感，避免擦伤，还应该配备一些专业的服饰和配件，例如运动袜、导汗带、多功能腰带以及女士所用的运动文胸等。

1）运动袜

运动袜不仅具有减少脚底摩擦的作用，而且还具有保暖功能。在选择运动袜的时候，要以舒适性和透气性为准则。

在跑步过程中，脚部也会产生汗液而造成潮湿，此时需要将脚部的潮气排出去，因此尽量不要选择棉袜，应选择一些透气性合成面料的运动袜，例如聚合纤维材质的袜子。运动袜的尺寸和跑鞋的尺寸一样，也应选择大小合适的运动袜，应该贴合脚面，不应出现鞋内打褶的情况，穿上之后不应该产生紧绷感。

压力袜目前是许多跑步者必选的运动袜，这种袜子可以增加血液流量，避免乳酸堆积造成肌肉酸痛，促使机体可以积极有效地进行恢复。

在寒冷的冬天，跑步者可以穿长一些、厚一些的袜子，既可以起到保暖的作用，又可以更好地保护跟腱，免受跟腱损伤的痛苦。

2）运动文胸

运动文胸是女性跑步者必不可少的装备，不仅可以避免胸部的挤压和胸部下垂，而且还可以避免胸部运动幅度过大，有效防止跑步过程中的擦伤。

运动文胸具有多种样式和尺码，目前市场中比较流行的运动文胸包括挤压型和密封型两种类型。其中，挤压型运动文胸使用了绷紧、弹性面料的实心肩带，有利于跑步时固定乳房；而密封型运动文胸的每一侧都具有乳房罩杯，防止乳房下垂。

在购买运动文胸时，应该根据自身特点和习惯进行购买，切勿购买内置胸罩背心（棚架型文胸），因为该类型的文胸不具备运动文胸所具有的轮廓、支撑和加固功能。

运动文胸一般具有较强的支撑性，它们的背部会有相互交叉的肩带，这种肩带相对较宽并可随意调节。另外，杯罩不具有弹性，具有很好的固定作用。除此之外，运动文胸还可以更好地固定心率带，确保心率带可以正常使用。

3）功能性腰带

功能性腰带可以帮助跑步者携带水杯、钥匙、手机等一些零碎物品。除此之外，功能性腰带还可以有效防止物品的跳动。目前，市场中的功能性腰带分为搭扣腰带和超级弹力面料的紧身腰带两种类型。其中，搭扣腰带装卸比较便捷，可以很方便地穿脱，其储物部分为高弹力的伸缩面料，可以容纳多件物体，而搭扣连接处为不可伸缩的材料，确保在装满携带物品的同时可以紧贴身体，避免大幅度的晃动。紧身腰带，其整体为弹力莱卡面料，具有很高的舒适度，但在穿戴上面却具有诸多不便，需要像穿衣服那样穿进去。

4）防晒护肤品

随着健康意识的增强，黑色素已被认定为皮肤癌的罪魁祸首。因此，在跑步过程中，采取防晒措施，是保证跑步意义的重要环节。

对于防晒护肤品，尽量选择含有氧化锌的防晒乳，切勿使用喷雾式的防晒品。因为乳状的防晒品覆盖效果更好，不仅可以提供更强的长波紫外线的防护功能，而且在阳光下也不会分解。

跑步前，尽量将防晒乳涂满裸露的皮肤，最好间隔 2 小时涂抹一次，以保证防晒的有效时长。除了防晒乳之外，准备一顶帽子，也是一种有效的保护措施。另外，为了避免强烈阳光及晴天中雪的反射光对眼睛造成的伤害，还需要准备一副太阳镜。在选择太阳镜时，应该选择具有防护长波和短波紫外线功能的眼镜，而弧形的眼镜可以阻挡来自侧面的光线。

5）导汗带

对于爱出汗的跑步者，跑步过程中的汗液是一件非常令人烦恼的问题。身体上的汗液可以通过功能服排出体外，但头部的汗液则会顺着脸颊往下流，有时还会流入眼睛中，给眼睛带来灼烧的感觉，影响跑步心情及节奏。

此时，跑步者可以选择一款喜欢的导汗带，避免头部汗液的干扰。市场中的导汗带分为多种样式，最为普及的是具有吸汗功能的导汗带，可以帮助跑步者吸收头部的汗液。另外一种为相对先进的导汗带，其面积较小，可以将汗液从额头引导至后脑勺并排出。

3 特定环境中的运动装备

在一些特定环境中跑步，需要准备一些特定环境使用的运动装备。特定环境包括热天、雨天和冬天等特殊的环境，其温度和体感度异于普通气温。

1）热天装备

在炎热的夏季跑步，跑步者需要具有排汗和防晒的运动装备，有效防止运动中的一些意外损伤发生。热天的装备包括涤纶衬衣、宽松的短裤、带帽檐的帽子、墨镜、防晒霜等。除此之外，还需要带足水分，如饮料、矿泉水等。

2）雨天装备

有些跑步者喜欢在雨天跑步，对于天气相对暖和时的雨天，则需要准备下列运动装备。

- 带帽檐的帽子　防止雨水滴到脸上，使跑步更加放松。
- 夹克或背心　需要前面带有拉链，便于随时调整拉链，释放身体热量。

而对于天气寒冷时的雨天，则需要准备下列运动装备。

- 紧身裤或裤子　该类型的裤子前面应该具有防水功能，为跑步者遮挡雨水。
- 跑步短袜　跑步短袜具有排汗和防滑功能，可以有效排出雨水并防止脚底起泡。

3）雪天或冬季装备

对于寒冷的雪天或冬季，跑步者切勿穿得过多。此时，应该使用“叠穿法”穿衣，也就是按照衣服的材质分为“三层”。其中，上身的衣服全部以透气性服装为基础，搭配保温层和防风层，其搭配方法如下所示。

- 第一层　该层为排汗层，可以快速吸收水分并排出体外，一般为跑步背心。
- 第二层　该层为保温层，可以穿一件加绒的压缩衣或长袖运动卫衣。
- 第三层　该层为防风层，可以搭配一件轻便的冲锋衣。

下身的衣服主要用于保护腿部，避免受伤，其搭配方法如下所述。

- 内裤　非棉制品，选用具有速干和快速排出汗液功能的内裤。

- 紧身裤　加绒紧身裤，具有保暖功能。
- 跑步长裤　可选择运动长裤或紧身裤，对于不太冷的秋季可以将长裤换成短裤。

同样，在雪天或冬季跑步还需要准备一顶帽子和一副手套，保护头部和手部的温度，避免冻伤。特别是在雪天的时候，一双混合徒步鞋是必备运动装备，它的防水布料鞋面可以保证脚部暖和及干燥。

4 电子装备

随着科技的发展，电子装备已成为跑步者必不可少的运动装备了，包括心率表、GPS 定位仪等。它们不仅可以为跑步者提供监控和评估数据，而且还可以帮助跑步者调配心率和运动强度，以及记录运动时间和路线。

1）心率表

心率表是一种可以在运动过程中实时并准确记录运动心率的手表，相对于传统手摸脉搏计算心率更为便捷。运动过程中，随着运动量的提升心率也会随之上升，因此通过检测心率可为运动练习带来事半功倍的效果。

目前，市场中的心率表分为胸带心率表和无胸带心率表两大类。胸带心率表是通过佩戴在胸口处的胸带上的传感器来检测心率，并将检测结果实时传递到手表中。由于该类型的心率表是将心率带直接戴在胸口处，因此其检测的准确性相对较高，是目前运用最为广泛的一种心率表。

无胸带心率表是通过光电感应或传感器采用心电图原理来检测心率，具有方便穿戴的特点。但由于该类型的心率表通常是戴在手腕处的，运动过程中手臂的晃动会对检测结果产生一定的影响，因此其准确性不如胸带心率表高。

心率表可帮助跑步者达到运动目标并提供数据化的训练结果，同时还可以监控运动强度、有效判断运动过程中最大心率是否超出身体负荷，避免运动过度或不足，从而降低肌肉的酸痛。除此之外，心率表还可以实时检测心率，让跑步者可以随时了解心脏的运行情况，避免一些意外发生。

跑步者可以通过为心率表设置心率的上限和下限的方法，来控制运动强度。当心率超过上限时，会发出警报，跑步者可根据警报调整运动强度，从而让运动变得更具有可控性。随着科技的发展，心率表中的数据可随时随地进行存储，并可通过APP分析心率数据，帮助跑步者密切关注心率与运动强度的变化关系。

2）GPS跑步定位仪

目前，GPS定位技术已被广泛应用，使用最为普遍的当数汽车GPS定位仪了，可帮助驾驶员寻找最佳驾驶路线。除了汽车中的GPS定位之外，跑步者也可以借助GPS定位仪来确定跑步路线、跑步距离或跑步速度。目前，除了专业的GPS跑步定位仪之外，许多手机运动APP中也植入了定位装置，跑步者只需携带手机，打开运动APP即可体验GPS定位功能了。

最初的GPS跑步定位仪在设计上不如手机运动APP轻巧好用，需要将其戴在手臂上，后续一些厂商将定位仪融合到手表里，这样运动者只需戴上含有定位仪的手表即可。因此，随着运动手表、运动手环等一些新兴产品的出现，专业化GPS跑步定位仪的被关注度逐渐下降。

专业GPS跑步定位仪可以非常方便地协助跑步者在不熟悉的场地进行跑步，并可以准确地测量跑步距离、速度和路线等一些运动数据。但是，专业GPS跑步定位仪的耗电量比较大，电池使用量明显不够支持一次远足或徒步。除此之外，在GPS信号较弱的环境中，定位仪有可能无法接收到信号，处于休眠状态。

3）音乐播放器

长距离跑步、徒步和健步走是比较枯燥的一种运动，此时运动者除了领略身边的风景之外，还可以让音乐时刻伴随左右。音乐播放器，对于部分运动者来讲是一种不可或缺的装备，不仅可以帮助运动者避免运动中的枯燥和无聊及通过音乐刺激降低机体的疲劳度，而且还可以跟随音乐的节拍寻找跑步节奏。

虽然音乐播放器具有上述优点，但当运动者戴上耳机享受跑步音乐时，将无法察觉周围环境的变化，在某些情况下会将自己陷入危险之中。另外，如果运动者过于痴迷于音乐中，会破坏运动速度并会忽略运动中的一些生理反馈，从而降低运动效率。

对于习惯边听音乐边跑步的跑步者来讲，可以通过携带手机或MP3播放器来播放音乐，当然还需要一款高质量的防水耳机，完美的音乐装备可以愉悦跑步者的心情。

第 6 章　热身与放松

无论是训练还是比赛，充分的热身和放松运动对于维持良好的身体状况、巅峰的运动状态极为重要。每一位跑步者都应该拥有一套适合自身特点的热身和放松计划，并且在每次跑步前后抽出 10~15 分钟的时间进行练习，以通过充分预热和放松身体，达到降低运动损伤风险的目的。本章将详细介绍热身运动与放松运动的基础理论以及技术动作与训练方法。

6.1 初识热身与放松

热身与放松运动是训练和比赛中必不可少的内容，运动者在进行练习和比赛之前，需要进行热身和放松运动，以增强代谢反应，增大关节活动范围，防止运动损伤。热身和放松运动不仅可以预防损伤，而且还可以通过增强氧气输送量，达到提高神经冲动的传输速度，从而达到通过增大力量和爆发力来提高运动竞技表现的目的。

1 热身运动

热身运动 (Warm-up) 又称准备运动，是一种全身活动的运动组合，良好的热身运动不仅可以为更强烈的活动做好准备，预防运动损伤，而且还可以协助运动者找到更佳的运动节奏。运动者在锻炼或比赛之前，人体的机能还处于未激活状态，无法及时达到最高水平；因此需要通过良好的热身运动调整运动状态，以提高训练或比赛的效率和安全性。

1）什么是热身运动

热身运动是所有运动训练和比赛中的重要组成部分，其重要性在于避免运动损伤以及减少运动损伤的风险。一套精心设计的热身运动能够增加身体的核心温度、肌肉温度，以及增加骨骼肌肉血流量，增强代谢反应，增大关节的活动范围，从而促使肌肉更为松弛和灵活。

有效的热身运动可以提高心率、提高神经冲动的传输速度、增加呼吸的深度与频率，并可以提高力量的增长率和爆发力，为随后的锻炼和比赛建立高强度的运动节奏，从而使运动者的身体进入巅峰状态。

运动者在运动之前，其肌肉是冰冷的，肌血流也不是最佳状态。但是，经过热身运动之后，肌血流的增速直接改善了肌肉的黏滞性和关节活动范围，进而提升了肌腱、韧带和其他结缔组织的伸展性，这对于激烈的训练和比赛至为重要。

虽然热身运动可以提高比赛和训练中运动者的表现，以及降低运动损伤等风险和减少训练后肌肉疼痛的可能性，但热身运动有别于拉伸运动，它们是两种截然不同的运动。传统的热身运动不排斥拉伸运动，但该观点近几年受到了质疑，一些科学家和医务人员提出将静态拉伸活动从热身运动中剔除可能会更具有益处。因为完整的热身运动是由各种准备性活动和功能基础性活动组成，而拉伸运动则是为了增强柔韧性。

虽然训练和比赛前的拉伸活动受到了多方质疑，但本节中仍然重点对传统热身运动进行阐述，传统的热身运动包括常规练习和拉伸活动两部分内容。常规热身运动一般是一些中低强度的心肺功能练习，其时间介于5~10分钟，例如慢跑、固定式脚踏车等练习。在该部分热身运动中，参与练习的主要是一些大肌肉群，目的是提高心率、血流量、肌肉和身体温度等。

而拉伸活动则是由静止开始，逐渐将所需参与运动的肌肉韧带拉长，拉到一定程度后静止不动，并保持一段时间，主要用来增大关节的活动范围，提高运动者的竞技水平并预防运动损伤。

进行完上述的常规热身和拉伸运动之后，还需要进行一系列的专门性热身运动。专门性热身运动的动作强度更小，其练习方法需要与随后即将进行的专项训练或比赛相似，是为了使身体逐渐适应训练或比赛期间不断变化的生理需求，达到避免过度疲劳的目的。

整个热身运动的时间应该占总运动时间的10%~20%，如果需要进行一小时的有氧运动，那么热身运动的时间应该介于6~12分钟。当然，这个时间需要根据年龄、竞技类别、运动项目、个人体质及温度不同而不同。一般情况下，身体微微出汗便达到了热身运动的效果。除此之外，也可以通过测量心率的方法来判断热身运动是否可以结束，而热身运动期间的心率需要达到最大运动心率的60%~70%。运动员可以通过下列两个计算公式来计算热身运动心率。

最大运动心率计算法：220－年龄＝最大心率；

最佳运动心率计算法：最大心率×（60%~最大心率）×80%。

例如，一位20岁的女性，她的最大运动心率为：220–20=200次/分，200×60%=120次/分，200×80%=160次/分，也就是说她运动时的最佳运动心率应该介于120~160次/分。那么，她的热身心率则为：200×70%=140次/分，也就是热身时的运动心率介于120~140次/分比较合适。

在热身运动中，所需要重点拉伸的部位包括大腿后部、大腿内侧、小腿及背部，而重点需要活动的关节包括肩关节、胯关节、膝关节及裸关节等。通常情况下，良好的热身运动具有下列5点作用。

➢ 提高肌肉温度和体温，减少运

动损伤。

- 增加血流量和肌肉供氧量。
- 加强物质代谢和能量的释放过程，从而加速燃脂。
- 提高神经系统的兴奋性，以提高运动效果。
- 调整心理状态，快速进入到运动状态。

2）热身运动的分类与功效

热身运动应先从一系列的简单和轻松动作开始，循序渐进地增加动作难度，促进身体和心理同时达到巅峰状态，让身体可以接受更高强度的训练或比赛，尽可能地降低运动损伤的风险。因此，每位需要进行强烈运动的运动者，都需要将热身运动纳入到实际行动中。

从运动形式上来讲，热身主要分为静态热身和动态热身。静态热身以拉伸为主，又称静态拉伸，如下图所示。

动态热身又称动态拉伸，以小跳或与运动技术相结合的动作为主，如右图所示。

一份完整的热身运动应包括一般热身、静态拉伸、专项热身和动态拉伸 4 部分内容，每部分内容所具有的功效各不相同，4 部分的内容联合起来可以为身体和心理带来积极的影响。

● 一般热身

一般热身是指轻松简单的身体活动，主要根据自身身体素质和运动竞技的状态来衡量热身程度。热身包括运动强度与运动时间，一般人群应进行 5~10 分钟的热身运动，达到身体微微出汗即可。在此期间，可以轻微促进心率的增加，提高呼吸的频率，增加血流量以帮助运输氧料和营养给肌肉，同时还帮助提高肌肉的温度。

● 静态拉伸

静态拉伸是最为安全有效的基础拉伸活动，可以全面提高肌肉的灵活性，有效降低运动损伤的风险。静态拉伸一般需要进行5~10分钟，主要用于拉伸经常参与到运动中的大肌肉群。

静态拉伸是通过静止拉伸肌肉，使肌肉处于一种紧张的状态中，并将这种紧张状态持续一段时间，从而拉长肌肉与肌腱的长度。此时，主动与被动的肌肉群经过拉伸后会获得放松，通过缓慢地调动肌肉群的紧张度达到增加关节活动范围的目的，从而起到预防肌肉与肌腱损伤的作用。

一般热身运动和静态拉伸运动是热身活动的基础，也是后续热身运动的准备阶段，这两部分的热身运动可以充分、有效地调动身体状态，使运动员进入最佳运动状态。

● 专项热身

专项热身是运动者为参加专项运动而进行的热身活动，该类型的热身活动可以反映出专项运动的特点，也就是说热身内容需要与专项运动相符合，贴合专项运动的一些特征进行专门的热身运动。

对于一般的健身者，可以先使用轻重量慢速度的刺激进行锻炼，例如练胸可以先使用空杠铃卧推，然后慢慢增加重量。

● 动态拉伸

动态拉伸是热身运动的最后一个步骤，主要是对肌肉进行拉伸，适用于训练经验丰富的运动者。因为该阶段的拉伸具有专项适宜性，如果拉伸动作不标准，会增加肌肉损伤的风险。

动态拉伸具有较高的灵活性，对专项运动者而言非常重要，包括控制力量、平衡软组织，以及通过摆动活动扩大身体关节的活动范围等，整个运动过程中的力度需要循序渐进地增加，以促使运动员的身心达到最佳

状态。

动态拉伸是改善运动员竞技能力的有效方法，同时也是避免损伤及恢复肌肉损伤的有效措施。虽然这些方法简单，但却实用，任何运动者都需要重视它们的作用。

3）热身运动的效果

在运动之前，人体的机能和工作效率无法达到最高水平，此时需要通过热身运动来调整运动效果。热身运动效果包括生理和心理效果两部分内容，其具体情况如下所述。

- 生理效果

热身运动从生理学的角度来看，具有下列 10 个效果。

- 热身运动可以增加肌肉收缩的速度和力量。
- 热身运动可以改善肌肉的协调能力。
- 热身运动可以预防或减少肌肉、肌腱、韧带的损伤。
- 热身运动可以改善肌肉的黏滞性。
- 热身运动可以促进血红素和肌蛋白的结合，从而增强氧气释放的能力。
- 热身运动可以改善代谢过程。
- 热身运动可以减小血管壁阻力。
- 热身运动可以改善神经感觉受纳器的敏感度和神经传导的速度。
- 热身运动可以使体温上升，通过刺激血管扩张，增加活动部位的血流速度。
- 热身运动可以改善能源的供输和代谢物的排出。

- 心理效果

热身运动的心理效果比生理效果更加重要，俗话说有备无患，良好的热身运动对心理效果方面的作用不可小觑。

例如，1954 年，Malareki 观察运动员如能“想象”自己已经做过热身运动，那么其运动成绩便会获得一定的进步。又如 1961 年，Massey 等人进行了一项有关心理且有趣的研究，让受试者们先从事热身运动，随后对他们进行催眠，使他们忘记刚刚做过的热身运动，结果显示这些受试者的运动能力并未获得改善。

通过上述两个例子，可以发现热身运动不仅可以使运动者通过产生的心理作用直接影响运动成绩，而且还会使运动员更具有信心。

2 放松运动

放松运动，是指运动后所采取的一系列放松练习的方法和技术，包括放松跑、静态拉伸、按摩等。通过放松运动，可以有效消除疲劳以及加速体能的恢复速度。

1）放松的作用

对于跑步者而言，放松是从运动中到运动停止之间的一个缓冲和整理的过渡期，具有放松肌肉、减缓心率、降低血压、平复情绪等作用。一些专业跑步者，为了加强训练效果，比较重视训练后的放松。这是因为剧烈运动后的放松活动，对机体的恢复具有积极的意义。

运动后放松，可以使肌肉得到全面的放松与还原，以使肌肉保持良好的力量和爆发力。由于运动过程中肌肉处于高度紧张状态，此时如果立即静止不动，肌肉内淤积的血液将不能及时流回心脏，造成肌肉僵硬及疲劳不易消除等症状。相反，运动后通过按摩挤压肌肉和穴位，可以使肌肉得到充分的放松和休息。

放松运动可以有效增加收缩前的肌纤维长度、放松对抗肌群、提高肌纤维收缩速度，以及增大肌张力、提高柔韧性和增大动作幅度。同时还可以减轻肌肉酸痛，提高肌肉的工作效率，并能改善肌肉的供能过程，有利于速度和耐力的提高。

放松运动还可以减少血液的淤积，加速血液的流动，促进乳酸排出，有利于消除运动疲劳，加速肌肉机能的恢复速度。因为运动时血液主要分布在肌肉中，以保证运动中的能量代谢，如果突然停止运动，会影响静脉回流，使身体感觉不适甚至休克。

2）跑步后的放松运动

跑步后放松的主要方式包括慢跑/快走、静态拉伸、按摩放松等，其具体介绍如下所述。

● 慢跑/快走放松

在运动过程中如果骤然停止，则会引发晕厥。因此，马拉松跑后的首要任务是进行放松慢跑或步行10分钟后再停下来休息，使身体经历一个良好的过渡期，降低机体的损耗，缓解肌肉疲劳。

慢跑是公认的最好的放松方式，但慢跑并不是运动后放松的唯一选择。全程马拉松和半程马拉松的跑步者会尝试比自己的身体临界值更高或更低的速度进行放松跑，这种方式可以迅速清除身体内堆积的乳酸，从而获得良好且快速的恢复效果。

● 静态拉伸

静态拉伸可以在跑后帮助肌肉进入积极的恢复状态，此时主动与被动肌肉群经过拉伸后将会获得放松，从而达到预防肌肉与肌腱损伤的目的。

静态拉伸对改善关节活动范围、缓解机体疲劳及减少运动损伤等方面都具有良好的作用。由于静态拉伸动作缓慢且幅度小，其牵张反射受到了抑制，因此软组织会有一种不适的牵拉感，但不会感觉到疼痛。当静态拉伸的时间足够长时，会激活高尔肌腱器（神经腱梭），从而导致肌肉放松，因此静态拉伸常被作为训练与比赛结束后的一种恢复手段。

● 按摩

按摩是对肌肉和筋膜进行的一种放松运动，一般包括泡沫轴、按摩球等器械及专业手法放松方法。通过按摩，不仅可以有效恢复肌肉的灵活性，而且还可以增加肌肉细胞中线粒体的数量。除此之外，按摩还可以提高机体的免疫功能，以及减少血液中皮质醇的含量，促进机体健康。

对于呼吸系统，按摩可以增大运动幅度、提高肺活量，同时增加氧气的吸入量和二氧化碳的排出速度，并可以提高氧气的交换速度。

对于循环系统，按摩可以使静脉血回流，减轻心脏的负担，增加储备毛细血管的开放能力，并可以降低血液阻力，加快血液的循环速度以及血液中乳酸的运输速度。

对于运动系统，可以使肌肉得到充分的氧气和营养，提高肌肉中乳酸的代谢速度，达到消除肌肉疲劳及快速恢复机体的作用。

6.2 动态热身

跑步之前进行一系列的动态热身，不仅可以提高体温、扩大关节活动范围及增强运动神经等功能，而且还可以提高训练效果和跑步成绩，为即将到来的专项训练和比赛奠定基础。因此，为了提高运动效率、预防运动损伤，需要根据自身情况制定丰富多样的动态热身方案。

1 认识动态热身

动态热身关注的不是个别肌肉，而是某一项练习或专项的动作需求，其类型通常分为低强度、中强度和高强度。该类型的热身运动不包括一些强力拉伸肌肉的动作，只是针对某些肌肉群进行一些控制性的拉伸运动。

通常情况下，动态热身运动是由一系列连续的动作组合而成。在其运动的过程中，随着动作幅度的加大来增大肌肉的拉伸力，然后肌肉通过主动收缩来完成热身动作。因此，动态热身运动中的肌群不会被放松，会在整个动作执行中始终保持激活状态。例如，弓箭步走动作，跑步者在进行重复次数时，保持增大步幅的同时使前膝关节保持在脚的正上方，而后膝关节正好处于离地的状态；左右腿交叉进行，这样便可以始终保持腿部肌肉群的激活状态。

动态热身运动应当从较低强度的动态动作开始，逐渐过渡到与专项项目相符合的较高强度的运动中。较高强度的运动可以提高跑步者的训练或比赛水平，是跑步者进行高强度运动之前必须准备的活动内容。

动态热身运动可以提高身体温度及增大柔韧性，为即将到来的专项训练或比赛奠定基础。但是，当准备活动既缓慢又单调时，则很难达到预期的运动效果。因此，若想在训练或比赛中取得理想的运动成绩，那就需要制定丰富多样的动态热身方案。

一套完整的动态热身运动包括热身、激活和激励 3 个步骤。其中，热身强调升高体温，激活强调肌肉神经系统的兴奋度，激励强调运动员进行训练或比赛时的积极心理。在动态热身运动过程中，单纯的慢跑运动比较枯燥，此时可以添加跳绳、自负重力量、健身球、绳梯等综合性的练习方法，在提高运动技能的同时对训练或比赛产生积极的影响。

动态热身运动中一些练习的动作模式及所参与到的肌肉群，一定要与训练或比赛中的动作模式及肌肉群保持一致，否则该动态热身运动将无法达到预期的效果。在动态热身运动过程中，跑步者需要针对性地做好每一个功能性的基础动作，并能完成预定的重复次数或距离。

一般情况下，跑步者需要完成 8~12 项不同的练习，这些练习需要从相对简单的动作过渡到难度较大且复杂的动作。因此，精心设计的动态热身计划不仅可以提高跑步者的体能，而且还可以对持续性的训练或比赛起到时效性的作用。

即使动态热身运动具有非常强大的功效，但也不能过度运动，产生疲劳；如果过度运动导致肌肉疲劳，那么在训练或比赛之前肌肉则无法从热身运动所产生的疲劳中恢复过来，从而影响训练或比赛的竞技状态。

在动态热身运动中，可以将准备活动中的多个练习整合在一起，以提高热身运动的效率。动态热身运动可以融入数百种动作练习，跑步者在练习每一个动作时，都需要正确地完成技术要领。

在设计动态热身计划时，需要根据体能训练、日常训练和比赛的特定要求进行设计。但需要特别注意设计计划中的一些新动态动作，该类动作由于日常训练中运动者很少接受练习，应避免动态动作幅度过大而引起肌肉酸痛，从而影响训练或比赛的效果。

2 动态热身练习

动态热身练习包含数百种，通常情况下可以将多种动作组合在一起进行练习。下面将从最常用的几种跑步前的动态热身动作入手，详细介绍动态热身的练习方法。

1）脚尖走拉伸

脚尖走拉伸练习有助于增强力量，促进稳定性以及提升脚踝的灵活度，同时也可以锻炼小腿肌肉以及双脚的小肌群。

（1）两脚与肩同宽，保持站姿，抬头挺胸，足跟缓缓抬离地面，脚掌着地，保持平衡。

（2）迈左脚，伸展身体至足尖摆动，右臂保持平衡。

（3）换至右脚继续，交替向前行进。

该项练习的目标肌群包括胫骨前肌、腓肠肌、比目鱼肌、足跖屈肌。

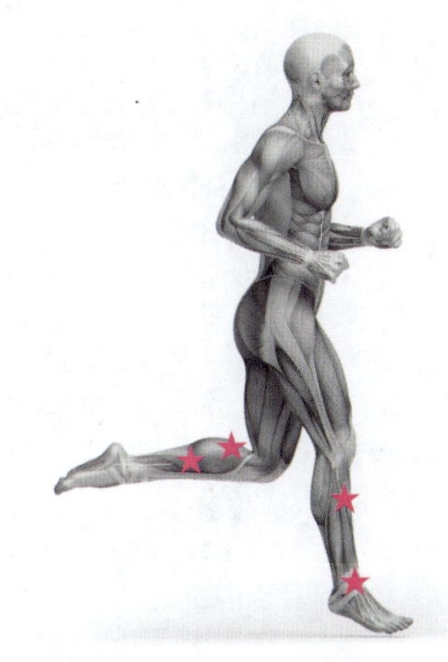

2）足跟走拉伸

足跟走拉伸练习不仅可以锻炼脚踝、跟腱及双腿肌肉，而且还可以预防胫前疼痛。

（1）两脚与肩同宽，保持站姿，抬头挺胸，抬起双脚脚尖，使用足跟保持平衡。

（2）保持以上姿势，迈右脚同时摆动左臂。

（3）换至左脚继续，交替前行。

该项练习的目标肌群包括腓肠肌、比目鱼肌和跟腱。

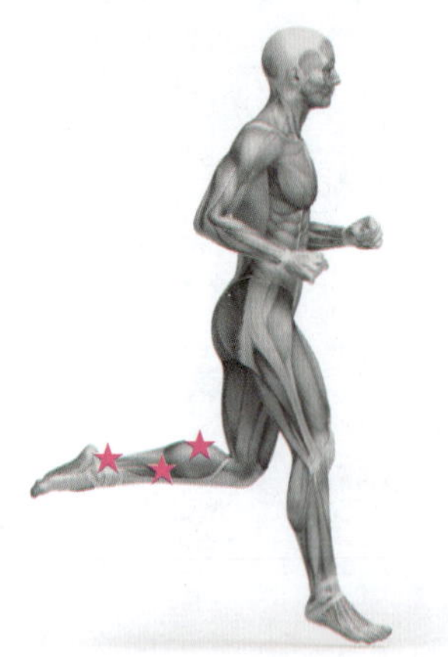

3）高抬腿拉伸

高抬腿拉伸练习可以增加髋关节的灵活性和扩展幅度，从而达到维持身体稳定的目的。

（1）两脚与肩同宽，保持站姿，抬头挺胸。

（2）抬起左腿，抱住小腿，慢慢将左腿往上抬，向上靠近胸部，保持该姿势5~8秒。

（3）缓缓放下左腿，换成右腿交替进行。

该项练习的目标肌群包括臀肌、髂腰肌和髂胫束。

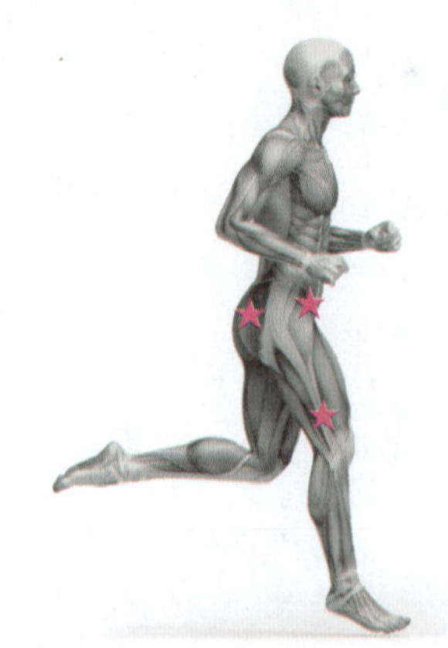

4）向后直腿硬拉拉伸

向后直腿硬拉拉伸练习可通过活动臀部和腘绳肌，来锻炼全身的平衡感，并加强臀部、膝部和脚踝的稳定性。

（1）两脚与肩同宽，左手向前伸直，手掌向下，同时向后抬起左腿，上半身以臀部为中心，缓慢前倾。

（2）尽力抬高左腿使之与地面平行，左手臂尽量向前方伸展，保持住该姿势 5~8 秒。

（3）放下左腿，向前迈出一步，换成右腿，重复同样的动作。

该项练习的目标肌群包括臀肌、腘绳肌、腓肠肌和比目鱼肌。

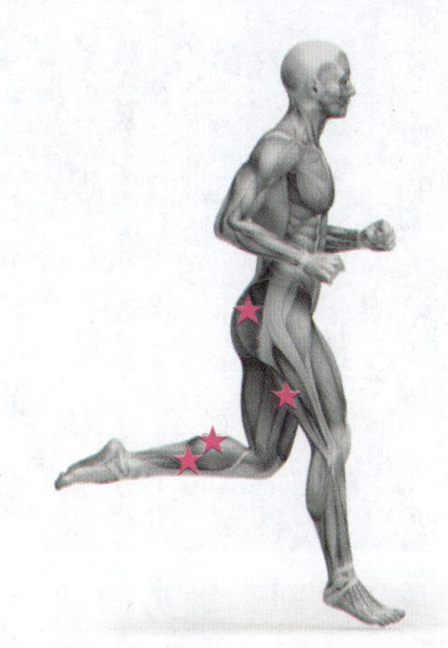

5）直膝走拉伸

直膝走拉伸练习可以刺激小腿肌肉，加强臀部和腘绳肌的灵活性，而且还可以有效规避腘绳肌受损的风险。

（1）两脚与肩同宽，左手臂向前平伸，左脚紧贴地面，右脚向前抬起。

（2）尽力抬高右腿，用右脚尖去触碰左手掌，保持此姿势 5~8 秒。

（3）放下右腿，顺势向前迈出一步，换成左腿和右手臂重复同样的动作，以此拉伸动作循环往复。

该项练习的目标肌群包括腘绳肌、髂腰肌、腓肠肌和比目鱼肌。

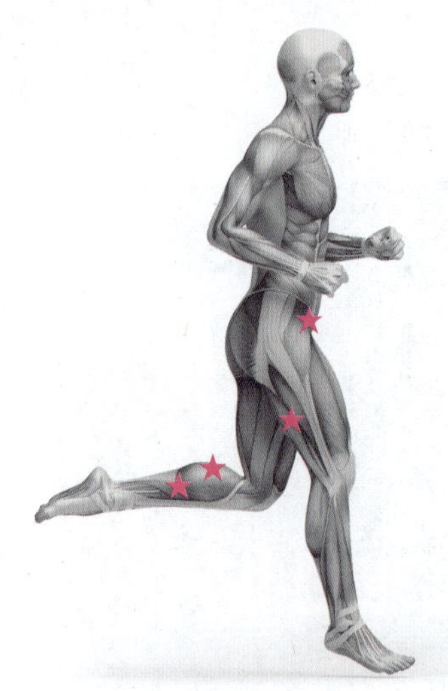

6）“蜘蛛侠式”拉伸

“蜘蛛侠式”拉伸练习属于全身性的一种练习方法，可以增强跑步者的灵活性和核心力量。另外，将该练习方法与爬行和俯卧撑动作结合进行，可以锻炼髋屈肌以及腿部的肌肉。

（1）跪式俯卧撑姿势准备，左脚向前迈出至左手外侧，左膝关节向上延展，左脚全脚掌着地。

（2）右脚向前迈出至右手外侧，右膝关节向上延展，右脚全脚掌着地。

（3）同时将左脚向后拉伸，然后继续左右交替。

该项练习的目标肌群包括臀肌、腘绳肌、股四头肌、髂腰肌、腓肠肌

和比目鱼肌。

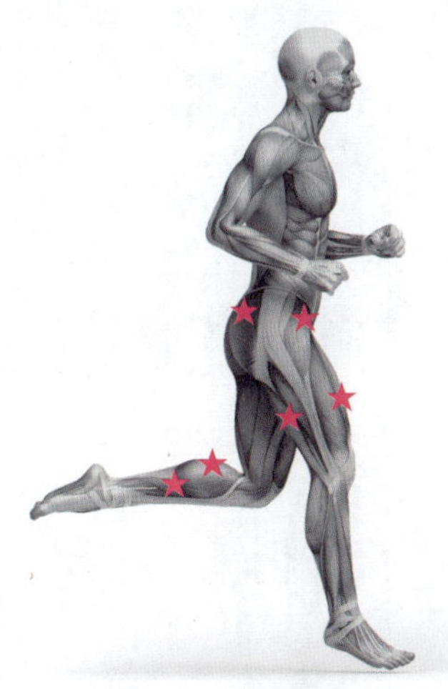

7）“毛毛虫式”拉伸

“毛毛虫式”拉伸练习可以拉伸腘绳肌、腓肠肌以及腰背部的核心肌肉，具有提高关节稳定性的作用。在做该项练习时，需要密切关注肩膀、髋关节的控制力度，并保证脊柱的位置。

（1）俯卧撑姿势准备，双手置于肩膀下方，手臂伸直，双脚与肩同宽，双腿伸直，脚尖着地。

（2）左右脚以尽可能小的步幅交替前进，尽力向手臂靠拢。以髋关节为折点，使上下半身维持在尽可能小的夹角处，保持住 3~5 秒。

（3）手臂沿地面慢慢向前伸展，回到一开始的俯卧撑姿势。

（4）重复动作，像毛毛虫一样向前行进。

该项练习的目标肌群包括臀肌、腘绳肌、跟腱、腓肠肌和比目鱼肌。

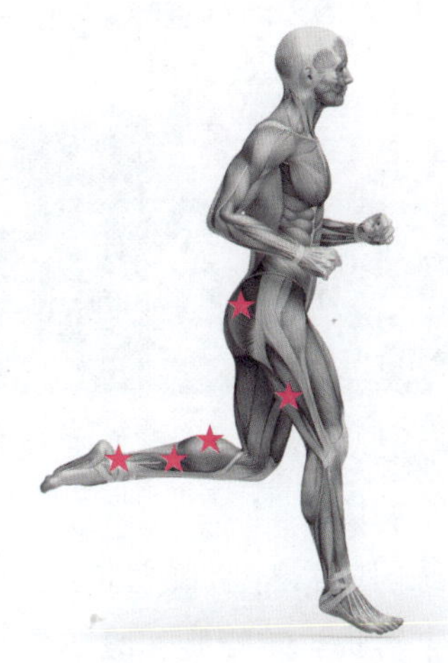

8）“蝎子伸展式”拉伸

“蝎子伸展式”拉伸练习属于全身性拉伸练习，可以有效提高脊柱的灵活性。在进行该项练习时，切勿拉伸过度，拉伸至动作中指定的位置即可。

（1）俯卧姿势准备，手臂置于身体两侧并与身体呈 90°，手掌向下。

（2）慢慢抬起左髋，使其离开地面。抬起左脚，背后折腿去触碰右手。此时腰部背部扭曲，左膝弯曲，保持此姿势 5~8 秒。

（3）还原到初始位置，换成右脚重复同样的动作。

该项练习的目标肌群包括腹横肌、腹直肌、腹斜肌、髂腰肌、股四头肌。

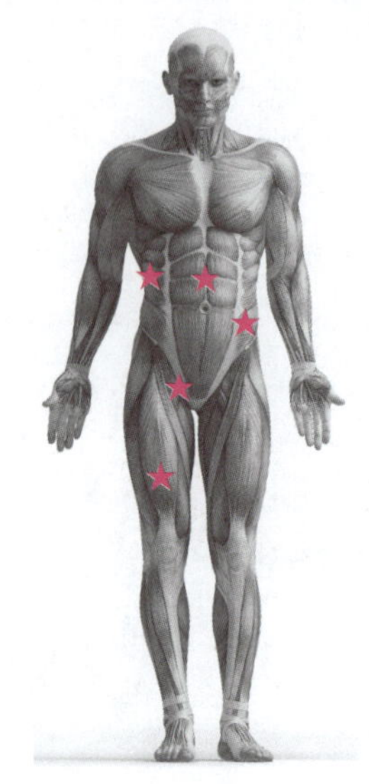

9）向后弓箭步走拉伸

向后弓箭步走拉伸练习属于技术偏高的综合性拉伸练习，可以拉伸核心集群、髋前部肌群及腘绳肌，并可以预热腿部和髋部的所有伸肌群。

（1）弓箭步姿势准备，双手尽力伸过头顶。

（2）向后蹬地并后撤一步，成向后弓箭步走姿势。

（3）双腿交换位置，恢复为弓箭步姿势，重复动作。

该项练习的目标肌群包括躯体核心肌群（腹横肌、腹直肌、腹斜肌、腰背部肌群）、屈髋肌群、臀肌和股后肌群以及腓肠肌、比目鱼肌。

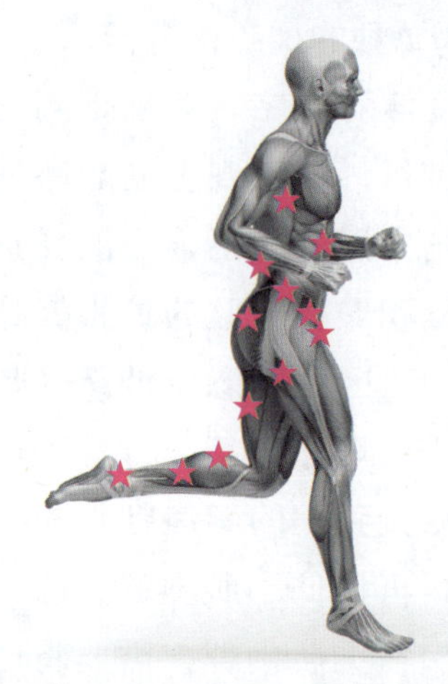

注意：

在进行该项练习时，对腿部肌肉力量要求比较严格，进行一段距离的练习后可能会出现屈髋肌和腰背肌酸痛的情况，甚至会出现类似于腹股沟肌肉拉伤程度的疼痛。在此，建议初学者先进行后退式弓箭步走练习。

6.3 静态拉伸技术

静态拉伸是指通过缓慢的动作将肌肉、韧带等软组织拉伸到一定的长度，并保持静止不动的一种练习方法。静态拉伸能有效促进跑后肌肉的放松与恢复。

1 认识静态拉伸

静态拉伸对改善关节活动范围、缓解机体疲劳及减少运动损伤等方面具有良好的作用。

在跑步者的训练过程中，静态拉伸也是必须进行的一个运动项目，跑步者可以合理地将其融合到日常的运动训练中。这是因为，长期的静态拉伸可以扩大关节的活动范围，从而提高跑步者的力量和爆发力。为实现静态拉伸这一显著且积极的影响，需要将静态拉伸运动放置在运动后进行，或将其作为单独的训练课进行。

静态拉伸的顺序一般从下到上、从大到小进行。从下到上的顺序是因为运动员结束运动之后，血液受重力影响会大量积聚在下肢的扩张静脉与毛细血管中，因此静态拉伸最好是从下肢至躯干的顺序进行，有助于血液回流。而从大到小的顺序则是先拉伸大肌肉群，再拉伸小肌肉群。因为血液大多积聚在大肌肉群，需要将血液进行回流；除此之外，由于大肌肉群会直接影响到关节的活动范围，因此先进行大肌肉群的静态拉伸有助于运动者的放松。

目前，普遍认为每一个静态拉伸动作的拉伸时间应保持10~60秒，时间过长或过短的静态拉伸都很难达到预期的拉伸效果。

2 静态拉伸练习

如果说动态拉伸热身活动类似于普拉提练习，那么静态拉伸放松更接近于瑜伽动作。下面将从最常用的几种跑步后的静态拉伸放松练习入手，详细介绍跑步后静态拉伸放松的练习方法。本练习中，每次拉伸要最少保持动作10~15秒，每个动作重复4次以上。

1）扭曲式拉伸

扭曲式拉伸练习主要用于拉伸臀部肌群，有助于预防跑步时大腿外侧的结缔组织及髂胫束的炎症。

（1）坐姿准备，双腿向前伸直，手臂置于身体两侧。

（2）弯曲左腿，抬起并跨过右腿，左脚全脚掌着地，放于右膝旁。

（3）伸出右手放置于左膝外侧，轻微施加拉力，直到感觉到相应的拉扯感为止。

（4）还原到初始姿势，换成另一侧重复同样的动作。

该项练习的目标肌群包括臀肌、腹斜肌和髂胫束。

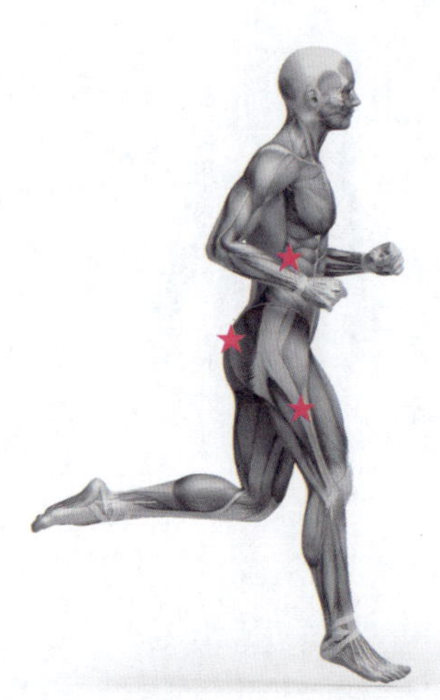

2）单膝跪姿拉伸

单膝跪姿拉伸练习可以拉伸臀屈肌，放松髂腰肌和股四头肌，并可以有效预防骨盆和腰背部四周肌肉发展的不均衡性，有利于臀部的稳定性和灵活性，对于跑步时的协调和正确姿势的保持至关重要。

（1）单膝跪地，左膝弯曲着地，脚尖着地，右脚平放于身体前面地面。

（2）弯曲膝关节呈 90° 夹角，上身挺直，双手掐腰。

（3）身体前移，重心移至右腿同时膝关节向前伸展，并超过脚尖，保持该姿势 10~15 秒。

（4）还原到初始状态，换成另一侧重复同样的动作。

该项练习的目标肌群包括髂腰肌、股四头肌和比目鱼肌。

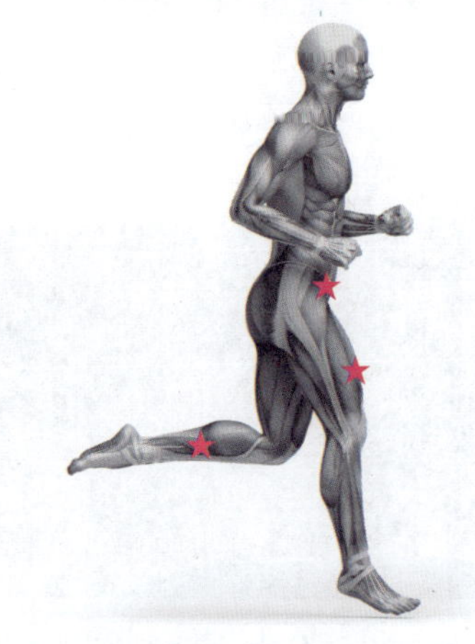

3）下犬式拉伸

下犬式拉伸练习是瑜伽拉伸动作的经典姿势，可以有效拉伸腘绳肌和背部、肩部肌肉群，促进核心肌群和小腿的肌肉伸展，有效预防跟腱损伤。

（1）使用手掌和膝关节支撑身体，手掌平放、支撑地面，位置稍偏前靠近肩膀的投影点，膝关节放置于臀部下方，背部和地面平行。

（2）保持手掌位置不动，踮起脚尖支撑地面。

（3）膝关节慢慢抬离地面，慢慢放下脚跟，伸直双腿，臀部逐渐向上伸展，身体呈倒V字形，拉伸脊柱和双腿，坚持10~15秒。

（4）弯曲膝关节还原到初始位置。

该项练习的目标肌群包括腘绳肌、腓肠肌、比目鱼肌、菱形肌、斜方肌和竖脊肌。

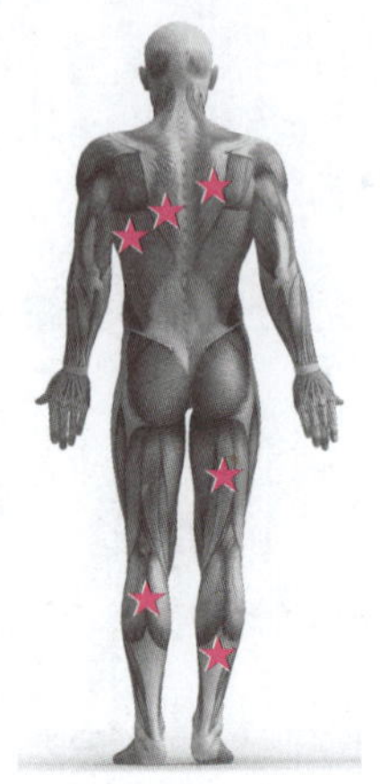

4）腘绳肌拉伸

腘绳肌拉伸练习主要用于拉伸腘绳肌，促进腘绳肌的放松，并可以增强腘绳肌的柔韧性。

（1）平躺姿势准备，双腿伸直，手臂置于身体两侧，掌心向下，膝关节、臀部和肩膀呈一条直线。

（2）抬起左腿，足部背屈（勾脚尖），双手抱住左腿后侧，向头部位置施力，感受腿部的伸展，保持该姿势10~15秒。

（3）左腿放下还原到初始位置，右腿重复同样的动作。

该项练习的目标肌群包括腘绳肌、腓肠肌、臀肌。

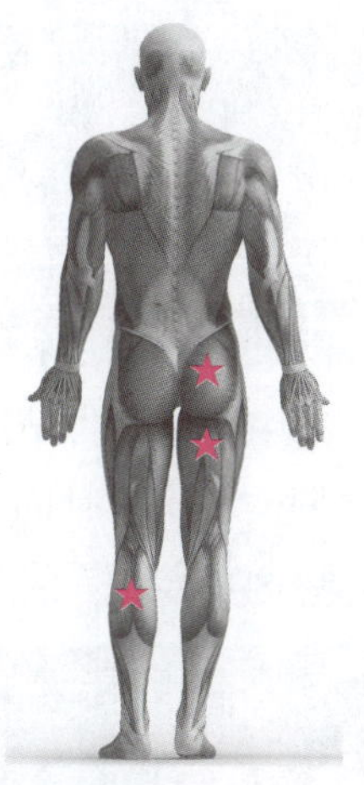

5）内收肌群拉伸

内收肌群拉伸练习主要用于拉伸臀部的内收肌群，达到提升臀部灵活性的目的。进行该项练习时，切勿过度下压，以免造成拉伤。

（1）站立姿势准备，两脚略比肩宽，脚尖稍向外侧，双手放置膝盖上，缓慢弯曲双膝。

（2）保持躯干稳定，将重心转向左腿，弯曲膝盖同时伸展右腿。

（3）保持该姿势 10~15 秒，回到初始动作，然后重复另一侧的动作。

该项练习的目标肌群包括短收肌、长收肌、股薄肌和大收肌。

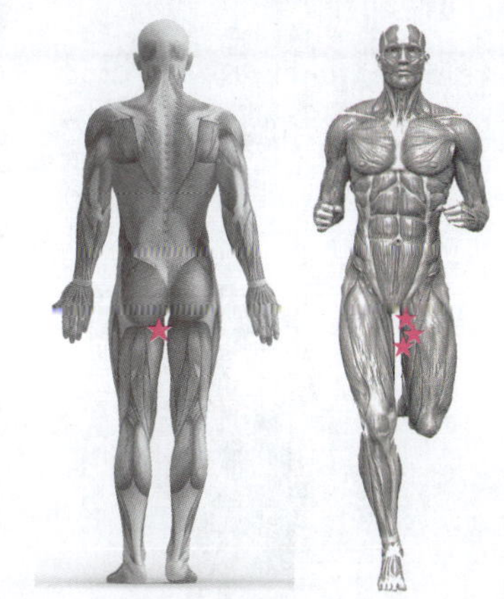

6）侧躺旋转式拉伸

侧躺旋转式拉伸练习可以拉伸臀部至胸部的核心肌群，达到提高背部灵活性、活动胸椎的目的。

（1）左侧卧位，手臂平置于身体两侧，弯曲左腿膝关节，带动骨盆转向身体的另一侧，利用相关物体支撑左腿，右腿弯曲，膝关节朝左腿方向。

（2）左手平伸至左腿方向的相反方向，置于身后维持8~10秒。

（3）还原到初始位置，换成另一侧重复同样动作。

该项练习的目标肌群包括臀肌、腹斜肌、腹直肌和胸肌。

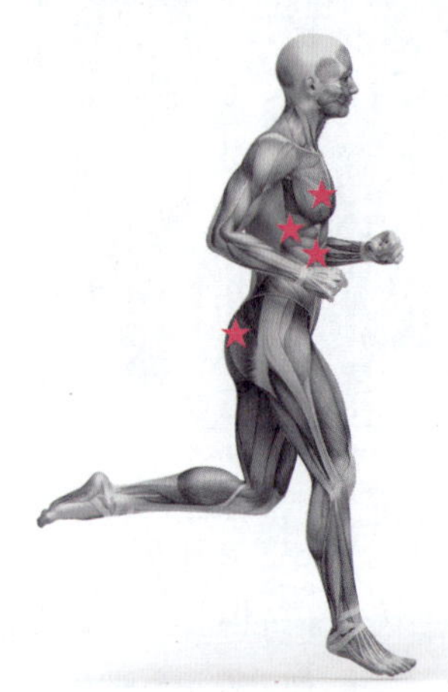

7）全身拉伸一式

全身拉伸一式练习可以拉伸大腿肌肉群、臀屈肌群、梨状肌、腰背部和胸椎，有效提升胸廓的灵活性。

（1）左侧卧位，颈下放置折叠的毛巾，左手抱住右腿，保持这个姿势3~5秒。

（2）左腿向后弯曲贴近背部，右手向后够左脚，肩膀同时向右侧扭转，保持这个姿势8~10秒。

（3）还原到初始状态，换成另一侧重复同样动作。

该项练习的目标肌群包括股四头肌、髂胫束、臀肌和胸椎。

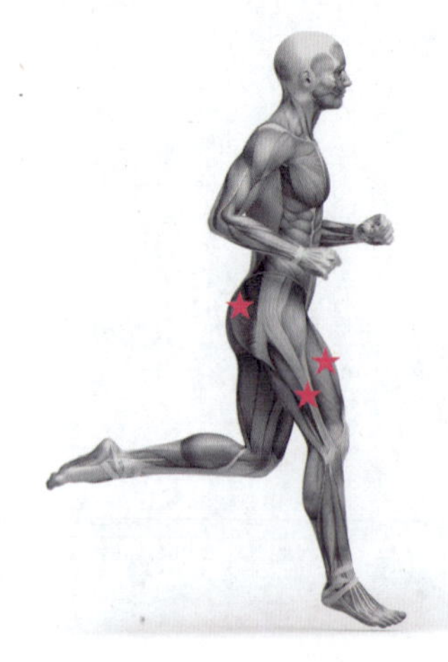

8）全身拉伸二式

全身拉伸二式练习属于全身性拉伸练习，主要用于拉伸髂胫束，预防膝关节损伤和髂胫束的摩擦伤。

（1）坐姿准备，左右膝弯曲呈 90°，右脚放置于左大腿前侧，右膝放置于身体后侧，左大腿垂直于右大腿。

（2）身体朝腿部的相反方向旋转，右手放置于地面，保持这个姿势 5~8 秒。

（3）还原到初始状态，换成另一侧重复同样的动作。

该项练习的目标肌群与全身拉伸一式相同。

6.4 泡沫轴放松

泡沫轴又称为瑜伽柱，重量轻、富有缓冲弹性，不仅可以帮助瑜伽练习者完成各项平衡动作，而且近期已然成为广大运动爱好者放松的主要手法。通过泡沫轴放松，可以使发硬的双腿立马感觉轻松。本节主要通过几种常用的泡沫轴按摩手法，来详细介绍使用泡沫轴自我按摩的技术与练习方法。

1 认知泡沫轴

随着瑜伽运动的盛行，泡沫轴被越来越多的人群和机构所接纳，几乎所有的体能机构都配备了各种泡沫轴、泡沫球、触发点、按摩杖以及长度和硬度不同的花生球，这些都是为了自我按摩设计的。其中，泡沫轴是一根简单的圆柱体，由高纯度 EVA 材料制成，不仅可消除肌肉紧张，而且还可以拆散软组织粘连和瘢痕组织，具有缓解紧张筋膜及增加血液流动和软组织循环的作用。

在训练前使用泡沫轴放松可以降低肌肉密度，为热身奠定基础；在训练后使用泡沫轴放松，则可以促进高强度运动后机体恢复。通常情况下，按摩者可以使用泡沫轴按摩到疼痛消散或消失为止。

在使用泡沫轴进行按摩时，需要注意以下3点。

- 利用泡沫轴进行按摩时，需要缓慢地前后滚动30秒。
- 切勿滚动到骨骼区域，例如膝盖或小腿胫骨。
- 如果滚动到极度疼痛点，需要在该点处保持30~90秒，尽量达到消除疼痛的目的。

2 泡沫轴放松技术

泡沫轴放松具有针对性，主要针对肌肉和筋膜进行放松，对于骨骼区域则会产生疼痛感。本小节中，主要介绍经常使用的泡沫轴放松技术，包括腘绳肌放松、臀部放松、股四头肌放松等。

1）腘绳肌放松

腘绳肌放松练习可以缓解腘绳肌的紧张感，提高关节灵活度。

（1）坐姿准备，双手放在身后，将泡沫轴置于膝盖下方，伸直双腿，脚后跟离地。

（2）借助手臂的力量，将身体向前推，使泡沫轴滚至大腿根部。

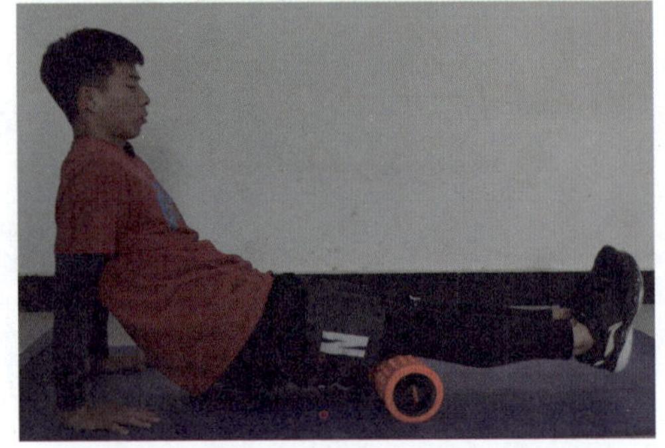

（3）滚动回到准备动作的位置，往复循环。

注意：

前后滚动的时候手掌要撑地，同时收紧手臂和腹部的肌肉，并保持双腿伸直。避免将泡沫轴固定在膝盖下，同时避免小腹向外凸起，禁止手臂向任意方向扭动和一侧的手掌离地。

该项练习的目标肌肉群包括半腱肌、半膜肌和股二头肌。

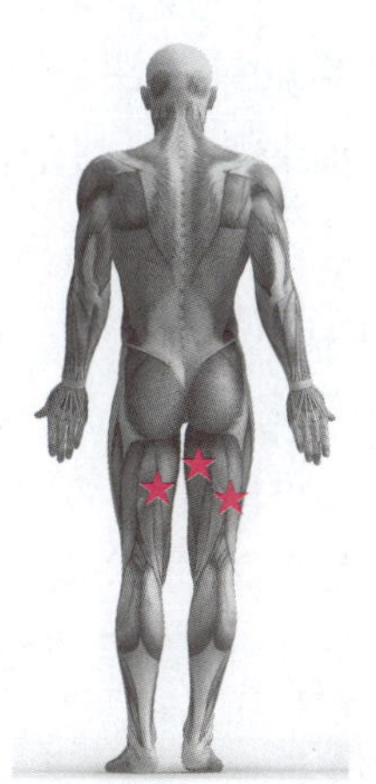

2）臀部放松

臀部放松练习主要用于缓解臀部肌肉的紧张感，提高髋关节的灵活性。

（1）坐姿准备，双手放在身后的地板上，将泡沫轴置于臀部下方，伸直双腿。

（2）控制住身体平衡，慢慢向后滚动，使泡沫轴滚到下臀部。

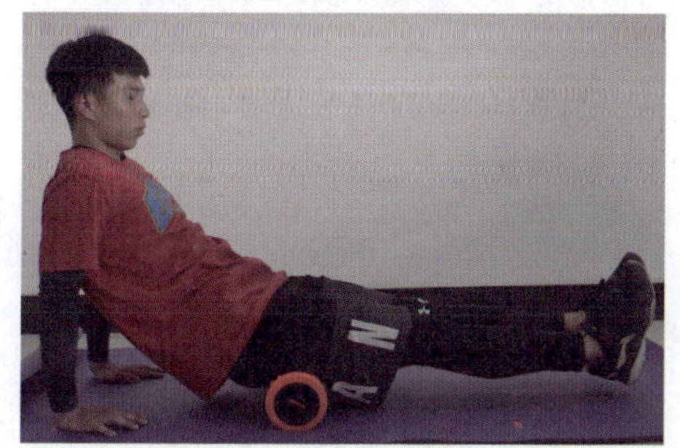

（3）回到准备姿势的位置，重复循环。

注意：

在做该项练习时手掌需要固定在地面上，收紧手臂和腹部肌肉，避免手掌离地、躯干弓背或扭曲躯干。

该项练习的目标肌肉群包括臀大肌、臀中肌和臀小肌。

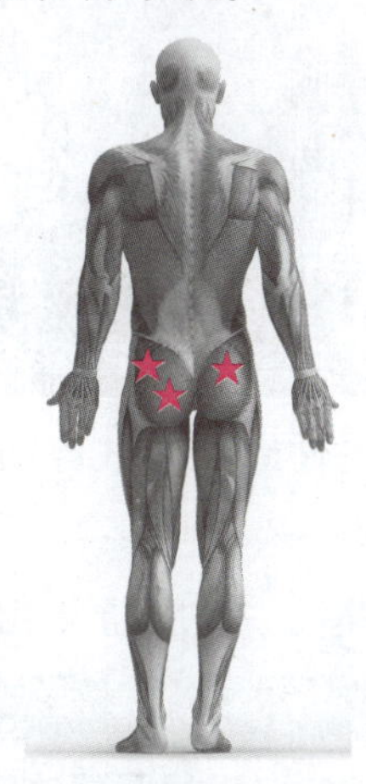

3）阔筋膜张肌和髂胫束放松

髂胫束（IT 束）是沿着大腿外侧，从臀部延伸到膝盖正下方的一条纤维组织带。该项练习可以放松阔筋膜张肌和髂胫束紧张程度，避免引起膝盖或臀部损伤。

（1）右手臂支撑身体，伸直双腿，将泡沫轴置于右腿下方，弯曲左腿，交叉放置在右腿前，左脚放于地板上。

（2）左腿向下压，将泡沫轴沿着大腿向下滚动，直至右腿膝盖下方。

（3）慢慢地滚回准备动作的位置，重复五次。

（4）换另一条腿重复相同的动作。

注意:

进行该练习时需要注意手掌应固定在地面上，双肩朝着后背的方向向下压，收紧手臂和腹部肌肉。避免在运动时产生上体弓背、耸肩或是颈部肌肉过于紧张等现象。

该项练习的目标肌肉群包括阔筋膜张肌和髂胫束。

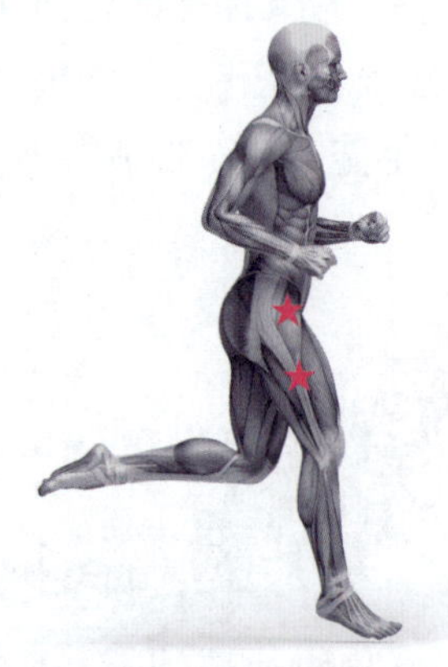

4）股四头肌放松

股四头肌放松练习可以有效放松臀屈肌群（主要是股四头肌），有效增加臀屈肌群的灵活性。

（1）俯卧姿势，将泡沫轴置于膝盖下方，使用两条前臂来支撑上半身。

（2）向前滚动身体，直到泡沫轴滚到大腿顶端之下。

（3）滚回到准备动作的位置，往复循环 15 次左右。

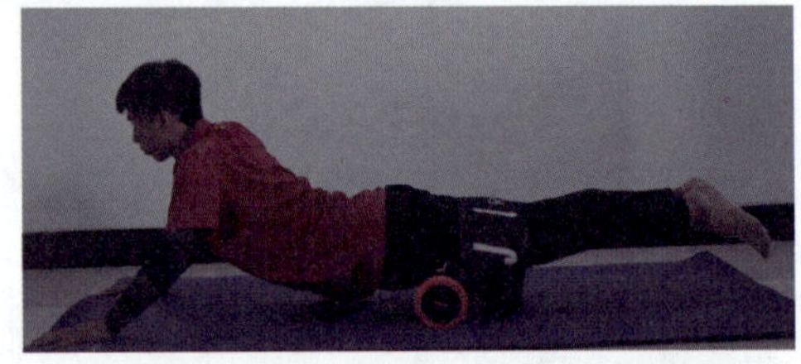

注意:

进行该练习时要注意手掌应固定在地面上，绷紧脚趾，向内收紧腹部肌肉；前后滚动的时候使用手掌撑地，避免在运动时向任意的一侧扭动躯干或者是扭动脖子。

该项练习的目标肌肉群包括股直肌、股内侧肌、股外侧肌和股中间肌。

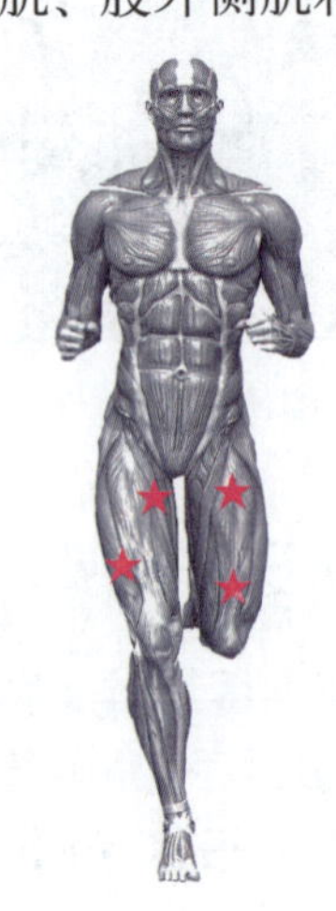

5）背阔肌放松

背阔肌放松练习可以放松背阔肌，缓解背阔肌的紧张感；同时可以增强肩胛骨的稳定性，锻炼核心肌群力量。

（1）右侧卧姿势，将泡沫轴置于上胸部的下方，伸直双腿，将右前臂放在地板上，借助右臂的力量支撑躯干。

（2）弯曲左腿，交叉放置于右腿上，左脚置于地面上。

（3）左腿蹬地并下压，使身体向右臂方向平稳移动，同时将泡沫轴沿着躯干的方向滚动。

（4）慢慢地滚动泡沫轴，回到准备动作的位置。往复循环 5~10 次后，接着重复另一侧的动作。

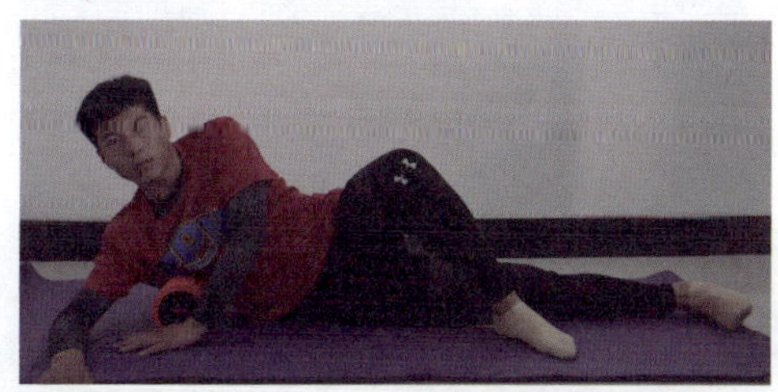

注意:

在做该练习时前臂需要固定在地面上，收紧腹部肌肉，双肩朝着后背的方向下压，避免运动中出现身体弓背、耸肩和缩紧脖子的现象。

该项练习的目标肌肉群是背阔肌。

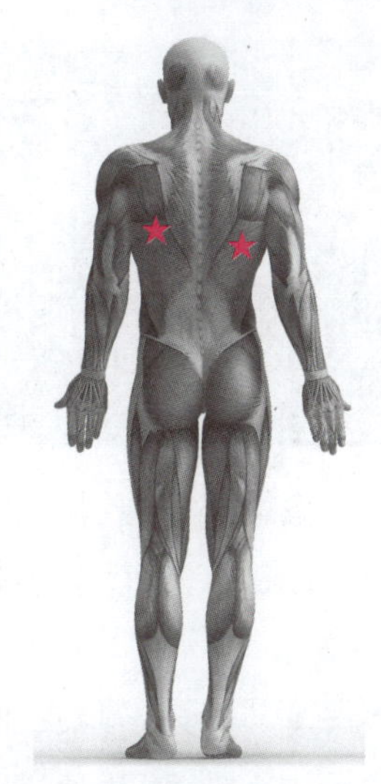

6）腰、背部肌群放松

腰、背部肌群放松练习可以放松腰、背部肌群，缓解腰、背部肌群的疼痛和紧张感。

（1）双腿弯曲坐下，伸直双腿，双臂置于身体两侧，手掌着地，将泡沫轴置于身后。

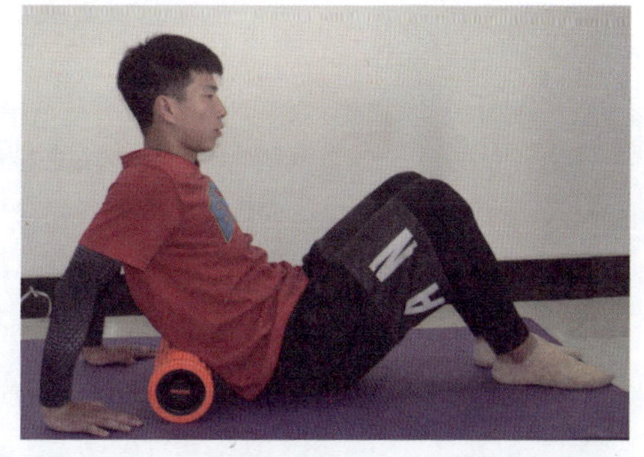

（2）缓慢伸直双腿，身体向后倾斜，腰部紧靠在泡沫轴上，收紧核心肌群。

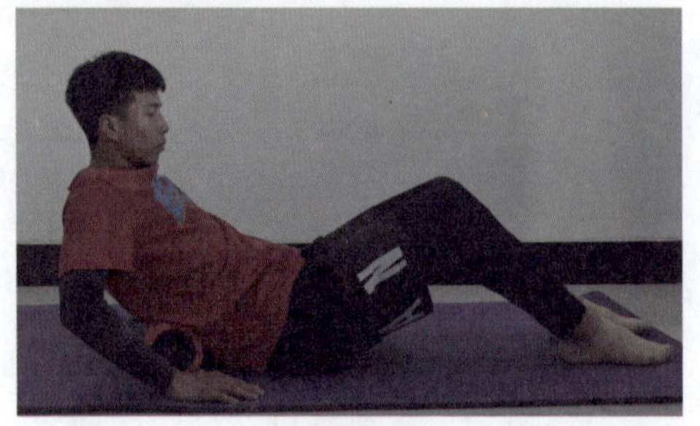

（3）平稳地移动身体，缓慢地将泡沫轴向后上滚动，直到泡沫轴滚至上背部的下方。

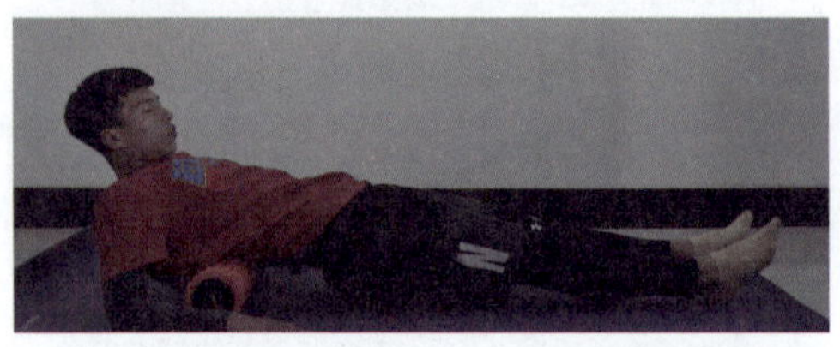

（4）继续滚动，将泡沫轴滚动回准备动作的位置。动作重复 5~10 次。

注意：

在做该练习时需要注意目视前方，肩膀下移，手掌固定在地面上，利用手臂、大腿和腹部肌肉来完成动作，避免出现身体弓背、耸肩和缩紧脖子的现象。

该项练习的目标肌肉群包括背阔肌、菱形肌、竖脊肌、腰方肌和多裂肌。

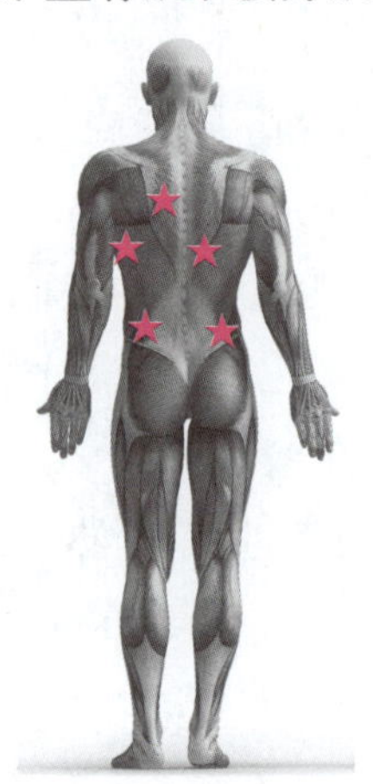

第7章 健步与徒步走

随着人们健康意识的提高，健步与徒步走逐渐成为很多人生活中的一部分。健步与徒步走可以促进身心健康，其速度介于散步和竞走之间，运动方法易于掌握，不易发生运动损伤。健步与徒步走不仅可以锻炼身体，而且还可以欣赏自然美景，促进人际交流，陶冶身心。由于它适合不同年龄和不同体质的人群，因此成为很多人采用的一种养生方式。

7.1 初识健步走

随着科技进步、网络的快速发展与工作压力的日渐增大，以及被忽视的体育运动，导致人们的身体素质不断下降。受到最近几年健步走热潮的影响，许多人认识到身体健康的重要性，又由于健步走不受场地、年龄和时间的限制，因此越来越多的人加入到健步走的大军中。

1 了解健步走

走路是人类的本能活动，从猿到人的进化过程说明了步行的重要性。随着人们对健康意识的加强，健步走越来越被重视，目前已成为健身爱好者的主要运动项目之一。健步走具有方法易于掌握，不易发生运动伤害的特点；且不同年龄的人群可根据自己的时间随时随地进行锻炼。除此之外，健步走的运动装备简单，只需一双舒适合脚的运动鞋，便可以在良好自然的环境中结伴而行。

1）健步走的功效

健步走被公认为最完美的健身方式，它属于全身运动，不仅可增加腿部的肌肉力量、锻炼腿部的灵活性，而且还可以调用身体中70%的肌肉参与到运动中去。特别是一些改良后的健步走，除了可以有效调用全身90%以上的肌肉参与到运动中之外，还可以促使全身器官处于活跃状态，从而达到强身健体、提高身体机能的健身目的。

从运动学的角度来讲，健步走属于相对缓和的运动方式，虽然运动过程中所造成的负荷比较小，但却可以消耗相对多的热量。经常坚持健步走，不仅可以强化骨骼力量及增加心肺功能，而且还可以降低胆固醇及预防心血管等疾病。

健步走除了上述功效之外，还有下述功效。

- 提高心肺功能和耐力　健步走可以降低安静时和同等负荷下运动时的心率，以及提高肺活量；同时还可以降低心血管疾病和心脏突发事件的危险性和严重性。
- 改善血液质量　健步走可以增加全血容量、降低血液的黏稠度，以及增加红细胞的携氧能力、增加组织器官的血流量，有效防止动脉硬化的发生，并能防止如脑血栓、心肌梗塞等并发症的发生。

- 调节血管机能　健步走可以增加毛细血管数量、改善末梢循环、降低安静时的高血压、改善冠状动脉循环、降低动脉粥样硬化等危险因素。
- 减肥塑体　持之以恒的健步走锻炼可以减少身体的脂肪含量，并减少体脂百分比，增加和维持肌肉重量、耐力和力量，从而达到减肥塑体的功效。
- 促进骨关节健康　健步走可以增加骨密度、骨关节力量以及增加韧带、肌腱的力量，可有效防止多种骨、关节、肌肉、肌腱的损伤，降低骨质疏松症发生的危险性。
- 增强免疫力　健步走可提高抗病能力，加快病后康复速度。
- 改善心理状态　健步走可以减小精神压力、增加自信心和自我控制能力，可有效减少抑郁症的发病概率。
- 提高睡眠质量　长期坚持健步走可以有效缓解精神压力，使兴奋灶转移，促进睡眠。

2）健步走的分类

健步走有别于散步，散步是不拘形式及从容的缓缓步行，是一种“广步于庭”的有益健康的缓步行。而健步走需要达到一定的运动心率及时间，才具有减脂塑体强身健身的目的。

根据不同的人群及不同的健身目的，健步走的分类也不尽相同。从运动的目的性出发，健步走可以分为轻松走和健身走。

- 轻松走　该类型的健步走主要以愉悦心情兼顾健身为目的，是一种轻松愉快的健步走方式，行走起来不会感觉到气喘，其步速介于每分钟 70 步左右，属于慢速健步走范畴。
- 健身走　该类型的健步走主要以健身和增强体能为目的，每分钟的步速超过 90 步，属于中速健步走和快速健步走范畴，也包括徒步走和竞走。

对于纯粹为了健身而进行健步走运动的人来讲，健步走的速度决定了健身的效果，因此可以将健步走划分为慢速、中速、快速和极快速 4 种分类。其中，慢速健步走每分钟介于 70~90 步，中速健步走每分钟介于 90~120 步，快速健步走每分钟介于 120~140 步，极快速健步走每分钟 140 步以上。

那么，健步走健身到底如何走？以什么速度走？每次走的时间多长？每周走几次？这些必须根据个人体能和健康情况而定，应视情况量力而行，切勿运动过度。一般情况下，年轻人可以以快速或极快速速度健步走，其距离和时间可以相对延长；中老年人多以慢速和中速速度健步走。总之，每天坚持走一走，持之以恒地走下去，将健步走作为一种生活方式，便可以看到预期的运动效果。

2 健步走技术

健步走不是简单的走路，它也需要一定的技术，才能达到塑正身姿及健身塑体的目的。正确的健步走技术不仅可以使运动迅速有效，而且还可以避免扭伤等一些可控运动损伤的发生。将走路演变成健身，是一种思维的转变，这种转变可以在健步走过程中使步伐更加平稳有序，并可以极大限度地促进热量的燃烧。

1）健步走姿势

健步走是在自然行走的基础上，保持躯干伸直，并收腹、挺胸、抬头，随走步速度的加快其肘关节自然弯曲，并以肩关节为轴自然前后摆臂，同时，脚跟先着地，然后过渡到前脚掌并推离地面。健步走时，上下肢应协调运动，并配合深而均匀的呼吸。健步走的主要技术特点如下所述。

- 躯干　身体挺直、双肩向后、前胸挺起，耳朵、肩膀和股骨凸起点三点一线，减少背部疲劳。
- 头部　保持直立，头顶的百会穴部位感觉像绳子牵引一样垂直向上顶，这也可以避免颈肩过度前倾并调整颈椎位置，同时避免长时间行走对椎管内神经和血管的压迫，从而导致的头晕、缺氧等状态的发生。
- 视线　保持直视状态，不可低头俯视，视线可落于前方 3~6 米处，比安全范围稍远一些。
- 呼吸　一般采用口和鼻同时呼吸，以鼻呼吸为主。呼吸要有节奏，一般的是两步一呼，两步一吸。
- 摆臂　健步走最好弯曲摆臂，肘关节呈 90° 夹角，类似于慢跑中的摆臂动作。因为直臂摆手时离心力过高，长时间行走会导致血液回流不畅，进而出现手臂麻、涨的感觉，影响神经末梢循环；而弯臂摆手则会避免类似的问题；摆动过程中手臂尽量沿体侧前后摆动，幅度可以稍大些，以达到锻炼上肢的目的。
- 腰腹　健步走过程中需要始终保持腰腹为收紧状态，切勿出现挺腰或弓腰的姿势。
- 臀部　健步走过程中需要保持躯干的扭转，也就是左右转动臀部；行走过程中要潜意识地将臀部当成腿部的一部分参与到步行中，如此一来便可以有效锻炼到腰腹。
- 脚部　脚跟着地，滚动到前脚掌，以脚趾发力蹬离地面。
- 步幅　步幅是按照个人身高而定的，最理想的步幅为身高乘以 0.45~0.5，步幅过小容易导致小腿肌肉过粗，并容易出现酸疼的感觉；而步幅过大则会增加膝关节的冲击力。

2）纠正错误姿势

每个人都有自己独特的走路姿势，对于已经习惯的姿势即使是错误的也很难察觉。因此，为了达到健身目的，促使身心健康，需要纠正健步走中经常遇见的一些错误姿势，从而降低运动损伤的风险性。一般情况下，健步走经常出现的错误姿势包括下列3种。

- 腰部倾斜　腰部倾斜是指臀部后翘的一种走路姿势，这种姿势经过长时间的健步走其腰下半部会出现疼痛感。背墙而立，收紧腹部，先使整个身体稍微前倾，然后臀部顶住墙，此时的上身仍然保持为前倾状态，这种姿势便是腰部倾斜，需要我们时刻避免这种姿势出现在健步走中。
- 步幅过大　健步走过程中如果步子迈得过大，会导致脚后跟着地时，破坏了脚步向前的动作，迫使身体进入到下一个动作，从而形成一种“跳跃感”的走路方式。针对这种情况，可以先试验从最长到最短的各种步幅，从中选择一种合适的步幅，杜绝这种具有“跳跃感”的走路方式。
- 手臂摆动　健步走过程中手臂摆动的动力来自于肩部，而非肘部，其摆臂方向是前后而非上下。部分健步走者会出现肘部鞭打的情况，也就是摆臂方向为上下。假如在脖子上绕一个带子，长度到双手，双手各抓住带子的一端，促使肘部弯曲成90°，变为健步走摆臂姿势；在走的过程中如果肘部出现鞭打现象，带子便会因双手带动而出现滑动现象，纠正摆臂动作直至带子不再滑动即可。

3）原则与规划

健步走是以健身为目进行走路的一种运动方式，有别于普通的行走，是一种有所设计并遵循一定原则进行的运动项目，包括运动中的靶心率、步频、步幅、运动强度等。

对于健步走，需要循序渐进，不可冒进，最主要的是持之以恒，一般情况下，对于刚开始进行健步走的人来讲，可将健步走运动分为3个阶段。

- 基础阶段　该阶段主要集中在1~2周内，每周可进行3~5次运动，速度比散步略快一些，步频每分钟保持在90~110步，步幅不可过大，时间维持在20~30分钟即可。
- 中级阶段　该阶段主要集中在3~6周内，健步走者可逐渐提高步频和步幅，重点调整健步走姿势。
- 高级阶段　坚持一个月左右的

健步走，其姿势已调整正确，健步走的步频达到了每分钟120~140步。

在健步走的过程中，可通过听音乐、随便改变路线等方法来增加健步走的乐趣。除此之外，为了充分利用健步走运动提高身体素质，还需要遵循下列4点原则。

- 适当加大步幅　步行过程中尽量挺直身体，抬头挺胸，目视前方，每一步都需要使用脚趾蹬离地面，尽可能地调用全身肌肉。由于人体50%的血管集中在下半身，因此当更多肌肉参与到运动中时，可以挤压至少50%的血管，从而提高下肢的血流速度。在健步走中，尽量提高每一步的步幅。健步走者可以在雨天或湿地面上正常走两步，测量出两步之间的距离，获得一个标准步行的步幅；然后，在该步幅上增加10~20公分的距离，该步幅即为健步走最佳步幅。
- 固定时间　健步走尽可能地固定运动时间，在某一时间段去锻炼，为身体形成记忆。具体健步走的时间段因人而异，只要能每天满足该时间段进行相应的锻炼即可。
- 固定距离　健步走应固定相应的距离，才具有健身的作用。例如，一开始可先固定3公里健步走，等适应了3公里这个距离之后，再将距离调整至5公里。健步走的距离切勿随意改变，应循序渐进。
- 固定频率　健步走时应根据身体素质固定相应的步频，每次的步频应相接近，尽可能地保持一定的走路节奏，切勿忽高忽低地调整步频。

注意：

运动完之后，晚上可用热水泡脚，同时对小腿肌肉、跟腱和脚心进行按摩，加快消除因运动引起的疲乏和酸胀感。

7.2 健步走计划

开始健步走运动之前，需要检查自身健康和身体情况，然后根据具体情况制订可以长期坚持的运动计划。其具体计划视运动情况而定，并不是一成不变的。例如，每周健步走3次，每次30分钟，连续坚持一段时间后感觉步行比较轻松了，便可以调整计划；若刚健步走3天便出现了各种疼痛，并且疼痛维持了几天不见减轻，则应该停止运动。因此，制订科学、合理且可行的健步走计划，是健步走健身最为重要的一个环节。

1 合理制订计划

整体的健步走计划需要围绕速度、距离、强度和消耗热量等因素进行制订，同时配备健身日记来检测运动进度。在执行健步走计划的过程中，需要选择一个较为稳健的训练方案；除此之外，为了达到健身及防止损伤的目的，应该降低标准，先选择较为容易的计划进行。

人体就像一台精密的仪器，每天会根据运转状态发出一些特别微妙的信号。仔细感觉，通过这些微妙的信号可以判断运动强度及身体的具体状态。刚开始健步走时，需要特别留意身体各关节和肌肉所出现微妙的变化，包括不舒服、疼痛、刺痛或发痒等感觉。越早注意到这些微妙的变化就能越早注意到疼痛和疲乏，从而对训练计划做出调整，避免伤痛的进一步发生。

在健步走之前和之后需要监测心率的变化情况，若训练后的静息心率比正常高出 10% 左右，则表示运动强度过大了，需要考虑休息一下或降低训练级别；如果训练后的心率恢复比较慢，则需要通过彻底休息来调整体能。

对于刚开始进行健步走的人来讲，热情高涨，会特别期待可以走得更快、更远，但过度训练不仅会给身体带来伤痛，而且还会打击运动的积极性，从而导致计划流产。通常情况下，身体和积极性所能坚持运动的持续时间为 4~8 周，过量训练会导致身体或心志承受不了，这便是好多热情高涨的健身者没有坚持到底的原因。因此，开始运动时，一定要慢下来，不要急于求成，也不要给自己施加过多的压力和运动量。既然运动的目的是以健康为主，那么就让我们慢下来，再慢一些，慢慢地进步，只有保持足够的耐心，方可到达目的地。

因此，在制订健步走计划时，应该遵循逐渐和难易规则进行。其中，逐渐规则是逐渐增加运动量，每周增加的运动量不可超过 10%；若因为其他原因中断运动，那么再次运动时应该从中断运动时运动量的下一级运动量开始。

难易规则，则是劳逸结合规则，也就是大运动量或高强度训练之后，需要休息一下，给机体一个恢复和自我修复的时间。此时的高强度训练是指步行速度比平时快，其距离也比平时远。对于新手来讲，难易规则则是隔天训练的规则；而对于经常健步走的高级别健身者来讲，每进行一次高强度训练，则需要在之后进行 1~2 天的恢复（轻松）训练或者休息。

除了上述注意事项之外，制订健步走训练计划还需要考虑到健身场所，这一点需要根据训练时间、训练时长、训练类型进行决定。一般情况下，健身场所包括健身房、跑步机、街道、公园、操场等地方，不同的场地所感受到的风景及感觉各不相同。

2 健身计划表

根据健步走入门程度，将健步走计划划分为入门健步走、初级健步走、中级健步走、高级健步走和专业健步走5种类型。

1）入门健步走计划

入门健步走计划主要针对初级健步走者，其训练强度和距离相对比较小，运动心率为最大心率的55%~70%。对于一些从未进行过健步走的新手来讲，可以根据该计划设计更为轻松且适合自身的运动计划；而中高级健步走者则可以将该计划作为恢复期的训练计划。

在入门健步走计划中，包括12个易于执行的子计划，每个计划的步行距离都是逐渐增加的。在使用该计划进行训练时，可根据运动中的体能情况随时调整步行速度，例如前半程速度根据计划设定进行，后半程如果感觉体力很富裕则可以提高步行速度，反之亦然。

训练计划	健步走距离/公里	健步走时间/分钟	总时间（健步走＋热身＋放松）/分钟	运动心率/%	步速/(分钟/公里)
1	1	19~23	29~33	55~65	15.5~18.5
2	1.5	26~31	36~41	60~65	15.5~18.5
3	1	19~23	29~33	55~65	15.5~18.5
4	1.5	25~30	35~40	65~70	15.5~18.5
5	2	26~29	36~39	60~65	12.5~13.8
6	2.5	31~34	46~49	60~65	12.5~13.8
7	3	36~37	51~56	60~70	12.5~13
8	2	25~26	35~36	60~70	12.5~13
9	2.5	30~31	45~46	60~70	12.5~13
10	2.5	27~30	42~45	60~70	11.5~12.5
11	3	32~35	47~50	60~70	11~12.5
12	3.5	36~38	51~53	60~70	11.5~12.5

2）初级健步走计划

对于可以不间断地走完3公里的健步走者，可以进入初级健步走计划了。该计划的训练强度和距离相比入门级有所进阶，其运动心率为最大心率的65%~75%。本计划也包括了12个易于执行的子计划。前两个计划的运动强度相对较低，可被列为初级健

训练计划	健步走距离/公里)	健步走时间/分钟	总时间（健步走+热身+放松）/分钟	运动心率/%	步速/(分钟/公里)
1	2.5	35~38	45~50	65~70	11.5~12.5
2	3	37~40	47~50	65~70	11.5~12.5
3	3	34~38	44~50	70~75	10.5~11.5
4	3.5	38~42	48~52	70~75	10.5~11.5
5	3.5	36~40	46~55	70~75	10~11
6	4	37~38	47~48	70~75	10~11
7	4.5	48~54	58~69	70~75	9.5~10.5
8	5	49~56	59~70	70~75	9.5~10.5
9	5.5	56~65	66~79	70~75	9.5~10.5
10	6	57~63	67~78	70~75	9.5~10.5
11	6.5	60~68	70~75	70~75	9.5~10.5
12	7	63~72	73~85	70~75	9.5~10.5

步走计划的入门训练。初级健步走者也可以根据这两个计划组合设计出更适合自身的入门级计划。

初级健步走计划要求步行中途不可休息，需要始终保持固定的步行速度，例如始终保持每公里 12.5 分钟的步行速度。

3）中级健步走计划

中级健步走计划的运动心率需达到最大心率的 70%~85%，这使健步走者在运动时会感觉到呼吸和心跳加速，但仍可保持边走边讲话的状态，处于“舒适感”范围内的最高界限处。同样，本计划也包括了 12 个易于执行的

训练计划	健步走距离/公里	健步走时间/分钟	总时间（健步走+热身+放松）/分钟	运动心率/%	步速/(分钟/公里)
1	2.5	23~25	33~40	70~80	9.5~10.5
2	3	30~33	40~48	70~80	9~10
3	3.5	32~34	42~49	70~80	9~9.5
4	4	36~38	46~53	70~80	9~9.5
5	4.5	45~47	55~62	70~80	9~9.5
6	3	28~30	38~45	75~80	8.5~9.2
7	3	28~30	38~45	75~80	8.5~9
8	4	33~35	43~50	75~85	8~8.5
9	5	43~45	53~60	75~85	8.5~9
10	5	40~42	50~57	80~85	8.5~9
11	6.5	50~52	60~67	80~85	8~8.5
12	6.5	51~52	61~67	80~85	8~8.5

子计划，初级健步走者可以每周实施1次本计划，用作加强训练；对于中级健步走者可以每周实施3次，或隔天进行一次训练。

在本计划中，可以体会保持步频和速度的感觉；在上坡时需要注意身体前倾是从脚踝处开始，而非从腰部开始前倾，同时将注意力放在脚趾后蹬动作上。

注意:

所有计划中的距离和速度并不是一成不变的，健步走者需要根据体能情况随时调整。例如，可在执行某一计划时，根据距离划分不同的速度段，使用不同的速度进行锻炼。

4）高级健步走计划

高级健步走计划是针对“快速”步行者设定的一种计划，该计划会在步行中出现速度爆发现象。该计划主要用于锻炼健步走者的速度和技术，其运动心率为最大心率的75%~90%。本计划的训练强度相对较大，并不适合每天进行，健步走者可以结合前面几个计划穿插进行练习。对于中级水平的健步走者，可以每周安排1次本计划的练习；对于健身者，可以每周安排1次本计划作为额外的练习。

其实，高级健步走计划是一种间歇性训练计划，要求健步走以具有爆发性的速度极快速地走完一段距离之

训练计划	健步走距离/公里	健步走时间/分钟	总时间（健步走+热身+放松）/分钟	运动心率/%	步速/（分钟/公里）
1	2.5	24~26	35~41	75~80	15~20秒8.5~9.5步速 间隔4~5分钟 10~10.5步速步行休息
2	2.5	23~25	33~39	75~80	30~35秒8.5~9.5步速 间隔4~5分钟 10~10.5步速步行休息
3	3.5	30~32	40~47	75~80	55~60秒8.5~9.5步速 间隔4~5分钟 10~10.5步速步行休息
4	3.5	30~32	40~47	75~80	20~30秒8.5~9.5步速 间隔3~4分钟 10~10.5步速步行休息
5	4	35~36	45~51	75~80	50~60秒8.5~8.7步速 间隔3~5分钟 10~10.3步速步行休息

续表

训练计划	健步走距离/公里	健步走时间/分钟	总时间（健步走＋热身＋放松）/分钟	运动心率/%	步速/（分钟/公里）
6	4.5	41~42	51~57	75~80	50~60 秒 8.5~8.7 步速 间隔 4~5 分钟 9~9.5 步速步行休息
7	3.5	26~28	36~43	75~80	8.5~9.5 步速 间隔 2 分钟 8~8.5 步速 间隔 5~6 分钟 慢速步行
8	4	32~35	42~49	80~85	8.5~9.5 步速 间隔 3 分钟 8~8.5 步速 间隔 6~7 分钟 慢速步行
9	4	32~35	42~49	80~85	8.5~9.5 步速 间隔 3 分钟 8~8.5 步速 间隔 6~7 分钟 慢速步行
10	5	40~42	50~57	80~90	8.5~9 步速 间隔 3 分钟 8~8.5 步速 间隔 6~7 分钟 慢速步行
11	5	36~40	46~55	80~90	8.5~9 步速 间隔 1 分钟 极限步速 间隔 3~4 分钟 慢速步行
12	5	36~40	46~55	80~90	8.5~9 步速 间隔 2 分钟 极限步速 间隔 1 分钟 8~8.5 步速

后，转换为相对较慢的速度来平缓呼吸和心率，然后再继续以爆发性的速度快走，再次转换为较慢的速度，直至结束训练。

5）专业健步走计划

对于专业健步走者来讲，无论是每周训练 4 次还是 3 次，无论每次训练的距离是 5 公里还是 10 公里，时间长了体能都会适应其现有的运动强度，因此需要每周为自己施加一次训练压力，刺激身体机能并促使身体适应新的运动强度。

专业健步走计划属于超长时间的长途健身训练方案，其运动心率为最大心率的 75%~95%，重点训练内容为步行距离，一次训练的距离应占周距离的 25%~35%，其健步走的步行速度应该达到 9~9.5 公里 / 分钟。

训练计划	健步走距离 / 公里	健步走时间 / 分钟	总时间（健步走 + 热身 + 放松）/ 分钟	运动心率 /%	步速 /（分钟 / 公里）
1	5	43~45	53~60	75~80	9.3~9.5
2	5.5	45~50	55~65	75~80	9.3~9.5
3	6.5	55~60	65~75	75~80	8.5~9.5
4	7	60~65	75~80	75~80	8.5~9.5
5	8	68~70	78~85	80~85	8.5~8.7
6	9.5	85~90	95~105	75~80	8.5~9.5
7	10	80~85	90~105	75~95	8~8.5
8	11	90~105	100~115	80~85	8~9
9	15	120~140	130~155	75~95	8~9
10	16	130~140	140~155	80~85	8~8.5
11	17.5	140~150	150~165	80~85	8~8.5
12	21	155~180	165~195	80~95	7.5~8.5

注意:

在距离较长的健步走中，特别是健步走比赛中，为了避免“撞墙”情况的出现，需要及时补充碳水化合物和水分。

7.3 徒步走

徒步是户外运动最为典型和普遍的一种，不同于散步，也非体育竞赛中的竞走项目，其速度介于散步与健步走之间。由于短距离徒步活动比较简单，不需要过于专业的技巧和装备，因此也被认为是一种休闲的体育活动。

1 初识徒步

徒步是指有目的地在郊区、农村或者山野间进行中长距离的走路锻炼，其典型的徒步活动包括远足、徒步旅行和野外穿越等。由于徒步的距离相对较远、场地崎岖不平且伴有游玩的因素，因此其速度要比健步走慢一些，一般步行速度介于每分钟 90~120 步。

随着健康意识的逐年增长，越来越多的人加入到徒步运动中。其中，一些徒步者会严格遵从户外的定义，通过不同的场地进行高强度的徒步运动，既挑战了自我极限，又锻炼了肌肉和心肺功能。很多的徒步者更喜欢远足带来的自由及随时可停下欣赏风景的喜悦，这也是徒步的魅力所在。

徒步运动最早来源于欧洲阿尔卑斯山脉处，一开始只是作为一种休闲方式，后来演变为一种运动方式，并被越来越多的人所接受。徒步运动可以看成步行、攀岩及有氧健身的组合形式，与其他运动一样，也具有独特的规则和技巧。

徒步根据穿越区域的不同，可分为城郊、乡村、山地、丛林、沙漠荒原、雪原冰川、峡谷、平原、山岭、长城、古道、草地、环湖、江河等很多分类。

徒步根据距离的不同，可分为短距离、中距离和长距离 3 种类型，其中 15 公里内为短距离徒步，15~30 公里为中距离徒步，30 公里以上为长距离徒步。另外，还有一种超长距离，其距离超过 100 公里，但极少人可以达到这种程度。

徒步穿越是指在徒步区域里依靠徒步去完成指定的穿越里程，是集登山、攀岩、漂流、溯溪、野外生存于一体的户外运动，这种运动的野外综合技能要求比较高，其过程中可能需要跨越山岭、丛林、沙漠、雪原、溪流、峡谷等地貌。由于徒步穿越富于求知性、探索性、不可预见性等特点，因此要求穿越者必须掌握相关野外生存知识与技能，以应对千变万化的野外情况。

1）徒步物品清单

徒步爱好者和户外爱好者一样，也被称为“驴友”。在进行长距离的徒步中，需要准备专门的徒步鞋以保护脚底，而一些强制体能的徒步运动还会要求徒步者负重10~15公斤的物品。一般情况下，徒步者需要准备下列物品。

- 涉水用到的凉鞋。
- 劈荆棘开道用到的弯刀。
- 对付攻击性昆虫的灭害灵。
- 用于保护相机等电子设备的方便袋。
- 用于照明的手电筒。
- 用于照明、取暖等的打火机。
- 创可贴等一些常备药品。
- 用于盛放衣服的背包。
- 速干衣裤或长袖及防晒物品。
- 用于保护脚底的徒步鞋。
- 用于协助徒步的登山杖。
- 用于照明的头灯。
- 用于盛放垃圾的塑料袋。
- 用于辨别方向的指南针。
- 用于徒步的地图。

2）徒步的益处

徒步与健步走一样，经常参与该类型的运动不仅可以强身健体，而且还可以改善心血管系统、提高呼吸肌功能、降低血液中的胆固醇含量、避免高血压发生等。除此之外，徒步运动还包括下列7种益处。

- 有益大脑　徒步运动可以促进内啡肽的释放，从而使人感觉到神清气爽、心情愉悦。
- 提高心肺功能　徒步可以增加最大通气量、增强横膈肌肉强度、缓和慢性肺气肿和支气管炎的症状。
- 改善腰部力量　因为徒步时腰椎间盘所承受的压力与站立时差不多，因此不仅可以有效保护腰椎间盘避免受伤，而且还可以加强背肌以巩固脊柱。
- 加强骨骼健康　徒步时可以对骨骼施与重量训练，从而让身体更多地吸收钙质，对抗骨质疏松。
- 缓解压力　由于徒步需要在不同的场地进行，因此可以领略到沿途不同的风景，从而促使徒步者走出心理的阴霾，在舒筋活络的同时促使心情更加畅快，达到缓解压力的目的。
- 塑体减肥　徒步运动可以消除多余脂肪，同时还可以促使全身的肌肉和肌腱积极地参与到运动中来，从而可以有效地锻炼小腹、匀称小腿和加强臀部肌肉。
- 排出有害物质　徒步可以排出人体代谢中所产生的有害物质（自由基），避免破坏人体细胞膜、溶解人体正常细胞，以及有效避免引起人体组织的衰老甚至变异情况的出现。

2 徒步规则与技术

徒步行走是一种全身运动，并非单纯的腿部运动，而是需要通过摆臂平衡身体及调整步伐。在徒步开始阶段，可以维持平缓的速度行走 5~10 分钟，以预热身体各部分，使身体适应运动旋律。然后，加快行走步伐，并控制步行节奏，尽量保持一个速度，切勿时快时慢，其运动心率应控制在每分钟 120 次左右。另外，还应采用腹部深呼吸，全脚掌触底并从脚跟过渡到脚尖，背部挺直并沉肩。

1）徒步注意事项

徒步队员之间应该保持一个合理的距离，避免出现因一人暂停而影响其他队员的情况。一般情况下，队员和队员之间应保持 2~3 米的距离，当需要暂停时尽量靠右侧停留；其停留时间在白天不应超过 10 分钟或 200 米距离，在夜间不应超过 5 分钟或 20 米距离，以免跟丢队伍。

当行走过程中遇到上坡道路时，身体应稍向前倾，重心置于脚掌前部。当遇到下坡道路时，身体稍微下垂，降低重心并将重心置于后脚掌部。对于坡度较大的道路，应走“之”字形，尽量避免直线上下。当手部需要攀拉石块、树枝、藤条等物体时，一定要先试拉一下查看其承力情况。

徒步休息一般使用长短结合的方法，短多长少。短时间休息应保持站立休息、调整呼吸且不要卸掉背包，时间尽量控制在 5 分钟之内；长时间休息时应卸下背包，先站立休息 2~3 分钟再坐地休息，其休息时间不宜超过 15~20 分钟，每次休息间隔最佳时间为 60~90 分钟。

注意:

休息应采取主动、积极的休息原则，定量按时放松，而不是躺下休息那么简单，以确保可以完成长距离的徒步路程。

在徒步时，一定要带够足量的水，具体水量应根据天气情况和自身情况而定，宁多勿少，一般情况下每人每天约需要 3 升的水。如果途中遇到溪流、湖塘等而水源需要补水时，应仔细观察水源是否被污染，然后取水并通过沉淀、过滤、离析、煮沸等方法处理方可饮用。

徒步中的补水与休息一样，必须为主动补水，少量多次补给水分，每次饮用两三小口为宜，切勿等口渴了再补给水分。如果感觉口渴得厉害，可以缩短补水间隔时间，增加补水次数，切勿一次补水过多，以免给心脏造成负担，一般情况下大概为 15 分钟补给 250CC。

徒步过程中应时刻关注身体脱水症状，严防补水不足造成脱水。正常徒步时间内排尿应该为 4 小时一次，可通过观察尿液的颜色来辨别脱水症状。尿液呈深黄色、微感口渴且心率正常表示轻度脱水；尿液呈暗黄色、口内黏膜干燥、感觉口渴，脉搏速度加快且很弱表示中度脱水；无尿液、脸色苍白、呼吸急促、口渴昏睡，且心率快而无力、很弱，表示重度脱水。

2）徒步节奏

徒步过程中，最为重要的环节是保持自己的节奏，在固定的步幅和频率上步行。若被别人落下，也不要盲目地着急追赶，需要缓慢提升步行速度以适应新的节奏。一般情况下，按照体能状态，徒步节奏可以分为下列5个阶段。

- 初步兴奋期　该阶段为徒步的初始阶段，此时体能和精神状态都处于优良状态，步行速度相对较快，建议将比较艰难的路段安排在该阶段内进行。
- 假性疲劳期　初步步行阶段后半小时至一小时左右，徒步者会感觉到有些“疲劳”，但这种疲劳为假性疲劳；此时，徒步者切勿停留休息，可继续步行，坚持渡过这段假性疲劳期便可以进入状态良好期。
- 状态良好期　假性疲劳期坚持过去之后，身体重新激活，进入状态比较良好的阶段。该状态一般可保持2~3小时，可以支持徒步者完成大部分路程。
- 体力消耗期　渡过状态良好期之后，徒步者的体能几乎被消耗尽了，此时应该充分地休息一下，避免进入体力透支期。徒步者最好在体力消耗期阶段之前完成当天的徒步距离，否则将会变得非常痛苦。
- 体力透支期　体力透支之后，徒步者继续前进时主要依靠顽强的意志力，咬牙拖着肌肉麻木的身体继续前行。在这种状态下，人体肢体的控制能力会变得非常差，步行动作也会处于非常不协调的状态中；长时间在这种状态下步行，不仅会增加步行的危险性，也会增加受伤的风险性。

在上述5个阶段中，初步兴奋期至体力消耗期这4个阶段为一个良性循环期，可保证徒步者以最佳的状态完成整个徒步计划。但是，如果达到第5个阶段，那么良性循环将会被打断，这是因为体力透支后的恢复需要很长时间，因此徒步者会进入到一个恶性循环中，从而导致徒步计划无法按照预计那样完美地继续执行下去。

3）徒步技术

徒步，对于很多人来讲，认为和平常的散步并没有什么不一样，不都是走路吗？其实不然，连续徒步4小时以上，最先抗议的是腿部的肌肉，随之而来的是精神状态的下降，以及口渴和瞌睡现象的到来。为了可以保持长久不疲倦的徒步状态，需要了解并掌握下面 4 点徒步技术。

- 步幅　在徒步过程中，徒步者需要一种持久力，因此步行过程中应以小步幅步行为主，充分利用腿部肌肉的韧性，达到持久走路的目的。
- 呼吸　徒步与慢跑一样，也需要调整呼吸节奏，尽量保持呼吸与步频相协调，例如，走三步一吸，再走三步一呼。如果暂时无法控制呼吸的节奏，则可以强迫自己呼吸，也就是大口地吹气；吹气过程中不要太过盲目用力，避免造成肺部和肋间肌拉伤。
- 肌肉　只有让徒步处于有氧运动范围内，才可以使徒步变得更具有节奏性。在上下坡时，尽量调动更多的肌肉参与到运动中来，让肌肉承担更多的压力，以减少骨骼和关节的负担。
- 休息　徒步过程中需要合理地安排休息时间和间隔，适时补充体能。休息时需要进食可以马上转化成能源的糖分和水分，及时补充体能，以求尽快恢复体力。休息过程中切勿脱掉鞋子，因为长途行走会使双脚稍微发胀，脱下后再穿上鞋子会很痛苦。

注意:

徒步过程中如果双脚发生水泡，需要先用热水烫脚 5~10 分钟，然后消毒并穿刺水泡引流脓水，切勿剪掉泡皮，防止感染。

3 徒步计划

随着科技的发展，徒步正被越来越多的人所接受，为了顺应“驴友”的需求，互联网也出现了徒步移动互动平台以及 APP，帮助驴友们查找徒步路线、制订徒步计划及查看活动发布等。虽然科技如此发达，路线和计划都一应俱全，但这些计划并非完全适用于每一个人。因此，为了达到一个良好的徒步状态和体能，还需要根据自身健康和体能情况，量身定制属于自己的徒步计划。

下面根据健步走计划组合制订了分别应对初级水平、中级水平和高级水平 3 种水平共 6 种徒步计划。徒步者也可以根据下面的徒步计划，通过组合和修改制订完全贴合自身需求的计划。

1）初级水平徒步计划

初级水平徒步计划建议每周进行 2~3 次训练，每次训练间隔为一天，每周的徒步距离建议介于 3~15 公里。初级水平徒步相对简单的计划，如下表所示。

周次	周一	周二	周三	周四	周五	周六
1	入门健步走计划 4		入门健步走计划 5			入门健步走计划 7
2	入门健步走计划 6		入门健步走计划 9		入门健步走计划 7	
3	入门健步走计划 9			入门健步走计划 11		初级健步走计划 1
4		入门健步走计划 12		初级健步走计划 1		初级健步走计划 2

初级水平徒步相对难一点的计划，如下表所示。该计划表不适合从未参加过运动锻炼的人，进行该计划之前必须已经进行了几周的徒步训练，并且徒步距离超过了 2 公里。

周次	周一	周二	周三	周四	周五	周六
1		入门健步走计划 11		入门健步走计划 12		初级健步走计划 6
2	入门健步走计划 7		入门健步走计划 12			专业健步走计划 1
3		入门健步走计划 2		初级健步走计划 3		初级健步走计划 7
4	初级健步走计划 6			初级健步走计划 4		专业健步走计划 1

2）中级水平徒步计划

中级水平徒步计划建议每周进行 3~4 次训练，其每周的徒步距离建议介于 15~30 公里。中级水平徒步相对简单的计划，如下表所示。

周次	周一	周二	周三	周四	周五	周六
1	初级健步走计划 7		初级健步走计划 8	初级健步走计划 1		专业健步走计划 3
2		中级健步走计划 5		中级健步走计划 11	中级健步走计划 1	专业健步走计划 4
3	中级健步走计划 5		中级健步走计划 4			专业健步走计划 5
4		中级健步走计划 4		初级健步走计划 9	初级健步走计划 11	中级健步走计划 9

中级水平徒步计划相对难一点的计划，如下表所示。该计划主要用于帮助徒步者加强肢体力量。对于高级徒步者来讲，可以采用 1~2 周本计划表内的计划用于休息期的调整训练。

周次	周一	周二	周三	周四	周五	周六
1	初级徒步走计划 10		高级徒步走计划 3	中级徒步走计划 5		专业健步走计划 5
2	初级徒步走计划 11	高级徒步走计划 5	中级徒步走计划 4	中级徒步走计划 5		专业健步走计划 7
3	中级徒步走计划 8			初级徒步走计划 12		专业健步走计划 6
4	初级徒步走计划 10		初级徒步走计划 11			中级徒步走计划 10

3）高级水平徒步计划

高级水平徒步计划建议每周进行 5~6 次训练，两次训练之间的强度避免过大，每周的徒步距离建议介于 30~50 公里。高级水平徒步相对简单的计划，如下表所示。

周次	周一	周二	周三	周四	周五	周六
1	中级徒步走计划 12	专业健步走计划 3		高级健步走计划 5	初级徒步走计划 9	专业健步走计划 6
2	中级徒步走计划 5	高级健步走计划 8	初级徒步走计划 12	初级徒步走计划 11	中级徒步走计划 11	专业健步走计划 8
3	初级徒步走计划 10	中级徒步走计划 5	专业徒步走计划 5		初级徒步走计划 9	专业健步走计划 9
4		专业健步走计划 5	高级健步走计划 6		初级徒步走计划 12	专业健步走计划 6

高级水平徒步相对难一点的计划，提高了徒步的总距离，如下表所示。在执行该计划中，徒步者也可以通过参加半程马拉松比赛，进行一次高强度的训练。

周次	周一	周二	周三	周四	周五	周六
1	专业健步走计划 5	中级健步走计划 5	专业健步走计划 5		专业健步走计划 5	专业健步走计划 8
2	中级健步走计划 11	专业健步走计划 6	高级健步走计划 9	初级健步走计划 12		专业健步走计划 10
3	高级健步走计划 9	专业健步走计划 6	初级健步走计划 9	专业健步走计划 5	初级健步走计划 12	专业健步走计划 8
4	初级健步走计划 11	高级健步走计划 5		入门级健步走计划 12		专业健步走计划 12

第 8 章　开始跑步

跑步是日常最为方便的一种体育锻炼方法，也是有氧呼吸中最为有效的运动方式。坚持跑步的跑者在不知不觉中会形成独特的身型及肌肉纤维的构成，这是跑步运动带来的独特魅力。但是，对于一般人群来讲，若要取得更高效率的跑步体验，在开始跑步之前，需要先调节身体的各个组成部分，以及了解跑步的理论基础、认识并使用不同的训练方法和训练工具，再来制订健全的训练和恢复计划，以达到在健康且无运动损伤的状态下跑得更快、更长久这一健身目的。

8.1 跑步准备

跑步之所以被大众所接受，原因在于它的简单性，人们只需穿上运动鞋，走出门便可以跑步了。同样，跑步也是枯燥的，一遍又一遍地重复相同的动作，唯一不同的是速度的快慢、体力消耗的大小及运动场地的变换。其实，跑步并不是一项看似简单的运动，它与其他运动一样，也具有训练的原则和规则。其不同的训练方法锻炼出的肌纤维也不尽相同，因此选择符合自身的跑步方法，才会使看似简单的跑步运动变得更具有意义、更具有训练的目标性。

1 了解跑步方法

跑步方法是指符合自身健身或锻炼的一种切实的跑步目的，它有别于训练计划，所关注的不仅是训练中的态度和经验，更多的是关注所要取得的健身目标及生活方式的调整过程。例如，一个参加过马拉松比赛的跑步者与一个只关注健康的跑步者，他们之间所选择的跑步方法是截然不同的。因为两者所关注的跑步时间和训练强度等各因素皆不相同，不同的跑步者在选择跑步方法时，必须关注比赛性、时间性和持续性这 3 个跑步因素，再通过这 3 个跑步因素来选择适合的跑步方法。

明确了跑步目的，也就相当于选择了跑步方法，此时跑步者便可以根据自身需求来设计跑步计划及训练原则了。无须从具体细节入手计划及训练原则（例如首先考虑跑步速度、跑步强度、核心力量训练及拉伸和热身运动等），而应该考虑跑步的最终目标是要实现什么。确定实现目标之后，便可以贴合实际来评估每天或每周所能投入到跑步训练中的时间和精力是多少，以提高目标实现的概率。

1）比赛性

所有跑步者在开始跑步之前，首要问题便是确定跑步的目的，也就是你为什么跑步？是为了参加马拉松等各种比赛而跑，还是为了健康或减肥而跑，只有确定了跑步目的，才可以真正地开始跑步。

对于跑步只是为了健康、为了减肥、为了缓解压力的跑步者而讲，可以制订一个全方位的跑步计划。该计划中可以穿插一些抗阻力训练、交叉训练或节奏跑、长距离跑等运动方式。这类跑步者的计划也更为灵活，因为他们无须为了参加比赛而去适应各种训练强度和场地。除此之外，由于不用参加比赛，其训练强度和训练量无须太大，从而避免了训练中的一些损伤，确保了运动的安全性。这种类型训练强度，会让跑步者感觉自己身体更加强壮、肌肉更有弹性、精神更加饱满、精力更加充沛，而不会出现疲劳的感觉。

对于跑步目的是参加各类跑步比赛并能达到完赛目标的跑步者而讲，需要制订一个全面的训练计划或跑步量更大的训练计划，无论哪种计划都需要执行比赛专用训练方法。专用训练方法中，包括模拟赛、固定距离、相同训练时间、目标配速、加速训练、减量训练等一些训练内容，并需要制定合理的训练周期，以适应比赛。

对于跑步是为了参加各类跑步比赛并想赢得比赛的跑步者而讲，需制订包含大运动量和高强度的训练计划。该类型的训练计划需要长时间地坚持，不能间隔，在执行过程中通常会挖掘身体的潜力；同时也会降低训练的灵活性，以及增加运动损伤和疲劳度。

2）时间性

在制订训练计划时，首先应当考虑计划的执行时间是否可靠。也就是说，跑步者必须在计划规定的时间内完成跑步训练。在制订计划之前，需要选择一个与工作、社交、日常活动及家庭生活不相冲突的时间作为跑步时间。例如，对于一些上班时间比较晚且日常工作比较烦琐的跑步者而言，选择晨跑是最为理想的时间选择之一。若一开始制订计划时，无法选择一个更为妥帖的跑步时间，那么在将来执行计划时将会处于两难的选择之中，从而会导致计划半途而废。

为了达到跑步目标，一定要多预留出一些跑步时间。例如，如果计划跑步 50 分钟，那么更换衣服、做一些准备活动大概需要 15 分钟左右，而跑后拉伸和更换衣服又会需要 20 分钟左右，如此下来总共需要 85 分钟左右的时间。因此，在制订跑步计划时，一定要根据自身情况来设定跑步时间，并需要量力而为，不要勉强自己，以避免造成厌跑的情绪。

3）持续性

持续性是指所制订的跑步计划可以长久地坚持下去，而不会因为强度和训练量过大造成半途而废。另外，强度和训练量过大还比较容易造成运动损伤、生病及极度疲惫，当身体无法承受之日，也是计划流产之时。除此之外，并不是跑了几天、几周或几个月就能看到预期的运动效果；相反，往往需要几年的时间才能达到预期效果，因此对于跑步者而言，不要跑得太着急，也不要存在过高、过快的期望。

不管跑步者的年龄多大，只有在可控的程度上坚持跑步、持续跑步，才可以看到身体、心情、健康等方面的改善。因此，在选择跑步方法和制订训练计划时，一定要明智地进行，以使跑步成为生命中每一天都必不可少的内容之一，就像吃饭、睡觉和工作一样普通与不可或缺。

2 跑步原则

了解了跑步方法之后，跑步者便可以着手准备制订跑步计划了。但在准备制订跑步计划或开始跑步之前，还需要先了解跑步中的一些不可打破的原则，以避免不必要的损伤。

- 遵循身体状况　每个人都有独特的身体状况，包括生理和身体潜质两个方面，因此在制订跑步计划和选择跑步方法时，需要根据自己独特的身体状况进行选择，切勿使用他人的方法进行训练。
- 遵循健康状况　需要明确当前自身的健康情况，使跑步训练计划适宜，杜绝过度训练，以避免受伤、生病和疲惫而对身体造成的损害。
- 注重跑步过程　所有的目标只是一个指示灯，指引跑步者去完成；因此跑步者不必太过重视跑步结果和目标的完成，只要不断进取，持之以恒，其自身健康情况便会得到改善，这便是成功的训练方法。
- 遵循 10% 准则　建议跑步者遵循每周增加运动量不超过 10% 这一准则，对于真正跑步者来讲，该准则无法准确地反映其训练情况，此时还需要遵循三周准则。
- 遵循三周准则　建议跑步者遵循每次大幅度增大运动强度之后需要调整三周时间，三周之后再次增大运动强度，以使机体可以适应大运动量的训练。
- 遵循强弱准则　建议跑步者遵循高强度 - 低强度交叉式的训练准则，也就是高强度训练几天后紧接着进行几天的低强度放松训练。

- 必备热身运动　跑步之前需要进行10~15分钟的热身运动，以充分活动全身肌肉，使机体可以适应高强度的训练。
- 交叉训练准则　不同的训练方法会锻炼到不同的肌纤维，跑步者可以通过增加跑量来锻炼慢肌纤维，通过速度训练来锻炼快肌纤维。
- 遵循重复训练准则　在跑步者进行重复跑时，需要预留出一公里左右的跑量，以避免过度训练。例如，在重复跑过程中，跑步者感觉还可以再多跑半公里或一公里时便停止训练。
- 遵循精准准则　精准准则是指跑步者所选择的运动项目一定要与参与的比赛项目保持相近性，例如对于参加马拉松跑的跑步者而言，游泳和自行车运动虽然有效，但却无法增加跑步的专业能力。
- 遵循双倍原则　双倍原则是建议跑步者每天进行2次跑步训练，达到增加运动量的目的，以增强生长激素等机体益处。
- 切忌过度训练　对于跑步者而言，宁可感觉训练不够也不可过度训练。因为训练不够可以在下一次训练进行改善，而训练过度不仅会造成一些运动损伤，还会为跑步者造成心灵创伤，往往需要长时间进行自我修复与调整。

在跑步的过程中，机体也需要一定的时间对跑步者的身体进行塑造。因此，持之以恒的、科学的跑步方法是最容易产生效果的训练方法。只通过一次跑步、一周跑步甚至一个月的跑步，无法释放自身潜力，同样也无法塑造跑步型身体。

运动训练没有捷径，只有坚持并配备一套合理的训练计划，才可以达到健身的目的。当然了，过度训练不可取，魔鬼训练也不可取，即使热情高涨的训练营同样不可取，唯一可取的便是一份完全可以融入生活并可以持之以恒的跑步方法和训练计划。

3 易犯的跑步错误

对于跑步而言，无论跑步者跑步的目的是什么，必须经历一个累积的过程，才可以达到预期的目标，三天打鱼两天晒网的做法并不能使跑步者更加健康。因此，制订一个可以坚持跑下去的计划至关重要。同时，跑步者也需要时刻根据身体的反馈，来调整或修改训练计划，以避免不必要的运动损伤。除了合理地制订训练计划之外，跑步者还需要警惕进行错误的训练方法，避免破坏前期所制订的训练计划及训练目标。一般情况下，初级跑步者最容易犯以下8类错误。

1）跑步起步过快

跑步开始起步过快，容易影响跑步计划。如果起跑过快，机体会错误地认为你是在进行快跑，从而启动适应快跑运动的生物系统，并调用快肌纤维，不仅会影响跑步距离，而且有可能导致跑步计划泡汤。因此，对于初级跑步者而言，跑步需要循序渐进，先以慢速度起跑，逐渐加速至合适速度。

2）中间跑

中间跑法是介于轻松跑与速度跑之间，这种跑法既无法获得轻松跑的愉悦感，也无法达到速度跑的训练强度。使用中间跑法的跑步者，大部分是为了满足跑步的心理需求，而忽视了跑步的强度训练及跑步的目的。坚持中间跑法一段时间后，跑步者会发现在耐力跑中，不仅感觉非常累，而且还很难超越当前的成绩。

3）限速跑

限速跑可以视为为了追求公里数而跑的一种跑步方法，在该类型的跑步方法中跑步者为了完成制定的公里数通常会限制跑步速度。长期进行限速跑不仅会导致快肌纤维的功能低下，而且还会出现肌肉缓冲能力下降及酸中毒概率过大等一些副作用。因此，合理的跑步训练中，应该包含速度训练。

4）间隔短

跑步训练计划中的间隔时间如果设定得太短，那么机体的恢复时间则会明显不足，在跑步过程中所破坏的肌纤维和结缔组织无法得到及时恢复，其消耗的能量存储和激素也无法及时补充，从而使机体感觉特别疲惫。一般情况下，高强度训练需要 2~4 天的恢复时间，对于年龄比较大的跑步者而言则需要双倍的恢复时间。

5）不调整训练

一些跑步者从始至终使用一套训练计划，中途不会调整训练，即使遇到一些影响跑步训练的过敏、疲劳等因素也不会进行调整。如此一来，势必造成训练疲劳和枯燥感，以至于造成过度训练。因此，训练计划中安排一些相应的计划调整，会使跑步训练事半功倍。

6）习惯使用传统训练

一些跑步者习惯使用传统的训练项目，而一些传统的训练项目过于老式化，即便不适合于目前使用，但他们仍然照常遵循这套训练方法。例如，五年前或十年前自己针对身体健康情况而制订的计划，到目前仍然使用，而不顾及自身健康、年龄、机体应变能力的变化，久而之久便会造成一些不必要的损伤，从而造成跑步训练的流产。

7）忽略损伤

对于坚持跑步的一些跑步者来讲，发生运动损伤的概率很大，而一些跑步者会忽略这些问题或者不将这些问题作为预防手段，从而造成一些不必要的运动损伤。因此，不管是新跑步者还是老跑步者，都需要积极安排预防损伤的一些常规练习，以避免不必要的运动损伤及损伤所带来的负面影响。

8）欲速而不达

欲速而不达是指一些基于健康为目标的跑步者，不顾当前身体的健康情况，只想快速达到健身目标的一种过度自损情况。也就是说，这些跑步者不会基于当前身体的健康情况制订合理的训练计划，而是制定了超越现在健康身体所能承受的训练强度，不仅无法达到跑步健身的目的，而且还会自损当前的健康身体。因此，针对所有的跑步者，都应当选择一种适合自己健康状况的跑步方法。

8.2 跑步练习

跑步练习可以增强不同的肌肉纤维，从而达到强身健体的目的。针对不同的人群，其跑步练习的起始方法也各不相同。例如，对于新手或体重过大的跑步者来讲，需要先从步行开始练习，逐渐过渡到正常跑步。下面将详细介绍不同的跑步练习方法，以供不同级别的跑步者选择起始跑步方法。

1 步行

步行是针对刚刚参加跑步、体重过大及重伤恢复的人群，该方法是训练跑步肌肉中慢肌纤维的最佳方法，包括轻松步行和健步走两种练习方法。

1）轻松步行

轻松步行类似于日常中的散步，它是唯一能终身坚持的运动方式，并且是一种安全的、适量的运动，适用于体重过大、重伤恢复和跑步新手。在轻松步行过程中，应该全身放松，调匀呼吸，使呼吸平静而缓和，抬头挺胸收腹，目视前方，两臂自然摆动，步伐稳健，身体重心落在脚掌前部。

轻松步行需要每天坚持1~2次，每次坚持30分钟以上，每周最少步行5次，其运动时的心率应控制在（170- 年龄）/ 分钟。一般年老体弱者每分钟可步行60~70步，而男性每分钟可步行 80~90 步，女性每分钟可步行 70~80 步，速度较快的每分钟可步行 120~130 步，接近健步走的级别。

2）健步走

健步走是一项以健康为目的，讲究姿势、速度和时间的一项步行运动，其速度介于轻松步行与竞走之间，适用于跑步新手。健步走的姿势易于掌握，不易发生伤害，不受年龄、时间和场地的限制。整个运动过程中，慢肌纤维所占用的比例略高，是锻炼慢肌纤维的有效运动方式之一。

健步走速度的快慢是决定锻炼效果的关键因素，速度因人而异，可分为慢步走，每分钟 70~90 步；中速走，每分钟 90~120 步；快步走，每分钟 120~140 步；极快速走，每分钟 140 步以上。其步行的速度需要根据自身的体能状态而定，每天快走 30~40 分钟，走到微微出汗的状态最好。另外，每周需要坚持运动 5 次，这样长此以往才能见到运动效果。

2 交替跑

交替跑是指两种以上方式的运动交替进行的一种跑步练习，包括步行 / 慢跑、慢跑 / 轻松跑、轻松跑 / 冲刺跑交替等练习方法。下面将详细介绍每种交替跑的具体练习方法、技巧与注意事项。

1）步行 / 慢跑

健步走一段时间之后，跑步者便需要进阶到步行 / 慢跑交替跑练习阶段了，全面锻炼慢肌纤维，其练习时间应保持在 20~40 分钟，适用于跑步新手。

步行 / 慢跑练习其实就是慢跑间隔步行的一种跑步练习方法，从步行逐渐转换到慢跑，慢跑一段时间然后开始步行，再从步行转换到慢跑的状态，如此周而复始。该练习方法应先从步行开始，转换为慢跑后其慢跑速度应该以一个比较舒服的速度进行。如果在慢跑过程中感觉到呼吸明显急促，则应该减慢速度直至步行的速度。其中，步行将作为慢跑的恢复时段。

2）慢跑 / 轻松跑

慢跑 / 轻松跑是慢跑间隔轻松跑的一种跑步练习方法，适合跑步新手，也是塑造特定慢肌纤维力量的一种有效练习方法。该练习方法是慢跑与轻松跑交替进行，慢跑是最低强度的跑步，轻松跑为一种非常轻松的跑步方式，其运动强度还达不到急促喘气的地步。轻松跑可以锻炼身体肌肉，为进阶下一个级别的跑步奠定基础。慢跑 / 轻松跑练习应该保持在 20~40 分钟，无须在乎速度，只需保证腿部的运动即可。

3）轻松跑 / 冲刺跑

轻松跑 / 冲刺跑是轻松跑间隔竭尽全力冲刺跑的一种跑步练习方法。这种交替练习方法可以使用更多的慢肌纤维，并可增强中间型肌纤维，适用于跑步新手和中级跑步者。

在进行交替跑之前需要先进行 10~15 分钟的慢跑 / 轻松跑，为轻松跑 / 冲刺跑做好准备。然后开始轻松跑与冲刺跑的交替练习，该练习需要持续 1~3 分钟，其时长需要根据自身体力和健康程度而定。

3 轻松长跑

经过轻松跑 / 冲刺跑交替练习之后，便可以进入轻松长跑了。轻松长跑是轻松跑的一种延伸，这种练习方法既可以增强慢肌纤维，又可增强中间型肌肉纤维，适用于所有级别的跑步者。在进行轻松长跑时，需要以一定的配速作为参照标准支持轻松长跑。

轻松长跑，顾名思义就是跑起来比较轻松，它最为直接的标准是可以一边跑一边进行简短交谈，达不到呼吸急促的地步。对于已经参加过 5 公里比赛跑的跑步者来讲，可以根据 5 公里的比赛时间选用下表中的配速标准进行轻松长跑。轻松长跑的最终标准还需要通过身体的“反馈”进行调整，如果执行一个配速范围跑完之后，毫无疲惫感，则可以继续或升级配速范围。

注意:

配速范围只是一种轻松长跑的建议，具体配速范围需要根据自身的健康、跑步经验、疲劳程度及天气等因素进行调整。

单位：分钟

5 公里比赛时间	每公里配速	5 公里比赛时间	每公里配速	5 公里比赛时间	每公里配速
14:00	4:20~5:00	20:30	6:04~6:59	29:00	8:11~9:22
14:30	4:28~5:10	21:00	6:11~7:08	30:00	8:26~9:37
15:00	4:36~5:19	21:30	6:18~7:16	31:00	8:40~9:53
15:30	4:44~5:29	22:00	6:26~7:25	32:00	8:54~10:09
16:00	4:52~5:38	22:30	6:34~7:34	33:00	9:08~10:24
16:30	5:00~5:47	23:00	6:41~7:42	34:00	9:22~10:40
17:00	5:08~5:56	23:30	6:49~7:51	35:00	9:36~10:55
17:30	5:16~6:05	24:00	6:57~7:59	36:00	9:50~11:10
18:00	5:24~6:15	24:30	7:05~8:08	37:00	10:04~11:25
18:30	5:32~6:24	25:00	7:12~8:16	38:00	10:17~11:40
19:00	5:40~6:32	26:00	7:27~8:33	39:00	10:31~11:54
19:30	5:48~6:41	27:00	7:42~8:49	40:00	10:44~12:09
20:00	5:56~6:50	28:00	7:57~9:05	41:00	10:58~12:23

4 长跑

长跑的要求速度要比轻松长跑快一些，但仍需保持可以交谈的状态，绝大多数的跑步者使用这种跑步练习方法，该方法适用于所有级别的跑步者。长跑与轻松长跑一样，也需要一定的配速，详细配速参见下表中的配速范围。切记不可使用太快的速度进行长跑，以避免过度劳累及运动损伤。长跑的最终标准需要通过身体的“反馈”进行调整，如果执行一个配速范围跑完之后，毫无疲惫感，则可以继续或升级配速范围。

单位：分钟

5 公里比赛时间	每公里配速	5 公里比赛时间	每公里配速	5 公里比赛时间	每公里配速
14:00	3:45~4:20	20:30	5:17~6:04	29:00	7:12~8:11
14:30	3:52~4:28	21:00	5:24~6:11	30:00	7:25~8:27
15:00	3:59~4:36	21:30	5:31~6:19	31:00	7:38~8:40
15:30	4:06~4:44	22:00	5:38~6:27	32:00	7:52~8:54
16:00	4:14~4:52	22:30	5:45~6:35	33:00	8:04~9:08
16:30	4:21~5:00	23:00	5:52~6:42	34:00	8:17~9:22
17:00	4:28~5:09	23:30	5:58~6:50	35:00	8:30~9:36
17:30	4:35~5:17	24:00	6:05~6:57	36:00	8:43~9:50
18:00	4:42~5:24	24:30	6:12~7:05	37:00	8:55~10:04
18:30	4:49~5:32	25:00	6:19~7:12	38:00	9:08~10:17
19:00	4:56~5:40	26:00	6:32~7:27	39:00	9:21~10:32
19:30	5:03~5:48	27:00	6:46~7:42	40:00	9:34~10:45
20:00	5:10~5:56	28:00	6:59~7:57	41:00	9:46~11:00

5 跨步跑

跨步跑通常作为热身跑的一部分，是强度跑的一种类型，主要用于锻炼中间型肌纤维，适用于所有级别的跑步者。

跨步跑是“快速”跑步的一种延伸跑，它的速度比“快速”跑还要快。此处的“快速”跑不等于竭尽全力的跑，因为它有别于短跑，其速度取决于最近5公里比赛的成绩，并以5公里的配速进行跨步跑练习。

作为强度跑和赛前热身的一部分，跨步跑应该模拟更快的速度，其速度应该比5公里比赛的配速还要快一些，以期可以达到更好的练习效果。通常情况下，跨步跑的距离范围介于40~150米，其运动时间应该介于5~20秒，其场地应该杜绝坡地，建议在跑道及平坦的场地进行。

6 坡跑

坡跑，顾名思义就是在有坡度的地方跑步，例如山坡场地等。在跑步练习中，坡跑包括山坡跑、下坡跑和山坡跨步跑等练习手段。

1）山坡跑

山坡跑是在一段陡峭的上坡路上进行跑步，主要用于增强身体内各组织成分及所有的肌纤维类型，适用于中级和高级跑步者。山坡跑中的上坡部分应该包含一段连续陡峭的长路，具体的长度取决于跑步者的身体状况。爬坡的速度不必太快，在爬坡之前需要进行10~15分钟的轻松跑，以避免爬坡时造成不必要的损伤。

2）下坡跑

下坡跑时速度会加快，身体的肌纤维会进行离心收缩，从而增加跑步负荷，适用于中级和高级跑步者。由于在下坡跑中主要使用股四头肌，因为下坡跑中的股四头肌会创造偏心负荷，从而创造更大的肌肉刺激，达到减少股四头肌疼痛的目的。对于下坡跑，可以先从3分钟跑这个练习量开始，逐步增加跑步时间，直至可以持续跑10~15分钟。同样，在开始下坡跑之前，需要进行10~15分钟的轻松跑，以预热身体。

3）山坡跨步跑

山坡跨步跑，特别是短距离的山坡跨步跑可以激活所有的肌纤维，适用于中级和高级跑步者。对于山坡跨步跑来讲，首先需要找一个相对陡峭的山坡，其陡峭程度取决于正常的跨步跑幅度。

山坡跨步跑中的上坡跑需要保持10~20秒的练习时间，然后下坡回走，继续山坡跨步跑，循环4~5次直至8~10次，其间隔时间应为1~3分钟。

8.3 跑步中的体能

对于跑步者而言，自己便是最好的教练，通过身体反馈及合理的训练计划，不仅可以增强身体素质，而且还可以有效地提高体能。训练学中的体能是指通过力量、速度、耐力、协调性、灵敏性等运动素质所表现出来的人体基本的运动能力，是跑步者竞技能力的重要构成因素。这 5 种能力一部分为天生，很难提升，一部分可通过后天训练获得提升。

1 耐力

通常所说的耐力是身体维持长时间运动的能力，科学的耐力训练可以促使肌肉、器官、心肺、血液、免疫系统以及物质代谢调节出现相应的适应现象。跑步者在发展耐力素质时，可以从增强肌肉力量、提高肌肉耐力以及提高心肺功能这 3 个基本途径出发。良好的耐力基础，不仅可以帮助跑步者承受训练中的疲劳和压力，而且还可以有效提高比赛水平和运动技能。

耐力也可以理解为人体长时间肌肉持续工作的能力，也就是对抗疲劳的能力。耐力按照人体的生理系统来划分，可分为肌肉耐力和心血管耐力，而心血管耐力又分为有氧耐力和无氧耐力。其中，无氧耐力又称为速度耐力，又被划分为磷酸原供能无氧耐力和糖酵解供能无氧耐力。另外，耐力按照对专项影响进行划分，又可分为一般耐力和专项耐力。

一般情况下所讲的耐力，主要是有氧和无氧耐力这两种类型。有氧耐力是跑步者在训练过程中氧气供应始终充足；而无氧耐力是跑步者在训练过程中以高速且较短持续时间下进行的运动，其心脏没有充足的时间将氧气输送给肌肉以产生能力。对于大多数跑步者来讲，首先需要提高有氧耐力的能力，然后再去考虑专项运动所需要的无氧耐力训练，这种训练方法更为可靠和安全。

在所有的运动项目中，耐力训练可以在比赛进行时或比赛过后使身体的负荷达到最高值，从而增加跑步者机体的再生系统，包括分解新陈代谢所产生的产物及加强机体能量储备能力。耐力根据供能方式、肌肉参与比例、持续时间等因素，可分为下表中所显示的不同形式。

耐力分类标准	形式名称	形式介绍	举例
供能方式	有氧耐力	依靠氧气提供能量	慢跑或长跑等
	无氧耐力	不依靠氧气提供能量	100 米或 400 米等
肌肉参与比例	普通耐力	使用大部分肌肉参与工作	跑步或游泳等
	局部耐力	使用局部一小部分肌肉参与工作	半蹲等
最大耐力持续时间	短时间耐力	最大耐力持续时间小于 2 分钟	400 米或 800 米等
	中等时间耐力	最大耐力持续时间基于 2 至 10 分钟之间	1500 米或 3000 米等
	长时间耐力	最大耐力持续时间大于 10 分钟	10 公里或马拉松等
肌肉工作方式	持续耐力	肌肉在持续紧张状态下持续支持工作	拔河等
	动态耐力	肌肉在持续工作时伴随收缩功能	跑步等

除了上表中所介绍的耐力形式之外，其不同运动项目所要求的耐力也各不相同。针对不同的运动项目，耐力又可以划分为普通基础耐力、特定基础耐力和专门耐力 3 种形式。其中，普通基础耐力主要用于锻炼心肺训练系统、脂肪分解能力，不依赖于运动形式；特定基础耐力主要用于锻炼特定运动形式中典型性的局部肌肉的有氧或无氧能力，依赖于运动形式；专门耐力主要用于锻炼特定运动项目在比赛中的负荷强度。

2 力量

跑步者若想跑得更远、更快，必须打造自身的力量。力量可以帮助跑步者从训练中获得最大的收益，使跑步者达到巅峰状态。

从物理角度出发，可以将力量理解为质量和加速度的产物；而从生物学的角度出发，可以将力量理解为肌肉克服阻力、对抗阻力及保持阻力的能力。其阻力可以为跑步者的体重，也可为一个物体的重量、对手的重量等存在形式。

对于跑步者来讲，特别是长距离及马拉松跑步者，其力量的大小并不重要，重要的是力量的持久性。力量的持久性训练是一种介于力量和耐力训练之间的练习方法，多为有氧练习。例如，可通过山坡跑、障碍跑、交叉跑、长距离滑雪、骑山地车等训练方法，来增强跑步中的持久力。

除了发展力量的持久性之外，跑步者还需要关注一些核心力量。核心力量其实是发展核心肌肉群，其“核心”是指人体的中间环节，即肩关节以下、髋关节以上包括骨盆在内的区域，由腰、骨盆、髋关节形成的一个整体，包括 29 块肌肉。

核心肌肉群担负着稳定重心、传导力量等作用，是整体发力的主要环节，对上下肢的活动、用力起着承上启下的枢纽作用。强有力的核心肌肉群，对运动中的身体姿势、运动技能和专项技术动作起着稳定和支持作用。

3 速度

速度是界定跑步者成绩的重要因素之一，而速度训练是跑步者日常训练中的必不可少的组成部分。该训练可以促使跑步者在专项运动中使用最大力量。跑步者的速度与步幅、步频和肌纤维的类型相关。

运动中的速度主要用于界定在单位时间内跑完特定距离的能力，它是检验训练和比赛成绩的一个重要因素。并不是任何一个跑步者都具有速度特长，跑步者的速度能力取决于基因组成。相对来讲，四肢较长和快肌纤维较高的跑步者，更具有速度能力优势。基因组成只是影响速度提升的一个单纯因素，并非完全依靠基因组成便能提高运动速度；运动速度的提升还需要运动技术和方法的支撑。也就是说，跑步者可以通过提升运动技术、力量和爆发力等技能，来提高运动速度。

速度训练是跑步者训练过程中的重要组成部分，它可以影响肌肉和肌肉群的向心收缩和离心收缩及拉长 - 缩短周期。拉长 - 缩短周期是指肌肉或肌肉群被拉伸后立即缩短的过程，该模式取决于运动神经元的电压、脉冲和肌肉 - 肌腱活动。短时的拉长 - 缩短周期可以提高肌肉的性能、速度、加速和弹性的爆发力，而长时的拉长 - 缩短周期则可以减少肌肉僵硬、提高神经肌肉的激活度。在训练过程中，可以通过将速度和拉长 - 缩短周期爆发力相结合的方法，最大幅度地提高跑步者的多项运动素质。

由于每位跑步者的自身素质不同，因此起跑后的加速跑能力也各不相同。在 100 米跑比赛中，一些高水平运动员的加速跑可以持续到 70 米处。由此可见，短跑运动员在比赛与训练过程中应注重加速跑能力的练习；除此之外，还需要侧重于加速跑的速率。一般情况下，跑步者练习的目标是以最短的时间达到最大的速度。由于运动速度由耐力和力量两大因素所决定，因此跑步者若想提高运动速度，便需要参加一些抗阻训练和具有针对性的速度训练。

需要注意的是速度训练的强度相对较高，其训练过程中容易造成损伤。虽然单纯的速度训练对于提高 10 公里或马拉松成绩是一个错误的训练方式，但是在最后冲刺阶段，速度对获胜则具有决定性的作用。

注意：

速度能力在很大程度上会受到基因的影响，短跑运动员的速度能力大部分都是天生的。除此之外，后天提高速度训练的最佳时期是青少年时期。

4 灵敏性

灵敏性是指快速改变身体方向和速度的能力，大多数运动项目都对灵敏性具有一定的要求。例如，网球运动中左右快速移动，以及篮球、橄榄球和足球等运动都可以清晰地表现出运动员灵敏性对比赛发挥的重要性。

对于跑步者而言，灵敏性是协调能力、跑步姿势和降低运动损伤的前提条件。人体内关节的弹性和灵活性是由肌肉、肌腱和韧带决定的，每个人在儿童时期，其灵敏性为最佳状态，随着年龄的增长其灵敏性也会随之下降。这是由于肌肉中的细胞数量下降、弹性纤维减少和水分流失等因素所造成的。

一般情况下，大多数女性的灵敏性要强于男性；同一人一天中早晨的灵敏性相对更弱一些。当训练和比赛时的负荷过强或持续时间较长，会导致肌肉紧张，此时的灵敏性将会大打折扣。

跑步者可通过一定的训练方法来提高身体的灵敏性，例如转髋、双腿侧向单足跳、往返跑、侧向交叉跑、方形跑、8字跑、进出脚移动等，以及热身运动和伸展性练习方法。

5 协调性

协调性是指身体作用肌群的时间正确、动作方向及速度恰当，平衡稳定且有韵律性。它是一种综合能力的表现，是由肌群中的主动肌、协同肌、对抗肌和支持肌相互配合的产物。在各项体能中，协调性训练最为困难，因为影响协调性能力的因素除了遗传和运动员心理之外，还受到肌力与肌耐力、技术动作的熟练度、速度与速耐力关系、身体重心平衡、动作韵律性、肌肉放松与收缩等因素的影响。

协调能力以身体素质平衡发展为基础，使已具备的速度、力量、耐力、技术等因素融合在一起，达到最优的运动效果。它与神经系统发育的完善程度密切相关，在青少年早期训练中应最优先发展协调性。

反应能力、灵活性、平衡性、节奏性、定位能力等都属于协调性，而协调性在很大程度上依赖于肌肉系统的灵活性。因此，跑步者可通过反向完成动作、改变已习惯的动作速度和节奏等方法来练习协调性。

8.4 跑步技巧

通过跑步练习章节，跑步者已然了解了跑步方法和跑速，那么如何跑才能提高跑步成绩和训练效率呢？在本小节中，将详细介绍不同的跑步训练技巧，同时还会介绍一些有关训练负荷的掌握和标准化方法及训练强度和规模等一些相对专业的跑步技术，让跑步者从跑步新手晋级为跑步高手。

1 系统性训练

一说起训练，跑步者的直观反应便是将训练归类于提高或保持运动成绩所采取的一系列措施的总称。其实，训练是一个复杂的过程，不似提高训练强度那么简单，它侧重的是提高训练质量。对于系统性训练，首先需要遵循机体的生物规律，然后遵循前辈们在运动中所获得的实践。

一般情况下，系统性训练包括训练刺激、训练负荷、分期与循环、专业性、训练间隔等 6 个方面，其具体情况如下所述。

1）训练刺激

系统性训练中，有效的训练刺激是提高身体素质的重要训练方法之一。其中，训练刺激必须超过本身刺激的临界值，否则无法达到刺激机体的目的。

训练刺激可以理解为抛开训练中的舒服区域，为身体制作一个不可能完成的任务。该任务的刺激程度必须高于机体的临界值，如此才能保持体能。但如果训练刺激大大超过临界值，那么将会破坏身体的结构和功能，获得适得其反的效果。

训练刺激中的临界值，依赖于跑步者自身的训练情况，该值会随着训练量的增加而提高，也会随着训练量的减小而降低。

2）训练负荷

训练负荷是运动训练过程中最为活跃的因素，由负荷量和负荷强度构成，任何一次训练负荷都包含一定的量和强度。评定训练负荷的大小可采用训练的次（组）数、距离、时间、重量、速度、难度、练习密度等训练指标，以及心率、血压、血乳酸、血红蛋白、尿蛋白等生化指标。

当训练刺激的临界值得到提高后，同样的训练负荷将不再是最为理想的训练方法了。此时，应根据跑步者的训练效果、身体状况及年龄循序渐进地提高训练负荷，以期可以达到预定的训练刺激。

长期进行相同的训练刺激会使机体感应变得迟钝，其体能增长也会变缓。此时，需要将单一的训练负荷变换为多种训练负荷，致使多种训练刺激同时出现，促使各种结构的负荷和再生系统相互叠加，增加其有效性。例如，跑步者可以使用不同的速度和持续时间进行训练，或者选择不同的跑步场地进行训练。

3）训练间隔

训练间隔是指训练与休息交替进行，若只是盲目的增加训练，而不给机体恢复时间，将无法获得预期的训练效果。当训练刺激过早出现时，表示训练已经过度了，此时体能会下降，如果体能下降速度过快将会引起运动损伤。机体内不同生物系统的再生时间各不相同，时间短的需要一天时间进行修复，时间长的需要一个多月才可以完全修复再生。

跑步者需要根据自身特征和训练状态，来确定再次施加相同负荷的运动时间。除了施加训练负荷之外，还需要检测饮食、睡眠等因素，因为这些都是影响再生系统的重要因素。

4）耐久性

耐久性训练是指在指定的时间段内，重复训练刺激，以使机体获得稳定且最佳的适应效果。这种适应效果不仅肌肉可以适应，而且再生系统中的酶、激素和神经系统一样可以获得新的适应。生物系统中各组成成分受到训练刺激后的反应时间各不相同。其中酶系统需要半个月的适应时间，肌腱和软骨需要几周的适应时间，神经系统需要数月才可以适应，而肌肉则需要数年才可以完全毛细血管化。因此，在体育运动中，若想获得更高的体能和成绩，需要持续多年的训练才可以达到。

5）分期与循环

对于跑步者而言，无论是致力于参加比赛的跑步者，还是致力于健康的跑步者，都不可能全年性的进行高强度的训练。因为机体需要恢复时间，连续的高强度训练不仅会造成训练过度而且还会增加受伤的风险。因此，在制订训练计划时，应将变换训练负荷这一点考虑进去。

分期，是对训练计划按时期分类。例如，对于致力于参加比赛的跑步者而言，前期的准备训练时期之后为稳定的比赛时期，比赛时期之后为小负荷训练的过渡恢复时期。

循环阶段可以是几个月，也可以是几周，具体时长根据跑步者的训练计划、身体情况、体能水平而定。一般长达几个月的训练阶段为宏观循环阶段，长达几周的循环阶段为中等训练，而长达几天的循环阶段为微循环；每一个宏观循环阶段又可以划分为多个时间较短的中等和微循环阶段。

分期与循环主要目的是变换训练负荷，因此在训练过程中跑步者应侧重于训练计划的制订。一个完整的、合理且科学的训练计划中，应包括更高强度的微循环、体能恢复期及体能顶点期等。

6）专业性

对于跑步者而言，良好的基础耐力具有非常重要的作用，跑步者可以通过任何一种耐力运动来提高基础耐力。除了基础耐力之外，跑步者更应该重视专业性训练。因为不同的运动项目所塑造的专业能力不同。

跑步者，只有通过专门的跑步训练，才能强化跑步时所用到的肌肉群。在强化基础训练而提高基础耐力之后，更需要进行针对比赛的专业性训练，包括跑步技术、跑步技巧、跑步策略等练习内容。例如，跑步者可将长距离滑雪与竞技运动相结合的训练方法作为专业性训练内容。

2 控制性训练

控制性训练是通过身体的呼吸和心率来控制训练强度，以确保合适的训练负荷，避免过度训练。对于新手跑步者来讲，无法衡量“轻松”和“费劲”这一标准，这种现象可以归纳为缺乏跑步的“感觉”。为了确定合理的训练强度和训练量，跑步者可以根据呼吸和心率来控制跑步训练。

1）通过呼吸控制训练

在跑步过程中，最为直观的控制因素便是呼吸的强度了。如果一位跑步者已经跑得气喘吁吁、面部充血了，虽然表面上看起来跑得很轻松，实际上他的心率已经远远超出了无氧阈。因此，只有控制跑步速度，降低跑步心率才可以达到真正的轻松跑。一般情况下，跑步者可以通过判断呼吸是否平缓、是否可以闲聊以及是否面带微笑这 3 点来判断跑步的强度。通过上述 3 点判断，可以避免训练过量；若跑步时感觉气喘吁吁，则意味着跑步强度过大了，此时参与运动的肌肉得不到充足的氧气，其运动性质便会变成无氧运动了。

跑步中最为简单的呼吸控制方法，是将呼吸与步伐相结合，使其具有独特的节奏。也就是日常所讲的三步一呼吸或四步一呼吸，意思是每跑四步呼吸一次，速度稍微快点的跑步者可以达到三步一呼吸，如果达到两步一呼吸则表示跑步速度过快了。

注意:

对于初级跑步者，测量心率和血液中的乳酸盐值，再结合跑步时呼吸的感觉，可以有效矫正跑步时身体的感觉。

2）通过心率控制训练

通过心率控制训练更为直观和有效一些，也是目前使用范围最为广泛的一种控制方法。心脏作为输送氧气的泵，其负荷越重，跳动速度就越快。在耐力训练系统中，心率可以直接反映出训练的强度和效果，同时也可以反映出跑步者的健康状况。

测量心率的方法有很多种，前面章节中也已经介绍过。最为直接、最为原始的方法是训练停止后马上用手摸脉搏，以10秒钟的时长计数心跳的次数，然后乘以6即可获得当前的心率。

随着高科技的发展，一些高科技的电子产品不断上市。在这些高科技电子产品中，最受欢迎、测量也最为准确的当数胸带心率表了，它可以记录跑步时的心率，并将无线电发送到手腕上的接收器中。除了胸带心率表之外，华为等厂家也相应上市了一些运动手环，跑步者可以通过运动手环检测运动心率，虽然运动手环检测的数据不如胸带心率表准确，但也可以作为一个跑步的参考依据。

通过检测跑步时的心率，可以将跑步强度控制在一定的范围之内，以确保每次运动的负荷量。跑步者可以每隔一段时间对比一下相同负荷下的心率，通过心率对比数据查看训练的进步情况。

虽然检测到跑步心率，但也需要确定最大心率，才可以确定每次跑步的运动负荷。获得最大心率之后，就可以计算出不同负荷下的运动心率了。通常情况下，无氧阈值为最大心率的90%左右，初级跑步者的无氧阈值则为最大心率的85%左右。耐力跑时的心率应该控制在最大心率的70%~80%，再生跑时的心率应该控制在最大心率70%以下。

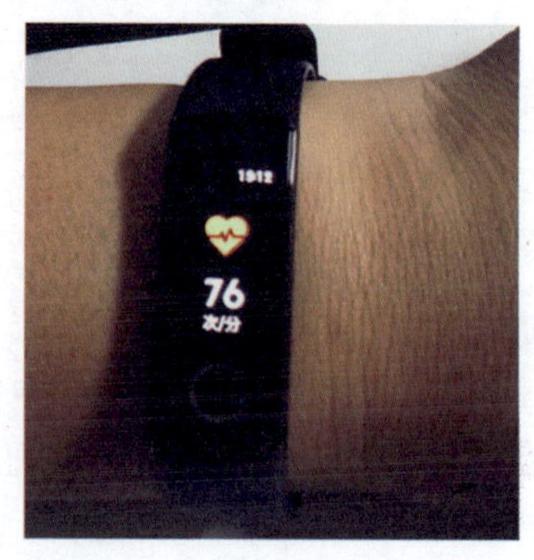

注意：

心率会受到天气的影响，相同的跑步速度下，天气炎热时心率要高一些。

3 训练类型

在跑步训练中，若一直使用相同的速度跑相同的距离，那么训练效果将不会太明显。若想提高训练效果，应当拒绝一成不变的训练类型，以多变的训练方式进行训练。根据训练目标、体能情况、训练场地等不同因素，其训练方法也不尽相同，但总体的训练方法可以归纳为长跑、交替跑、山坡跑和比赛跑 4 种类型。

1）长跑

长跑是跑步训练中最为重要的训练类型，长跑是以匀速持续长时间跑的一种耐力训练方法。根据速度划分，长跑又可分为热身跑、减速跑、普通长跑、持续跑、加速跑、快速持续跑、再生跑和长距离慢跑等类型。

● 再生跑和长距离慢跑

再生跑和长距离慢跑一般是指速度比较慢的一种跑步方法，由于其跑步速度过慢，被许多跑步者所忽略。再生跑和长距离慢跑要求其跑步时的运动心率不高于最大心率的 70%，因此好多跑步者认为该类型的跑步方法没有什么实际的训练效果。但是，这种跑步方法却是身体系统恢复的重要训练方法之一，有利于高强度训练和比赛后的身体恢复。

再生跑和长距离慢跑还适用于快速跑步和交替跑，在快速跑步之前进行一段距离的长距离慢跑有利于热身；而对于快速间隔跑之间可以通过慢跑代替休息，用以补充消耗和恢复体能。

再生跑和长距离慢跑之所以具有恢复体能和补充消耗的功能，在于再生系统的负荷较低，可以加强血液的流通能力，并通过血液将氧气、营养、乳酸盐和其他代谢产物运输出去，从而缩短身体的恢复时间。但是，若让再生系统起到应有的作用，其长距离慢跑的持续时间不能低于 30 分钟。

● 热身跑和减速跑

跑步者在开始跑步之前，应该先以比较慢的速度起跑，此时的运动心率应低于最大心率的 70%。热身跑和减速跑不仅在进行速度和快速跑训练过程中非常重要，而且在长跑开始和结束跑步阶段同样具有重要作用。

无论天气如何，在进行速度训练或快速跑训练中，热身跑都非常重要，特别是在冬天。热身跑最少需坚持跑 15 分钟，而跑步后结束的减速跑至少需持续跑 10 分钟。

运动前的热身跑的真正作用是预

热身体及启动代谢反应，它不仅可以润滑关节和结缔组织，而且还可以促使再生系统将血液从内脏分配到肌肉中，从而增强肌肉的血流量，降低运动损伤的风险。

● 普通长跑

普通长跑也就是平时跑步者所讲的长跑，该训练类型的运动心率介于最大心率的70%~80%，是初级基础耐力训练的主要运动项目之一。无论是以健身为目的，还是以比赛为目的的跑步，普通长跑都是构成训练的主要部分。

坚持普通长跑，不仅可以改善末梢循环、增加线粒体和肌红蛋白的数量，而且还可以促进有氧基础耐力的能力。在进行普通长跑时，其能量主要来自于脂肪的代谢；因此普通长跑需要持续30分钟以上，才能起到良好的效果。

● 持续跑和加速跑

持续跑是延续普通长跑最好的训练方式之一，该跑步类型的速度相对较慢，其运动心率应介于最大心率的70%~75%。通过持续跑，可以促使自身的能量系统和代谢系统达到极限水平。同时，机体内的糖原储备被耗尽，进一步提升了机体的储备能力，而脂肪代谢能力也得到了一定的优化。

加速跑是马拉松比赛过程中进阶阶段的一种跑步类型，其加速程度直接决定了比赛的成绩。在进行加速跑时，跑步者应该在相应的距离内将速度提升至接近比赛时的速度。其提升速度的过程需要根据跑步者的训练情况、体能情况及跑步能力而定。以32公里为例，跑步者应该先以最大心率的70%跑10公里，第二阶段以最大心率的75%跑8公里，第三阶段以最大心率的80%跑7公里，第四阶段则以最大心率的85%跑5公里，剩余的2公里以慢跑的速度结束跑步。

● 快速持续跑

快速持续跑的运动心率应介于最大心率的80%~90%，是中级基础耐力训练的主要运动项目之一，其速度高于普通长跑。由于快速持续跑的速度相对较快，在进行之前需要慢跑10分钟左右进行热身，而在跑步结束时同样也需要慢跑10分钟左右结束持续跑。

对于初级跑步者来讲，不要急于进入到快速持续跑阶段，因为太着急进入这一阶段，其自身骨骼所承受的压力达不到支撑程度，容易造成不必要的损伤。

快速持续跑可以增强脂肪的代谢能力，减少乳酸盐的形成并可加强碳水化合物的代谢速度。当快速持续跑的强度达到高强度时，其运动心率达到无氧阈阶段，此时达到了“临界训练”的地步。跑步者体内的乳酸盐值快速升高，可达到 4 毫摩 / 升，而运动心率则可以达到最大心率的 90%。长久进行高强度的快速持续跑会使体力严重透支，促使身体出现过激反应，从而造成骨骼、激素和免疫系统风险的急剧上升。因此，对于跑步者而言，快速持续跑的运动心率最好控制在最大心率的 85% 以下最为安全，对身体健康和训练效果也最为有利。

2）交替跑

交替跑也称为间隔跑，是交替速度和地形的一种跑步训练方法。它可以为身体施加不同的刺激，使跑步变得更具有趣味性。交替跑按照距离和速度可以分为短距离交替跑、长距离交替跑和加速跑 3 种类型。

● 短距离交替跑

短距离交替跑一般以高强度的短跑形式进行，例如 10×400 米跑、20×200 米跑、5×1000 米跑等。它可以使机体适应高强度的跑步速度，当以相当于比赛速度的跑步速度跑完一个训练单元之后，跑步者可以以较慢速度的小跑进行休息调整。这种交替跑可以激活快肌纤维，并有效提高最大摄氧量和乳酸盐的耐受值，同时还可以改善跑步的节奏和速度，是提高跑步速度的有效训练手段。

由于短距离交替跑过程中的训练负荷会逐渐地被提升至无氧运动范围，因此短距离交替跑在马拉松比赛中没有太大的意义，但对于 10 公里跑却具有一定的作用，约占据总训练的 10% 左右。同样，在进行短距离交替跑之前需要进行 15 分钟左右的慢跑热身，在跑步之后也需要进行 10 分钟左右的减速跑以及一些拉伸运动。

● 长距离交替跑

长距离交替跑是以长距离为主的一种间隔跑，例如 4×2000 米跑、3×5000 米跑等，其运动心率介于最大心率的 85%~90%，它可以提高马拉松比赛中的比赛速度。长距离交替跑与快速持续跑一样，可以增强脂肪的代谢能力，提高最大摄氧量、减少乳酸盐的形成并可加强碳水化合物的代谢速度。

● 加速跑

加速跑主要用于赛前的强度训练，对于初级跑步者来讲则可以提高跑步的基础速度。通常，加速跑由中等强度的短跑组成，每组需要重复 4~6 次。例如，30 米慢 /40 米快加速跑，该训练类型表示先以普通长跑的速度跑 30 米，然后加速至比冲刺跑略慢的速度再跑 40 米，最后以普通长跑的速度跑 30 米，如此重复跑 4~6 次。重复加速跑过程中，最初的加速跑速度要略慢一些，随后可以在加速跑的剩余距离内做全速跑。

由于加速跑可以放松肌肉，因此在慢跑或长跑的后半程可以加入加速跑训练。另外，在比赛前几天或比赛热身跑和拉伸运动之后也可以加入加速跑训练，以起到放松的作用。

3）山坡跑

山坡跑类似于持续跑和交替跑，但速度略慢于持续跑和交替跑。该类型的训练处于无氧阈值临界点，甚至会超过无氧阈值，可以有效锻炼呼吸系统、循环系统以及力量和耐力的持久性。

山坡跑包括短距离坡跑和持续山坡跑两种训练类型，其中坡跑是在约10°～15°的斜坡上以轻松跑的速度上坡跑100~150米，然后以较慢的速度小跑下坡，重复10次为一个训练单元。

注意:

如找不到有角度的上坡，则可以在大坝上、桥上进行上坡跑。另外，还可以运用运动场中的台阶，进行台阶跑，来强化坡跑的训练强度。

持续山坡跑要比坡跑的距离长得多，一般介于300~1000米，其具体距离由跑步者的身体状况和体能而定。在进行持续山坡跑时，应控制其速度不可过快，避免对骨骼造成过大的压力。跑步者也可以利用健身房中带坡度的跑步机，来模拟山地跑。

4）比赛跑

比赛跑即以比赛的模拟形式进行跑步的一种训练方法，可以运用比赛控制和测试方法进行跑步训练，从而将高强度的速度跑融合到实际训练之中。对于训练水平较高的跑步者，可以通过比赛跑这一跑步类型增强跑步强度，并以准备赛的形式测试比赛成绩，为比赛奠定基础。例如，在参加马拉松比赛半个月之前，可以通过参加10公里比赛，为马拉松比赛进行试跑，并将其作为一种加强赛和测试赛进行训练。在试跑的过程中，不仅可以进行跑步的强度测试，而且还可以练习正式比赛时的步频、步幅和节奏，同时还可以测试比赛时所穿的服装、鞋等一些装备和营养补充情况。

8.5 制订跑步计划

通过本章的介绍，已然了解了跑步方法和跑步训练原则。那么，现在应该开始正式制订一个合理的跑步计划了。下面将针对从初级跑步者到专业跑步者等不同的训练方法，来制作相应的训练计划，同时针对 5 公里、10 公里及马拉松比赛，来制订相应的比赛训练计划。

1 制订入门计划

对于初级跑步者来讲，需要制订入门训练计划。借助合适的计划，可以在几个月或几年时间内从初级跑步者晋级到中级跑步者。但建议初级跑步者不必太着急，应该为自己留出足够的时间，避免跳过某个训练层次，造成不必要的损伤。在制订入门计划时，切忌制定过高的目标和要求，应从实际出发，诚实地评估自身健康状况，确保计划可以圆满地实施，以获得跑步中的成功。

1）制订适合的计划

由于每个人的自身健康状况不同，因此制订计划需要因人而异。对于初级跑步者来讲，首先应根据自身情况寻找一项适合的运动项目，然后保证每周有规律地完成 2 次训练。若不清楚自身的健康状况，无法选择合适的运动项目，那么可以降低一个级别，从最基础的步行开始。切记最初不要为自己施加太大的运动负荷，小负荷的运动才是最佳的入门之选。当达到每周可以规律运动 2 次之后，便可以增加为每周进行 3 次有规律的运动了，每次运动时间以 30 分钟为主，以让身体适应跑步运动。

当步行速度可以达到健步走水平时，便可以尝试慢跑了。当达到连续 30 分钟的慢跑水平时，便可以将慢跑改为轻松长跑了。

注意:

如果初级跑步者不想从步行开始，那么可以尝试走路间歇式跑步方法，也就是走一段跑一段这种运动方式。其走路间歇长短视身体情况而定。

2）遵循计划

制订训练计划之后，一定要遵循计划，以确保完成训练要求。当计划中评估的训练时间过少时，可以利用周末的时间进行训练，但必须保证有一天的休息时间。当初级跑步者训练时间达到 2 个月时，可以将训练次数调整为每周 4 次。对于初级跑步者，在制订计划时建议遵循下列 4 个计划进行。

- 步行

对于初级跑步者，建议从最为安全的步行运动开始。通过 6 周的步行运动，强健身体，以适应下一个计划的运动项目。在步行过程中，应注意手臂的摆动，使步伐轻快有力。最初 1 周，建议步行时间为 30 分钟，每周步行 3 次即可。第 2 周可以尝试增加步行时间，第6周后可以达到步行1小时以上的强度。

● 步行/慢跑交替

当步行运动积累到一定程度之后，便可以尝试慢跑了。第7周可以以步行和慢跑交替运动的方法进行，此阶段以步行为主，慢跑为辅。第8周之后便可以以慢跑为主了，此时的慢跑应该降低跑步速度，属于轻松跑的范围，跑步过程中可以进行对话。至此，初级跑步者已经正式开始跑步运动了，其跑前应该进行热身运动，而跑后则应该进行拉伸运动。

步行/慢跑交替运动，建议每周运动3次，每次可以达到连续慢跑30分钟，并且慢跑之间间隔2分钟的步行时间。

注意:

在执行这一计划之前，应确保体重没有严重超标。如果体重已经严重超标，那么还需要继续坚持步行，以降低体重，保护身体避免在运动中受到损失。

● 间歇慢跑

间歇慢跑是一种包含走路的慢跑，当跑步者毫不费力地步行/慢跑交替进行30分钟以上时，便可以进行间歇慢跑计划了。同样，慢跑之前需要热身运动，慢跑之后需要拉伸运动。随着跑步能力的增强，走路间歇会越来越少，而慢跑的持续时间则会越来越长。

● 正常跑

经过前面一系列的基础训练，现在可以正式进行跑步训练了。在正常跑这个计划阶段中，仍然坚持每周跑3次，但训练时间需要适当地延长一些。一周之内必须有一次训练的速度更慢、距离更长，其运动心率应保持最大心率的70%~75%。

2 12周训练计划

12周训练计划包括健身类和比赛类两种训练计划，根据这两种类型的训练计划又分为初级、中级跑步者和高级跑步者3种子计划，每种计划都具有独特的跑步方法。

1）健身类初级跑步者训练计划

此类训练计划是针对致力于健康而跑的一些跑步新手制订的，当然对于一些中断而重返跑步者同样适用。

周次	周一	周二	周三	周四	周五	周六	周日
1	步行 10~15 分钟		步行 10~15 分钟		步行 10~15 分钟 抗阻力训练	步行 10~15 分钟	
2	步行 15~20 分钟		健步走 10~15 分钟		步行 15~20 分钟 抗阻力训练	步行 15~20 分钟	
3	健步走 15~20 分钟 拉伸运动		步行 20~25 分钟 抗阻力训练		步行 / 慢跑 交替 15~20 分钟 抗阻力训练 拉伸运动	步行 20~25 分钟	
4	步行 / 慢跑 交替 15~20 分钟 拉伸运动		步行 20~25 分钟 抗阻力训练		步行 / 慢跑 交替 20~25 分钟 抗阻力训练 拉伸运动	步行 20~25 分钟 交叉训练	
5	步行 / 慢跑 交替 15~20 分钟 拉伸运动		步行 20~25 分钟 抗阻力训练		步行 / 慢跑 交替 20~25 分钟 抗阻力训练 拉伸运动	步行 20~25 分钟 交叉训练	
6	步行 / 慢跑 交替 15~20 分钟 拉伸运动		步行 20~25 分钟 抗阻力训练		步行 / 慢跑 交替 20~25 分钟 抗阻力训练 拉伸运动	步行 20~25 分钟 交叉训练	
7	步行 / 慢跑 交替 20~30 分钟 拉伸运动		步行 / 慢跑 交替 20~30 分钟 力量训练		慢跑 / 轻松跑 交替 20~30 分钟 抗阻力训练 拉伸运动	步行 / 慢跑 交替 20~30 分钟	
8	慢跑 / 轻松跑 交替 20~30 分钟 拉伸运动		步行 / 慢跑 交替 20~30 分钟 力量训练		慢跑 / 轻松跑 交替 20~30 分钟 抗阻力训练 拉伸运动	交叉训练	

续表

周次	周一	周二	周三	周四	周五	周六	周日
9	慢跑 / 轻松跑 交替 30 分钟 拉伸运动		慢跑 / 轻松跑 交替 20 分钟 跨步跑 力量训练		轻松跑 30 分钟 抗阻力训练 拉伸运动	步行 / 慢跑 交替 20~30 分钟	
10	轻松 / 冲刺跑 交替 10~15 分钟 拉伸运动		慢跑 / 轻松跑 交替 30 分钟 力量训练		轻松跑 30 分钟 抗阻力训练 拉伸运动	慢跑 / 轻松跑 交替 30 分钟	
11	长跑 40 分钟 跨步跑 拉伸运动		慢跑 / 轻松跑 交替 30 分钟 力量训练		轻松跑 30 分钟 抗阻力训练 拉伸运动	慢跑 / 轻松跑 交替 30 分钟	
12	轻松 / 冲刺跑 交替 20 分钟 拉伸运动		慢跑 / 轻松跑 交替 30 分钟 力量训练		长跑 40 分钟 抗阻力训练 拉伸运动	慢跑 / 轻松跑 交替 30 分钟	

表注：

① 交叉训练包括跑步机、椭圆机、自行车、自由搏击、游泳、滑雪等一些可替代性运动。

② 抗阻力训练对于跑步者来讲其运动方式包括抬腿、俄罗斯转体、侧抬腿、俯卧撑、空手深蹲、哑铃摆臂、弓箭步等一些基础类动作。后续可进行高强度、大重量的一些抗阻力训练。

2）健身类中级跑步者训练计划

健身类中级跑步者训练计划是针对致力于为健身而跑的中级跑步者制订的。

周次	周一	周二	周三	周四	周五	周六	周日
1	坡跑 30~40 分钟	轻松长跑 30~40 分钟 力量训练 抗阻力训练 拉伸运动	长跑 30~40 分钟	跨步跑 力量训练 抗阻力训练 拉伸运动	交叉训练	长跑 40~50 分钟 力量训练 抗阻力训练 拉伸运动	

续表

周次	周一	周二	周三	周四	周五	周六	周日
2	5 公里重复跑 8 次 ×1 分钟	轻松长跑 30~40 分钟 力量训练 抗阻力训练 拉伸运动	长跑 30~40 分钟	山坡跨步跑 力量训练 抗阻力训练 拉伸运动	长跑 30~40 分钟	长跑 40~50 分钟 力量训练 抗阻力训练 拉伸运动	
3	慢速节奏跑 15~20 分钟	轻松长跑 30~40 分钟 力量训练 抗阻力训练 拉伸运动		灵敏性训练	长跑 30~40 分钟	长跑 40~50 分钟 力量训练 抗阻力训练 拉伸运动	
4	坡跑 30~40 分钟	轻松长跑 30~40 分钟 力量训练 抗阻力训练 拉伸运动	长跑 30~40 分钟	跨步跑 力量训练 抗阻力训练 拉伸运动		长跑 50~60 分钟 力量训练 抗阻力训练 拉伸运动	
5	5 公里重复跑 6 次 ×2 分钟	轻松长跑 30~40 分钟 力量训练 抗阻力训练 拉伸运动	长跑 30~40 分钟	短距离冲刺跑	交叉训练	长跑 50~60 分钟 力量训练 抗阻力训练 拉伸运动	
6	慢速节奏跑 15~20 分钟	轻松长跑 30~40 分钟 力量训练 抗阻力训练 拉伸运动		灵敏性训练	长跑 30~40 分钟	长跑 50~60 分钟 力量训练 抗阻力训练 拉伸运动	
7	坡跑 40~50 分钟	轻松长跑 30~40 分钟 力量训练 抗阻力训练 拉伸运动	长跑 30~40 分钟	跨步跑 力量训练 抗阻力训练 拉伸运动		长跑 60~80 分钟 力量训练 抗阻力训练 拉伸运动	
8	5 公里重复跑 5 次 ×3 分钟	轻松长跑 30~40 分钟 力量训练 抗阻力训练 拉伸运动		山坡跨步跑 力量训练 抗阻力训练 拉伸运动	交叉训练	长跑 60~80 分钟 力量训练 抗阻力训练 拉伸运动	

续表

周次	周一	周二	周三	周四	周五	周六	周日
9	慢速节奏跑 20~30分钟	轻松长跑 30~40分钟 力量训练 抗阻力训练 拉伸运动	长跑 30~40分钟	下肢力量 训练	长跑 30~40分钟	长跑 60~80分钟 力量训练 抗阻力训练 拉伸运动	
10	坡跑 40~50分钟	轻松长跑 30~40分钟 力量训练 抗阻力训练 拉伸运动		跨步跑 力量训练 抗阻力训练 拉伸运动		长跑 70~90分钟 力量训练 抗阻力训练 拉伸运动	
11	5公里重复跑 5次 ×3分钟	轻松长跑 30~40分钟 力量训练 抗阻力训练 拉伸运动	长跑 30~40分钟	短距离 冲刺跑	交叉训练	长跑 70~90分钟 力量训练 抗阻力训练 拉伸运动	
12	快速节奏跑 20~30分钟	轻松长跑 30~40分钟 力量训练 抗阻力训练 拉伸运动		灵敏性训练	长跑 30~40分钟	长跑 70~90分钟 力量训练 抗阻力训练 拉伸运动	

表注：

① 交叉训练包括跑步机、椭圆机、自行车、自由搏击、游泳、滑雪等一些可替代性运动。

② 抗阻力训练对于跑步者来讲其运动方式包括抬腿、俄罗斯转体、侧抬腿、俯卧撑、空手深蹲、哑铃摆臂、弓箭步等一些基础类动作。后续可进行高强度、大重量的一些抗阻力训练。

③ 灵敏性训练包括跳跃、高抬腿走、小步跑、踢臀等动作。

④ 下肢力量训练包括跳箱、双腿跳等动作。

3）比赛类初级跑步者训练计划

比赛类初级跑步者训练计划是针对致力于为参加比赛而跑的一些跑步新手制订的，当然对于一些中断而重返跑道的跑步者同样适用。

周次	周一	周二	周三	周四	周五	周六	周日
1	步行 10~15分钟		步行 10~15分钟	步行 10~15分钟 抗阻力训练		步行 10~15分钟	

续表

周次	周一	周二	周三	周四	周五	周六	周日
2	步行 20~25 分钟	交叉训练	健步走 15~20 分钟	步行 20~25 分钟 拉伸运动		步行 / 慢跑 交替 20~25 分钟 抗阻力训练	
3	步行 / 慢跑 交替 20~25 分钟 拉伸运动		步行 / 慢跑 交替 20~25 分钟	步行 20~25 分钟 抗阻力训练		慢跑 / 轻松跑 20~30 分钟 抗阻力训练	
4	慢跑 / 轻松跑 20~30 分钟 跨步跑 拉伸运动	交叉训练	慢跑 / 轻松跑 20~30 分钟	慢跑 / 轻松跑 20~30 分钟 抗阻力训练 拉伸运动		轻松跑 20~30 分钟 抗阻力训练	
5	慢跑 / 轻松跑 20~30 分钟 跨步跑 拉伸运动		慢跑 / 轻松跑 20~30 分钟	慢跑 / 轻松跑 20~30 分钟 抗阻力训练 拉伸运动		轻松跑 20~30 分钟 抗阻力训练	
6	轻松跑 20~30 分钟 跨步跑 拉伸运动	交叉训练	轻松跑 20~30 分钟	慢跑 / 轻松跑 20~30 分钟 抗阻力训练 拉伸运动		长跑 20~30 分钟 抗阻力训练	
7	轻松 / 冲刺跑 交替 20~30 分钟 拉伸运动		轻松跑 20~30 分钟	慢跑 / 轻松跑 20~30 分钟 抗阻力训练 力量训练 拉伸运动		长跑 30~40 分钟 抗阻力训练 力量训练 拉伸运动	
8	5 公里重复跑 5 次 ×1 分钟 拉伸运动	交叉训练	轻松跑 20~30 分钟	慢跑 / 轻松跑 20~30 分钟 抗阻力训练 力量训练 拉伸运动		长跑 30~40 分钟 抗阻力训练 力量训练 拉伸运动	
9	5 公里重复跑 5 次 ×2 分钟 拉伸运动		长跑 20~30 分钟	慢跑 / 轻松跑 20~30 分钟 抗阻力训练 力量训练 拉伸运动		长跑 40~50 分钟 抗阻力训练 力量训练 拉伸运动	

续表

周次	周一	周二	周三	周四	周五	周六	周日
10	慢速节奏跑 15~20 分钟 拉伸运动	交叉训练	长跑 30~40 分钟	山坡跨步跑 抗阻力训练 力量训练 拉伸运动	轻松跑 30~40 分钟	长跑 40~50 分钟 抗阻力训练 力量训练 拉伸运动	
11	5 公里 重复跑 6 次 ×2 分钟 拉伸运动		长跑 30~40 分钟	慢跑 / 轻松跑 20~30 分钟 跨步跑 抗阻力训练 力量训练 拉伸运动	轻松跑 30~40 分钟	长跑 40~50 分钟 抗阻力训练 力量训练 拉伸运动	
12	5 公里 重复跑 5 次 ×3 分钟 拉伸运动	交叉训练	长跑 30~40 分钟	山坡跨步跑 抗阻力训练 力量训练 拉伸运动	轻松跑 30~40 分钟	长跑 50~60 分钟 抗阻力训练 力量训练 拉伸运动	

表注：

① 交叉训练包括跑步机、椭圆机、自行车、自由搏击、游泳、滑雪等一些可替代性运动。

② 抗阻力训练对于跑步者来讲其运动方式包括抬腿、俄罗斯转体、侧抬腿、俯卧撑、空手深蹲、哑铃摆臂、弓箭步等一些基础类动作。后续可进行高强度、大重量的一些抗阻力训练。

4）比赛类中级跑步者训练计划

比赛类中级跑步者训练计划是针对致力于为参加比赛而跑的一些中级跑步者制订的，具有一定的针对性和运动强度。

周次	周一	周二	周三	周四	周五	周六	周日
1	5 公里 重复跑 8 次 ×2 分钟	轻松长跑 40~50 分钟 抗阻力训练 力量训练 拉伸运动	长跑 40~50 分钟	坡跑 20 秒 8~10 次	轻松跑 30~40 分钟	长跑 50~60 分钟 抗阻力训练 力量训练 拉伸运动	长跑 40~60 分钟
2	5 公里 重复跑 8 次 ×3 分钟	轻松长跑 40~50 分钟 抗阻力训练 力量训练 拉伸运动	长跑 40~50 分钟	坡跑 30 秒 10~15 次	交叉训练	长跑 50~60 分钟 抗阻力训练 力量训练 拉伸运动	交叉训练

续表

周次	周一	周二	周三	周四	周五	周六	周日
3	5 公里 重复跑 6 次 ×4 分钟	轻松长跑 40~50 分钟 抗阻力训练 力量训练 拉伸运动	长跑 40~50 分钟	坡跑 40 秒 10~12 次	轻松跑 30~40 分钟	长跑 50~70 分钟 抗阻力训练 力量训练 拉伸运动	长跑 40~60 分钟
4	快速节奏跑 10~15 分钟	轻松长跑 40~50 分钟 抗阻力训练 力量训练 拉伸运动	长跑 40~60 分钟	灵敏性训练	交叉训练	长距离坡跑 50~70 分钟 抗阻力训练 力量训练 拉伸运动	交叉训练
5	5 公里 重复跑 5 次 ×5 分钟	轻松长跑 40~50 分钟 抗阻力训练 力量训练 拉伸运动	长跑 40~60 分钟	坡跑 60 秒 8~10 次	轻松跑 40~50 分钟	长跑 50~70 分钟 抗阻力训练 力量训练 拉伸运动	长跑 40~60 分钟
6	5 公里 重复跑 6 次 ×5 分钟	轻松长跑 40~50 分钟 抗阻力训练 力量训练 拉伸运动	长跑 40~60 分钟	坡跑 90 秒 4~6 次	交叉训练	长跑 50~70 分钟 抗阻力训练 力量训练 拉伸运动	交叉训练
7	快速节奏跑 15~20 分钟	轻松长跑 40~60 分钟 抗阻力训练 力量训练 拉伸运动	长跑 50~60 分钟	灵敏性训练	轻松跑 40~50 分钟	长距离坡跑 50~70 分钟 抗阻力训练 力量训练 拉伸运动	长跑 40~60 分钟
8	5 公里 重复跑 5 次 ×6 分钟	轻松长跑 40~60 分钟 抗阻力训练 力量训练 拉伸运动	长跑 50~60 分钟	跑道交叉跑 200 快 / 慢 10~15 次 3 公里配速	交叉训练	长跑 60~90 分钟 抗阻力训练 力量训练 拉伸运动	交叉训练
9	跑道跑 400 米 10~15 次 10 公里配速	轻松长跑 40~60 分钟 抗阻力训练 力量训练 拉伸运动	长跑 50~60 分钟	坡跑 90 秒 4~6 次	轻松跑 40~60 分钟	长跑 60~90 分钟 抗阻力训练 力量训练 拉伸运动	长跑 40~60 分钟

续表

周次	周一	周二	周三	周四	周五	周六	周日
10	快速节奏跑 15~20 分钟	轻松长跑 40~60 分钟 抗阻力训练 力量训练 拉伸运动	长跑 50~60 分钟	跑道交叉跑 200 快 / 慢 10~12 次 2 公里配速	交叉训练	长距离坡跑 60~90 分钟 抗阻力训练 力量训练 拉伸运动	交叉训练
11	跑道跑 400 米 10~15 次 10 公里配速	轻松长跑 40~60 分钟 抗阻力训练 力量训练 拉伸运动	长跑 50~60 分钟	灵敏性训练	轻松跑 40~60 分钟	长跑 70~120 分钟 抗阻力训练 力量训练 拉伸运动	长跑 40~60 分钟
12	跑道跑 1000 米 4~6 次 5 公里配速	轻松长跑 40~60 分钟 抗阻力训练 力量训练 拉伸运动	长跑 50~60 分钟	坡跑 90 秒 4~6 次	交叉训练	长跑 70~120 分钟 抗阻力训练 力量训练 拉伸运动	交叉训练

表注：

① 交叉训练包括跑步机、椭圆机、自行车、自由搏击、游泳、滑雪等一些可替代性运动。

② 抗阻力训练对于跑步者来讲其运动方式包括抬腿、俄罗斯转体、侧抬腿、俯卧撑、空手深蹲、哑铃摆臂、弓箭步等一些基础类动作。后续可进行高强度、大重量的一些抗阻力训练。

③ 灵敏性训练包括跳跃、高抬腿走、小步跑、踢臀等动作。

④ 下肢力量训练包括跳箱、双腿跳等动作。

5）比赛类高级跑步者训练计划

比赛类高级跑步者训练计划是针对致力于为参加比赛而跑的一些跑步高手制订的，具有一定的针对性和运动强度。

周次	周一	周二	周三	周四	周五	周六	周日
1	5 公里重复跑 6 次 ×3 分钟	轻松长跑 60~70 分钟 抗阻力训练 力量训练 拉伸运动	长跑 70~80 分钟	坡跑重复跑 30 秒 10~12 次	长跑 60~70 分钟 抗阻力训练 力量训练 拉伸运动	长跑 70~90 分钟	长跑 60~80 分钟 拉伸运动

续表

周次	周一	周二	周三	周四	周五	周六	周日
2	5 公里重复跑 6 次 ×4 分钟	轻松长跑 60~70 分钟 抗阻力训练 力量训练 拉伸运动	长跑 70~80 分钟	坡跑重复跑 50 秒 8~10 次	长跑 60~70 分钟 交叉训练	长跑 70~90 分钟	
3	快速节奏 / 慢跑 2 次 ×10 分钟 3 分钟慢跑	轻松长跑 60~70 分钟 抗阻力训练 力量训练 拉伸运动	长跑 70~80 分钟	灵敏性练习	长跑 60~70 分钟 抗阻力训练 力量训练 拉伸运动	长跑 70~90 分钟	长跑 60~80 分钟 拉伸运动
4	5 公里重复跑 5 次 ×5 分钟	轻松长跑 60~70 分钟 抗阻力训练 力量训练 拉伸运动	长跑 70~80 分钟	跑道跑 13 次 ×200 米 1500 米 3 公里配速 轻松长跑 20~40 分钟	长跑 60~70 分钟 交叉训练	长距离坡跑 70~90 分钟	
5	跑道跑 12 次 ×400 米 5 公里配速	轻松长跑 60~70 分钟 抗阻力训练 力量训练 拉伸运动	长跑 70~80 分钟	坡跑重复跑 60 秒 6~8 次 轻松长跑 20~40 分钟	长跑 60~70 分钟 抗阻力训练 力量训练 拉伸运动	长跑 90~110 分钟	长跑 60~80 分钟 拉伸运动
6	快速节奏 / 慢跑 2 次 ×10 分钟 3 分钟慢跑	轻松长跑 60~70 分钟 抗阻力训练 力量训练 拉伸运动	长跑 70~80 分钟	短距离冲刺跑 轻松长跑 20~40 分钟	长跑 60~70 分钟 交叉训练	长跑 90~110 分钟	
7	跑道跑 5 次 ×1000 米 5 公里配速 轻松长跑 20~40 分钟	轻松长跑 60~70 分钟 抗阻力训练 力量训练 拉伸运动	长跑 70~80 分钟	灵敏性练习	长跑 60~70 分钟 抗阻力训练 力量训练 拉伸运动	长跑 90~110 分钟	长跑 60~80 分钟 拉伸运动
8	快速节奏 / 慢跑 3 次 ×10 分钟 3 分钟慢跑 轻松长跑 20~40 分钟	轻松长跑 60~70 分钟 抗阻力训练 力量训练 拉伸运动	长跑 70~80 分钟	坡跑重复跑 90 秒 5~8 次 轻松长跑 20~40 分钟	长跑 60~70 分钟 交叉训练	长跑 90~120 分钟	

续表

周次	周一	周二	周三	周四	周五	周六	周日
9	跑道跑 10次 ×400米 1500米 3公里配速 轻松长跑 20~40分钟	轻松长跑 60~70分钟 抗阻力训练 力量训练 拉伸运动	长跑 70~80分钟	短距离 冲刺跑 轻松长跑 20~40分钟	长跑 60~70分钟 抗阻力训练 力量训练 拉伸运动	长跑 90~120分钟	长跑 60~80分钟 拉伸运动
10	快速节奏/慢跑 3次 ×10分钟 3分钟慢跑 轻松长跑 20~40分钟	轻松长跑 60~70分钟 抗阻力训练 力量训练 拉伸运动	长跑 70~80分钟 轻松长跑 70~80分钟	灵敏性练习	长跑 60~70分钟 交叉训练	长距离坡跑 90~110分钟	
11	混合间歇跑 轻松长跑 20~40分钟	轻松长跑 60~70分钟 抗阻力训练 力量训练 拉伸运动	长跑 70~80分钟 轻松长跑 70~80分钟	坡跑重复跑 90秒 5~8次 轻松长跑 20~40分钟	长跑 60~70分钟 抗阻力训练 力量训练 拉伸运动	长跑 90~140分钟	长跑 60~80分钟 拉伸运动
12	跑道跑 20次 ×400米 5公里配速 轻松长跑 20~40分钟	轻松长跑 60~70分钟 抗阻力训练 力量训练 拉伸运动	长跑 70~80分钟 轻松长跑 70~80分钟	短距离冲刺跑 轻松长跑 20~40分钟	长跑 60~70分钟 交叉训练	长跑 90~140分钟	

表注：

① 交叉训练包括跑步机、椭圆机、自行车、自由搏击、游泳、滑雪等一些可替代性运动。

② 抗阻力训练对于跑步者来讲其运动方式包括抬腿、俄罗斯转体、侧抬腿、俯卧撑、空手深蹲、哑铃摆臂、弓箭步等一些基础类动作。后续可进行高强度、大重量的一些抗阻力训练。

③ 灵敏性训练包括跳跃、高抬腿走、小步跑、踢臀等动作。

④ 下肢力量训练包括跳箱、双腿跳等动作。

⑤ 混合间歇跑包括1600米配速跑（10公里）→ 400米恢复跑→ 1200米配速跑（5公里）→ 400米恢复跑→ 1600米配速跑→ 400米恢复跑→ 800米配速跑（300米）→ 400米恢复跑→ 1600米配速跑→ 400米恢复跑→ 400米配速跑（1500米）→ 400米恢复跑。

3 5公里训练计划

5公里训练计划是针对中级和高级跑步者制订的为期6周的训练计划，具有一定的针对性和运动强度。

周次	周一	周二	周三	周四	周五	周六	周日
1	快速节奏跑 2 次 ×10 分钟 慢跑休息 3 分钟	轻松长跑 50~70 分钟 抗阻力训练 力量训练 拉伸运动	长跑 60~80 分钟 轻松长跑 20~40 分钟	跑道跑 15 次 ×200 米 1500 米 3 公里配速 轻松长跑 20~40 分钟	长跑 40~70 分钟	长跑 60~120 分钟 抗阻力训练 力量训练 拉伸运动	长跑 30~60 分钟
2	跑道跑 15 次 ×400 米 5 公里配速 轻松长跑 20~40 分钟	轻松长跑 50~70 分钟 抗阻力训练 力量训练 拉伸运动	长跑 60~80 分钟 轻松长跑 20~40 分钟	坡跑重复跑 90 秒 5~8 次 轻松长跑 20~40 分钟	交叉训练	长跑 60~120 分钟 抗阻力训练 力量训练 拉伸运动	
3	间歇跑 1500 米 15 次 ×30 秒 慢跑休息 1 分钟 轻松长跑 20~40 分钟	轻松长跑 30~60 分钟 抗阻力训练 力量训练 拉伸运动	轻松长跑 60~100 分钟	轻松长跑 20~30 分钟 跨步跑 拉伸运动	慢跑 / 轻松跑 20~30 分钟	5 公里 模拟赛	长跑 30~60 分钟
4	长跑 60~80 分钟 轻松长跑 20~40 分钟	长跑 50~70 分钟 交叉训练	快速节奏跑 2 次 ×10 分钟 慢跑休息 3 分钟 轻松长跑 20~40 分钟	轻松长跑 40~60 分钟	长跑 40~70 分钟 力量训练 阻力训练 拉伸运动	长跑 60~120 分钟	
5	跑道跑 5 次 ×1000 米 10 公里配速 轻松长跑 20~40 分钟	轻松长跑 50~70 分钟 抗阻力训练 力量训练 拉伸运动	长跑 60~80 分钟 轻松长跑 20~40 分钟	跑道跑 15 次 ×200 米 1500 米 3 公里配速 轻松长跑 20~40 分钟	长跑 40~70 分钟	长跑 60~120 分钟 抗阻力训练 力量训练 拉伸运动	长跑 30~60 分钟

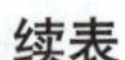

续表

周次	周一	周二	周三	周四	周五	周六	周日
6	跑道跑 10次×400米 5公里配速 轻松长跑 20~40分钟	轻松长跑 30~60分钟 抗阻力训练 力量训练 拉伸运动	轻松长跑 30~50分钟	轻松长跑 20~30分钟 跨步跑 拉伸运动	慢跑/轻松跑 20~30分钟	5公里比赛	长跑 30~60分钟

表注：

① 交叉训练包括跑步机、椭圆机、自行车、自由搏击、游泳、滑雪等一些可替代性运动。

② 抗阻力训练对于跑步者来讲其运动方式包括抬腿、俄罗斯转体、侧抬腿、俯卧撑、空手深蹲、哑铃摆臂、弓箭步等一些基础类动作。后续可进行高强度、大重量的一些抗阻力训练。

4 10公里训练计划

10公里训练计划，是针对中级和高级跑步者制订的为期6周的训练计划，具有一定的针对性和运动强度。

周次	周一	周二	周三	周四	周五	周六	周日
1	快速节奏跑 2次×10分钟 慢跑休息 3分钟 轻松长跑 20~40分钟	轻松长跑 40~70分钟 力量训练 抗阻力训练 拉伸运动	长跑 60~70分钟 轻松长跑 20~40分钟	跑道跑 15次×200米 1500米 3公里配速 轻松长跑 20~40分钟	长跑 40~80分钟	长跑 60~120分钟 力量训练 抗阻力训练 拉伸运动	长跑 40~80分钟
2	跑道跑 16次×400米 10公里配速 轻松长跑 20~40分钟	轻松长跑 40~70分钟 力量训练 抗阻力训练 拉伸运动	长跑 60~70分钟 轻松长跑 20~40分钟	坡跑重复跑 90秒 5~8次 轻松长跑 20~40分钟	交叉训练	长跑 60~80分钟 力量训练 抗阻力训练 拉伸运动	

续表

周次	周一	周二	周三	周四	周五	周六	周日
3	间歇跑 1500 米 15 次 ×30 秒 慢跑休息 1 分钟 轻松长跑 20~40 分钟	轻松长跑 50~80 分钟 力量训练 抗阻力训练 拉伸运动	轻松长跑 50~90 分钟	轻松长跑 20~30 分钟 跨步跑 拉伸运动	慢跑 / 轻松跑 20~30 分钟	5 公里 模拟赛	长跑 40~80 分钟
4	长跑 60~80 分钟 力量训练 抗阻力训练 拉伸运动 轻松长跑 20~40 分钟	长跑 50~70 分钟	快速节奏跑 2 次 ×10 分钟 慢跑休息 3 分钟 轻松长跑 20~40 分钟	轻松长跑 40~60 分钟	长跑 40~80 分钟 力量训练 抗阻力训练 拉伸运动	长跑 60~120 分钟	
5	跑道跑 6 次 ×1000 米 10 公里配速 轻松长跑 20~40 分钟	轻松长跑 50~80 分钟 力量训练 抗阻力训练 拉伸运动	长跑 60~70 分钟 轻松长跑 20~40 分钟	跑道跑 12 次 ×200 米 1500 米 3 公里配速 轻松长跑 20~40 分钟	长跑 40~80 分钟	长跑 60~80 分钟 力量训练 抗阻力训练 拉伸运动	长跑 40~80 分钟
6	跑道跑 12 次 ×400 米 10 公里配速 轻松长跑 20~40 分钟	轻松长跑 30~50 分钟 力量训练 抗阻力训练 拉伸运动	轻松长跑 30~50 分钟	轻松长跑 20~30 分钟 跨步跑 拉伸运动	慢跑 / 轻松跑 20~30 分钟	10 公里比赛	长跑 40~80 分钟

表注：

① 交叉训练包括跑步机、椭圆机、自行车、自由搏击、游泳、滑雪等一些可替代性运动。

② 抗阻力训练对于跑步者来讲其运动方式包括抬腿、俄罗斯转体、侧抬腿、俯卧撑、空手深蹲、哑铃摆臂、弓箭步等一些基础类动作。后续可进行高强度、大重量的一些抗阻力训练。

5 马拉松训练计划

马拉松训练计划是针对参加马拉松的跑步者而设定的，包括 6 周半程马拉松和 8 周全程马拉松两种训练计划。

1）6 周半程马拉松训练计划

6 周半程马拉松训练计划是为参加半程马拉松比赛而跑的一些中级和高手跑步者制订的，具有一定的针对性和运动强度。

周次	周一	周二	周三	周四	周五	周六	周日
1	快速节奏跑 2 次 ×10 分钟 慢跑休息 3 分钟 慢速节奏跑 20~30 分钟 轻松长跑 20~40 分钟	轻松长跑 50~70 分钟 力量训练 抗阻力训练 拉伸运动	长跑 60~80 分钟 轻松长跑 20~40 分钟	跑道跑 15 次 ×200 米 1500 米 3 公里配速 轻松长跑 20~40 分钟	长跑 30~60 分钟	长跑 60~120 分钟	长跑 30~60 分钟
2	跑道跑 15 次 ×400 米 5 公里配速 轻松长跑 20~40 分钟	轻松长跑 50~70 分钟 力量训练 抗阻力训练 拉伸运动	长跑 60~80 分钟 轻松长跑 20~40 分钟	坡跑重复跑 90 秒 5~8 次 轻松长跑 20~40 分钟	交叉训练	长跑 80~140 分钟	
3	快速节奏跑 3 次 ×10 分钟 慢跑休息 3 分钟 快速节奏跑 20~30 分钟 轻松长跑 20~40 分钟	轻松长跑 50~70 分钟 力量训练 抗阻力训练 拉伸运动	长跑 60~80 分钟 轻松长跑 20~40 分钟	间歇跑 15 次 ×30 秒 1500 米 3 公里配速 慢跑休息 1 分钟 轻松长跑 20~40 分钟	长跑 30~60 分钟	长跑 90~150 分钟	长跑 30~60 分钟
4	5 公里重复跑 6 次 ×3 分钟 轻松长跑 20~40 分钟	轻松长跑 30~60 分钟 力量训练 抗阻力训练 拉伸运动	轻松长跑 50~100 分钟	轻松长跑 20~30 分钟 跨步跑 拉伸运动	慢跑 / 轻松跑 20~30 分钟	5 公里 模拟赛	

续表

周次	周一	周二	周三	周四	周五	周六	周日
5	长跑 40~60 分钟	长跑 40~60 分钟 力量训练 抗阻力训练 拉伸运动	快速节奏跑 2 次 ×10 分钟 慢跑休息 3 分钟 轻松长跑 20~40 分钟	轻松长跑 40~60 分钟	长跑 30~60 分钟 力量训练 抗阻力训练 拉伸运动	长跑 60~80 分钟 跨步跑	长跑 30~60 分钟
6	跑道跑 10 次 ×400 米 5 公里配速 轻松长跑 20~40 分钟	轻松长跑 30~60 分钟 力量训练 抗阻力训练 拉伸运动	轻松长跑 30~50 分钟	轻松长跑 20~30 分钟 跨步跑 拉伸运动	慢跑 / 轻松跑 20~30 分钟	半程马拉松 比赛	

表注：

① 交叉训练包括跑步机、椭圆机、自行车、自由搏击、游泳、滑雪等一些可替代性运动。

② 抗阻力训练对于跑步者来讲其运动方式包括抬腿、俄罗斯转体、侧抬腿、俯卧撑、空手深蹲、哑铃摆臂、弓箭步等一些基础类动作。后续可进行高强度、大重量的一些抗阻力训练。

2）8 周全程马拉松训练计划

8 周全程马拉松训练计划是针对参加全程马拉松比赛而跑的一些中级和高手跑步者而制订的，具有一定的针对性和运动强度。

周次	周一	周二	周三	周四	周五	周六	周日
1	慢速节奏跑 2 次 ×15 分钟 3 分钟慢跑 轻松长跑 20~40 分钟	轻松长跑 40~70 分钟 力量训练 抗阻力训练 拉伸运动	长跑 50~70 分钟 轻松长跑 20~40 分钟	跑道跑 15 次 ×200 米 3 公里配速 轻松长跑 20~40 分钟	长跑 30~60 分钟 力量训练 抗阻力训练 拉伸运动	长跑 90~140 分钟	长跑 30~60 分钟
2	跑道跑 8 次 ×1000 米 10 公里配速 轻松长跑 20~40 分钟	轻松长跑 40~70 分钟 力量训练 抗阻力训练 拉伸运动	长跑 50~70 分钟 轻松长跑 20~40 分钟	坡跑重复跑 90 秒 5~8 次	长跑 30~60 分钟	长跑 100~150 分钟	

续表

周次	周一	周二	周三	周四	周五	周六	周日
3	跑道跑 15 次 ×400 米 5 公里配速 轻松长跑 20~40 分钟	轻松长跑 40~70 分钟 力量训练 抗阻力训练 拉伸运动	长跑 50~70 分钟 轻松长跑 20~40 分钟	轻松长跑 30~50 分钟 跨步跑 拉伸运动	交叉训练	慢速节奏跑 60 分钟	长跑 30~60 分钟
4	轻松长跑 40~70 分钟	轻松长跑 40~70 分钟 力量训练 抗阻力训练 拉伸运动	长跑 50~70 分钟 轻松长跑 20~40 分钟	坡跑 重复跑 90 秒 5~8 次 轻松长跑 20~40 分钟	轻松长跑 40~70 分钟	长跑 120~180 分钟	
5	快速节奏跑 3 次 ×10 分钟 3 分钟慢跑 慢速节奏跑 30~40 分钟 轻松长跑 20~40 分钟	轻松长跑 40~70 分钟 力量训练 抗阻力训练 拉伸运动	长跑 50~70 分钟 轻松长跑 20~40 分钟	跑道跑 15 次 ×200 米 3 公里配速 轻松长跑 20~40 分钟	交叉训练	长跑 130~210 分钟	长跑 30~60 分钟
6	跑道跑 10 次 ×400 米 5 公里配速 轻松长跑 20~40 分钟	轻松长跑 30~60 分钟 力量训练 抗阻力训练 拉伸运动	轻松长跑 40~60 分钟	轻松长跑 20~40 分钟 跨步跑 拉伸运动	慢跑 / 轻松跑 20~30 分钟	5 公里 模拟赛	
7	长跑 40~60 分钟	长跑 40~60 分钟 力量训练 抗阻力训练 拉伸运动	快速节奏跑 2 次 ×10 分钟 3 分钟慢跑 轻松长跑 20~40 分钟	轻松长跑 40~60 分钟	轻松长跑 40~60 分钟	长跑 50~90 分钟 跨步跑 拉伸运动	长跑 30~60 分钟
8	长跑 40~60 分钟	轻松长跑 30~60 分钟 力量训练 抗阻力训练 拉伸运动	轻松长跑 40~60 分钟	轻松长跑 20~30 分钟 跨步跑 拉伸运动		慢跑 / 轻松跑 20~30 分钟	

表注：

① 交叉训练包括跑步机、椭圆机、自行车、自由搏击、游泳、滑雪等一些可替代性运动。

② 抗阻力训练对于跑步者来讲其运动方式包括抬腿、俄罗斯转体、侧抬腿、俯卧撑、空手深蹲、哑铃摆臂、弓箭步等一些基础类动作。后续可进行高强度、大重量的一些抗阻力训练。

第 9 章　健康跑

跑步具有悠久的历史，最近几年随着生活水平的提高，伴随而来的“慢性病”人群也迅猛增长，为了抵御现代化社会给一个国家、一个民族和个人带来的“慢性病”的危害，将跑步作为促进健康的手段大力推广已迫在眉睫。随着健康跑的医学意义越来越突出，人们对健康跑的热情也日益高涨。将健身的着重点放在较温和的跑步锻炼上，不仅可以提高心血管系统的机能，而且还可以促进健康、长寿，对身体大有裨益。

9.1 认识健康跑

随着社会的进步、电子产品的高速发展以及工作压力的急速上升，你是否感觉到身体已经达到了极限？是否也已经感受到体重的超重和心率过速了呢？打开微信公众号，扑面而来的是各种癌症、猝死、心梗的刺痛新闻。那么该如何缓解上述各种症状，让身体健康起来呢？

何以解忧，唯有跑步！健康跑可以有效降低慢性病的发病率，并可降低癌症、抑郁症和心脏病等病的发病率，是增进健康、延年益寿最为有效的运动项目之一。

祝贺你！为了健康和良好的身体状态，踏上了跑步这条有益路。健康跑是一种为了健康而跑步的运动方式，并不是为了参加各种跑步比赛而跑。对于健康跑来讲，跑步者所关注的不是跑步速度，也不是跑步距离，而是跑步时间，乐趣和健康才是跑步的宗旨。

1 认识健康跑

健康跑等于慢跑。健康跑是为了身体舒适而跑，并不是为了比赛而跑，因此在平时跑步过程中不必为了提高成绩而造成骨骼和软组织受伤，从而丧失跑步乐趣。许多一味追求成绩的跑步者直到受伤无法坚持跑步时，才会意识到健康跑的重要性。对于一些跑步者而言，慢速的健康跑是非常痛苦和枯燥的，远没有快速跑来得痛快。但是，如果身体受损严重，会导致连最基本的半小时跑步都很难做到，这将得不偿失。

作为一名初级跑步者，最初的跑步目标应该是维持心脏健康，提高心肺功能，建议每周跑 3~4 次，跑步总时间应该维持在 3~4 小时。最开始，可以隔两天跑一次，后续慢慢地可以隔一天跑一次。切忌开始就超距离、超时间及快速的跑步，因为如此一来会提高患骨科病的风险，并有可能致使免疫系统变弱。

对于一个初级跑步者而言，坚持每周跑 3 次，每次 30 分钟以上，才是最佳运动标准，也会保持消耗与运动之间的平衡性。此时，跑步时的运动心率应该介于最大心率的 70%~80%，跑步期间可以进行简单谈话，不会气喘吁吁。

轻轻松松地慢跑是成功的必经之路，也是可以一直跑下去的保障。健康跑具有下列 12 种功效。

- 可以有效锻炼心血管系统。
- 可以稳定被动运动系统。
- 可以缩短机体的恢复时间。
- 可以增加肌肉中的毛细血管数量。
- 可以增加血流的流通速度。
- 可以增加肌肉中的氧气储备。
- 可以增强免疫系统。
- 可以增加线粒体数量和体积。
- 可以有效消耗脂肪代谢释放的热量。
- 可以提高跑步速度。
- 可以提高摄氧量。
- 可以有效减轻压力。

2 步行 OR 慢跑

走和跑目前已成为人们生活中的一个重要的组成部分，其目的只有一个，那便是“不做有病之人”。

步行与跑步具有相辅相承的关系，它们之间的共同点是对健康更具有意义。从跑步热暴发之后，暴走、健步走和步行同样也受到了跑步热的影响，被广大健身者所接受。

一些跑步新手一旦决定了开始跑步，便会热情高涨地加入跑步大军，发誓坚持每天都跑，非要跑出个完美身材不可。经过一段时间之后，热情度下降，其跑步的积极性也随之下降，甚至有些人会因各种原因放弃跑步。此时，步行作为从不运动到运动之间的平缓过渡运动，再合适不过了。

对于平时不怎么运动的初级跑步者来讲，跑步的最初阶段比较难以坚持，相对于其他更容易坚持的游泳和自行车等有氧运动来讲，慢跑和步行却是花费最低的一种运动项目。步行和慢跑特别适合以下 6 种人群。

- 跑步入门者。
- 年龄比较大者。
- 骨骼容易受伤者。
- 体重超标者。
- 伤病后的康复阶段。
- 高风险人群。

为了可以一如既往地跑步，初级跑步者应该具有更多从步行开始参与到跑步的勇气。一些无法坚持跑下去的初级跑步者，其真正失败的原因是一开始为自己制定了过高的目标。通过散步-步行-健步走这一逐步提高运动负荷的训练方法，可以促使心肺功能、肌肉功能及运动能力的不断增长，为将来成功跑步奠定基础。

步行为相对放松的一种运动方式，在此期间很难达到身体极限，但坚持几周或几月的步行之后会惊奇地发现运动能力的提升以及身体状况的改善，甚至可以达到跑步级别。步行，是通向跑步的有效途径，也是通向跑步的中转站。目前，社会中一些步行/健步走组织越来越多，对于初级运动者来讲，可以通过参加这些组织来学习和强化步行运动，在增强步行信心的同时过渡到跑步状态。

注意:

体重超标的认定可通过BMI(体重指数)来确定，其公式为体重除以身高的平方。其中，BMI低于18表示体重超轻，BMI介于18~26表示体重正常，BMI大于26表示轻微超重，BMI大于30表示肥胖。

9.2 为健康而跑

杜绝跑步膝、杜绝运动伤痛以及持之以恒的跑步是所有跑步者一直追寻的目标，而健康则是健康跑跑步者毕生追寻的目标。既然是为了健康而跑，那么在跑之前则需要对身体进行相应的测试，便于选择自己的跑步方式和跑步方法，以避免过度训练导致无法一如既往地跑步。

1 正确开启跑步之门

开始跑步之前，首先需要彻底了解自己的身体情况，以避免跑步过程中出现不可避免的应急情况。如果对自己的身体足够了解，则可以着手准备跑步了；如果对自己的身体情况不够了解，则需要去医院做一个全面体检。

确保全面了解自己的身体健康情况之后，可以为自己准备一双舒适的跑鞋。因为在跑步过程中，脚是最直接、最易受伤的部位，对跑鞋最基本的要求是减震及符合自己的脚型。其次，为自己选择一套优质的功能性服装，以确保可以为所欲为地在各种天气中奔跑。除了上述所说的跑步事项之外，为了可以督促跑步者更好地进行跑步，建议遵循下列一些跑步建议。

- 参加跑步圈，寻找志同道合的朋友，增加跑步热情。
- 第一次跑步建议在平坦的场地进行，以相对容易的地形开始跑步。
- 初级跑步者建议在跑步过程中，使用整只脚落地。
- 跑步过程中，保持身体直立，步幅自然。
- 控制跑步节奏，使用四步一呼吸或三步一呼吸等节奏，双臂自然摆动切勿僵硬。
- 注意呼吸方式，口鼻兼用是最好的呼吸方式。
- 注意开始跑步的速度，尽量慢跑，坚持每周 3 次，每次 30 分钟。
- 注意休息，切勿冒进，跑步需要身体恢复，同时也需要日积月累。
- 初跑无须速度太快，重点关注跑步的频率及每次跑步的时长。
- 注意及时补充水分，分次补充，不可一次性补充过多水分。
- 跑前应该饮用一些易于消化的食物。
- 跑步的同时需要加入一些拉伸动作练习和力量练习。
- 建议以日记的方式记录跑步情况。

对于初级跑步者而言，在开始跑步时会出现一些典型的错误，下表中列出了这些典型的错误以及规避方法。

典型错误	规避方法
目标太高	制定合理的目标，不制定高于自身情况的目标，可以通过测试赛来确定合适的目标
训练强度太大	跑步属于耐力跑，切勿以太快的速度进行跑步，平缓跑才是训练耐力的基础
慢跑速度过快	切勿使用过快的速度进行慢跑，那样无法彻底清除身体的能量储备
跑步距离太短	确保每次的跑步时间，只有这样才能保证跑步距离
无规律跑步	身体需要规律的刺激，因此跑步时间不应间隔太长，应规律地进行跑步，例如隔一天跑一天
频繁更换训练计划	遵循符合自己身体健康状态的训练计划，一个训练计划必须坚持一段时间，以使身体元素系统组合的时间更加持久一些，否则将无法达到预期的训练效果
受伤后仍坚持跑步	切勿在伤痛的情况下继续跑步，以免影响长期的跑步计划，此时应该减少跑量或适当休息

2 确定运动方式

在开始跑步之前，需要重审自己的身体情况，并评估自己的运动能力。例如，平时都进行过什么运动？每次运动的时长是多少？正确地评估运动能力，可以确保身体免受不必要的损伤。此时，需要在跑步之前进行一次简单的测试，以确定自己最初的运动方式。在测试之前，先找到一项更符合自身的运动方式，可以是步行也可以是慢跑，其测试的最终目标是在进行运动时感觉比较轻松，不会气喘吁吁。

那么，在进行这种简单的测试时是选择步行还是慢跑运动呢？这个需要根据自身情况决定，例如下面几种身体状况所选择的测试方式。

- 没有参与过任何有氧耐力运动，连最基础的散步都未进行过，而且体重严重超标、骨骼不适与三高患者，进行测试前需要先去医院做一个全面诊断。
- 没有参与过任何有氧耐力运动，连最基础的散步都未进行过，在正常体重范围内或体重超标不严重，而且未患三高症状及骨骼不适，可以从步行运动开始。
- 如果经常散步且时间超过50分钟，可以从健步走运动开始。
- 如果经常健步走且时间超过30分钟，可以从低速慢跑运动开始。
- 如果已经进行过慢跑或其他有氧运动，可以从慢跑运动开始。

这种简单测试时长为30分钟，其内容主要包括运动进行的时间、身体反应情况、呼吸情况、肌肉反应等一些受运动影响的常规因素，其具体情况如下表所示。

测试因素	测试内容		
跑步时间	前半程时长：______ 后半程时长：______ 总 时 长：______		
身体反应情况	1、非常轻松	□	表示可以非常轻松地完成，无任何不适
	2、相当轻松	□	表示可以轻松地完成，无任何不适
	3、可以完成	□	表示可以完成，无任何不适
	4、轻微痛苦	□	表示身体有一定的反应，也可以完成
	5、有点痛苦	□	表示身体有很大的反应，完成比较痛苦
	6、很痛苦	□	表示让人感觉不适，备受折磨

续表

测试因素	测试内容	
呼吸情况	1、非常平缓 □	呼吸感觉跟正常情况下一样
	2、相当平缓 □	呼吸计划跟正常情况下感觉一样，身体感觉到了放松
	3、轻微急促 □	感觉到呼吸比正常情况下快一些，身体感觉到了放松
	4、呼吸急促 □	清楚地感觉到呼吸比正常情况要快，中途需要休息一下才能感觉身体放松
	5、呼吸不适 □	呼吸感觉到困难，身体无法感觉到放松
	6、呼吸费劲 □	呼吸非常急促，发出气喘吁吁的声音，身体完全感觉不到放松
肌肉反应情况	1、没有反应 □ 2、轻微反应 □ 3、中度反应 □ 4、强烈反应 □	
运动前后的心率情况	1、无反应 □ 2、几乎保持不变 □ 3、轻微上升（10~15 次 / 分） □ 4、严重上升（20 次以上 / 分） □	
骨骼情况	训练前后骨骼不适情况描述＿＿＿＿＿＿＿＿＿＿	

测试完之后，跑步者会发现在测试期间无法准确地把握体力的分配情况。有的跑步者一开始速度很快，测试进行到三分之一处时便无法继续保持这种速度，自然而然地放慢了速度。而且刚开始几分钟内总是感觉运动进行得非常轻松，随着时间的增长其轻松程度也逐渐降低了。通过测试，有些跑步者会发现刚开始时的速度可以保持慢一些，这样可以将相同的速度和节奏保持到测试结束。

注意:

如果通过测试仍然无法准确把握自己的运动情况，那么建议跑步者选择低一级别的运动项目。例如，如果感觉自己可以从慢跑开始且慢跑坚持起来有点困难，那么便可以从快步走开始。

在测试结束后，如果出现下列 5 种情况，表明起步速度过快，给自己施加了太大的运动负荷。

- 后半程的时间大于前半程时间。

- 后半程运动的困难度大于前半程。
- 呼吸费劲，变得气喘吁吁并伴有疼痛感。
- 运动后心率上升明显。
- 运动过程中身体状态感觉有点痛苦。

在测试结束后，如果出现下列3种情况，表明运动处在临界值，后期训练需要平缓地施加训练负荷。

- 运动过程中身体反应出轻微痛苦。
- 在运动过程中感觉呼吸有一点急促。
- 在一定程度上感觉到肌肉有一种僵硬感。

在测试结束后，如果出现下列3种情况，表明运动速度过慢了，可以运用再快一些的速度测试一次。

- 运动过程中身体反应非常轻松。
- 运动过程中呼吸非常平缓。
- 运动前后心率无反应。

注意:

如果测试后出现了骨骼方面的不适感，表示运动强度过大、运动速度过快；如果休息几天后这种状况仍然未缓解，则需要寻求医生的帮助了。

3 优化跑步方式

良好的跑步姿势不仅可以节省体力、提高跑步速度，而且还可以让跑步看起来更加优美，更具有诗意感。若想优化跑步方式，需要从摆臂、双手姿势、身体姿势等方面进行优化。

1）优化摆臂动作

在众多项目的运动中，短跑和中长跑运动员更注重跑步过程中的摆臂动作。短跑运动员在跑步时，其手臂摆动幅度比较大，会达到头部附近，他们有意识地使用手臂带动身体；而中长跑运动员会在冲刺阶段加强摆臂动作，既可以提高双腿的速度，又可以带来向前冲刺的动力。但对于长跑运动员来讲，很少注重改善手臂的摆动动作，往往是非常随意地在身体双侧或前后摆动，浪费了推动身体前进的作用。

长跑运动员的摆臂动作通常靠近身体微微前伸，其双臂自然放松，上下臂弯曲程度几乎呈直角，位于身体两侧向前，微微朝内且不能超过身体中线。如果无法准确把握摆臂姿势，可以通过镜子观看或通过视频观看自己的跑步姿势。当跑步过程中，双臂过分朝内或肩部过分前后摇摆，则表明是由跑步姿势及其他多种因素造成的。另外，错误的摆臂姿势还包括双臂弯曲位置过高、手臂位置摆放过低、双臂动作不对称等。其中，双臂动作不对称和手臂位置摆放过低这些错误的摆臂动作会导致身体失去平衡，而

且还会致使跑步更加费力。

2）优化双手姿势

双手的姿势通常会被跑步者所忽略，优化跑步姿势同样也不能忽视双手的姿势。跑步中，双手握紧者表示肌肉比较紧张，从肌肉程度反射到心理上，同样其心理也处于紧张状态。这种行为可通过一个简单的测试进行判断，即右手握紧拳头时，左手触摸其小臂、大臂至肩膀处的肌肉，会发现肌肉处于紧绷状态。如果跑步者在跑步过程中，当手握手机或其他物品时，其小臂、大臂和肩膀处的肌肉同样处于紧张状态中。

优良的双手姿势应该为双手放松，大拇指朝上，其余手指轻微弯曲，并保持放松状态。

3）优化身体姿势

跑步时身体应该保持正直，上身微微前倾，目视前方，切忌低头看地；如果身体过分前倾，则会影响呼吸顺畅。如果跑步者的核心力量不足，会在跑步快结束时段失去平稳性，出现上身摇晃、骨盆用力、重心朝后、身体下沉且前倾严重等现象，从而导致腿部动作的协调性变差。

4）优化步幅和步频

在跑步过程中，特别对于初级跑步者来讲，切勿尝试大步幅的跑步方式，步幅过大容易造成损伤而且还会降低跑步的效率。在 5 公里跑中，平均步幅应为 1.5 米左右，马拉松跑的步幅应小于 1.3 米。在快跑或冲刺时，应加快步频，上坡跑时则应在缩小步幅的同时加快步频。

健康跑更注重轻盈的小步跑，脚不必抬得过高，身体重心浮动较小（几厘米的浮动）。另外，需要注意在跑步过程中避免跳跃性动作的出现。

9.3 健康跑计划

测试跑完成之后，便可以根据测试结果来制订一个合理的健康跑计划了。根据跑步计划，保持良好的跑步姿势，可以在一段时间内从初级跑步者成功进阶到中级或高级跑步者。当然，制订合理的跑步计划之后，还需要遵守并理解训练计划，以确保训练的有效性。

1 入门者训练计划

初级跑步者在制订训练计划之前，需要先找到适合自身健身情况的运动项目，切记不要为自己施加太大负荷的运动计划。入门者训练计划包括4个，其目标是每周运动3次，每次运动时间至少保持30分钟。当然，如果跑步者拥有训练的时间比较多，也不会受到其他因素的干扰，那么便可以在训练一两个月后将训练计划调整为每周4次，每次30分钟。

当初级跑步者可以轻松完成下面4个训练计划之后，便可以进入“计划5”训练计划了，此时便可以从慢跑者变成身体状态良好的中级跑步者了。

1）计划1：步行

在进行“计划1”训练之前，初级跑步者需要满足30~60分钟散步运动的要求，该计划要求跑步者在6周时间内通过步行运动提高身体状态。最初训练以每周3次，每次30分钟为基础；第2周开始加长步行时间至1小时，并延缓步行速度；第3周开始增加训练的多样性，每周保持1次高强度的快步走运动；6周以后进行高强度的交叉训练并过渡到慢跑阶段。其“计划1”详细的计划安排，如下表所示。

周次	周一	周二	周三	周四	周五	周六	周日
1		步行30分钟 距离3~4公里		步行30分钟 距离3~4公里		步行30分钟 距离3~4公里	
2		步行30分钟 距离3~4公里		慢速步行15分钟 快速步行20分钟 距离4~5公里		步行60分钟 距离6~7公里	
3		步行30分钟 距离3~4公里		步行30分钟 距离3~4公里		步行45分钟 距离5~6公里	
4		步行35分钟 距离4~5公里		慢速步行20分钟 快速步行20分钟 距离5~6公里		步行60分钟 距离6~7公里	
5		步行35分钟 距离3~4公里		慢速步行15分钟 快速步行20分钟 距离4~5公里		步行45分钟 距离5~6公里	
6		步行35分钟 距离4~5公里		慢速步行20分钟 快速步行25分钟 距离5~6公里		步行70分钟 距离7~8公里	

2）计划 2：步行 / 慢跑

在进行“计划 2”训练之前，初级跑步者需要满足 30 分钟以上的快速走运动要求，即达到了步行者的要求；该计划要求跑步者在 10 周时间内从步行者进阶到跑步者。在该计划内，应该有效控制体重，切勿使体重严重超标。该计划会逐渐增加慢跑时间，从第 8 周开始将以慢跑训练为主，最终目标为每周慢跑 3 次，每次不低于 30 分钟。虽然以慢跑为主，但在跑步过程中也不应该出现呼吸困难的情况，整个运动应该始终处于无氧阈值以下。其“计划 2”详细的计划安排，如下表所示。

周次	周一	周二	周三	周四	周五	周六	周日
1		35 分钟走 / 跑交替 穿插 5 次 ×2 分钟慢跑 距离 4~5 公里		40 分钟走 / 跑交替 穿插 5 次 ×2 分钟慢跑 距离 5~6 公里		60 分钟走 / 跑交替 穿插 5 次 ×2 分钟慢跑 距离 7~8 公里	
2		35 分钟走 / 跑交替 穿插 4 次 ×3 分钟慢跑 距离 4~5 公里		40 分钟走 / 跑交替 穿插 4 次 ×3 分钟慢跑 距离 5~6 公里		50 分钟走 / 跑交替 穿插 3 次 ×5 分钟慢跑 距离 7~8 公里	
3		35 分钟走 / 跑交替 穿插 5 次 ×2 分钟慢跑 距离 4~5 公里		40 分钟走 / 跑交替 穿插 4 次 ×3 分钟慢跑 距离 5~6 公里		60 分钟走 / 跑交替 穿插 5 次 ×2 分钟慢跑 距离 7~8 公里	
4		40 分钟走 / 跑交替 穿插 3 次 ×5 分钟慢跑 距离 5~6 公里		40 分钟走 / 跑交替 穿插 3 次 ×5 分钟慢跑 距离 5~6 公里		60 分钟走 / 跑交替 穿插 2 次 ×8 分钟慢跑 距离 7~8 公里	
5		35 分钟走 / 跑交替 穿插 4 次 ×3 分钟慢跑 距离 5~6 公里		40 分钟走 / 跑交替 穿插 3 次 ×5 分钟慢跑 距离 6~7 公里		60 分钟走 / 跑交替 穿插 4 次 ×3 分钟慢跑 距离 7~8 公里	
6		45 分钟走 / 跑交替 穿插 2 次 ×8 分钟慢跑 距离 5~6 公里		45 分钟走 / 跑交替 穿插 2 次 ×8 分钟慢跑 距离 6~7 公里		45 分钟走 / 跑交替 穿插 4 次 ×5 分钟慢跑 距离 7~8 公里	
7		45 分钟走 / 跑交替 穿插 4 次 ×5 分钟慢跑 距离 6~7 公里		45 分钟走 / 跑交替 穿插 2 次 ×8 分钟慢跑 距离 6~7 公里		45 分钟走 / 跑交替 穿插 3 次 ×8 分钟慢跑 距离 6~7 公里	

续表

周次	周一	周二	周三	周四	周五	周六	周日
8		45 分钟走 / 跑交替 穿插 3 次 ×10 分钟慢跑 距离 6~7 公里		45 分钟走 / 跑交替 穿插 3 次 ×8 分钟慢跑 距离 6~7 公里		45 分钟走 / 跑交替 穿插 2 次 ×15 分钟慢跑 距离 6~7 公里	
9		45 分钟走 / 跑交替 穿插 3 次 ×10 分钟慢跑 距离 7~8 公里		45 分钟走 / 跑交替 穿插 3 次 ×10 分钟慢跑 距离 7~8 公里		45 分钟走 / 跑交替 穿插 30 分钟慢跑 距离 7~8 公里	
10		45 分钟走 / 跑交替 穿插 2 次 ×15 分钟慢跑 距离 7~8 公里		45 分钟走 / 跑交替 穿插 2 次 ×15 分钟慢跑 距离 7~8 公里		45 分钟走 / 跑交替 穿插 30 分钟慢跑 距离 7~8 公里	

3）计划 3：以走路间歇为主的慢跑

在进行“计划 3”训练之前，初级跑步者需要满足 30 分钟以上慢跑，且中间穿插走路间歇次数较多的运动要求。其“计划 3”详细的计划安排，如下表所示。

周次	周一	周二	周三	周四	周五	周六	周日
1		9 次 ×2 分钟慢跑 间隔步行 1 分钟 时间约 26 分钟		9 次 ×2 分钟慢跑 间隔步行 1 分钟 时间约 26 分钟		9 次 ×2 分钟慢跑 间隔步行 1 分钟 时间约 26 分钟	
2		7 次 ×3 分钟慢跑 间隔步行 1 分钟 时间约 29 分钟		7 次 ×3 分钟慢跑 间隔步行 1 分钟 时间约 29 分钟		7 次 ×3 分钟慢跑 间隔步行 1 分钟 时间约 29 分钟	
3		6 次 ×4 分钟慢跑 间隔步行 1 分钟 时间约 29 分钟		6 次 ×4 分钟慢跑 间隔步行 1 分钟 时间约 29 分钟		6 次 ×4 分钟慢跑 间隔步行 1 分钟 时间约 29 分钟	
4		5 次 ×5 分钟慢跑 间隔步行 1 分钟 时间约 29 分钟		5 次 ×5 分钟慢跑 间隔步行 1 分钟 时间约 29 分钟		5 次 ×5 分钟慢跑 间隔步行 1 分钟 时间约 29 分钟	

4）计划 4：以短暂走路间歇为主的慢跑

在进行“计划 4”训练之前，初级跑步者需要满足 30 分钟以上慢跑，且中

间穿插走路间歇次数变少的运动要求。如果初级跑步者可以轻松地慢跑 30 分钟并且中间只穿插短暂的几次休息，则可以从训练计划的第 5 周开始执行“计划 4”。那么第 8 周后，慢跑中间穿插的走路间隙的次数会越来越少，慢跑持续时间会越来越长且速度越来越快。其“计划 4”详细的计划安排，如下表所示。

周次	周一	周二	周三	周四	周五	周六	周日
1		4 次 ×7 分钟慢跑 间隔步行 1 分钟 时间约 31 分钟		4 次 ×7 分钟慢跑 间隔步行 1 分钟 时间约 31 分钟		4 次 ×7 分钟慢跑 间隔步行 1 分钟 时间约 31 分钟	
2		3 次 ×10 分钟慢跑 间隔步行 1 分钟 时间约 32 分钟		3 次 ×10 分钟慢跑 间隔步行 1 分钟 时间约 32 分钟		3 次 ×10 分钟慢跑 间隔步行 1 分钟 时间约 32 分钟	
3		2 次 ×15 分钟慢跑 间隔步行 1 分钟 时间约 31 分钟		2 次 ×15 分钟慢跑 间隔步行 1 分钟 时间约 31 分钟		2 次 ×15 分钟慢跑 间隔步行 1 分钟 时间约 31 分钟	
4		3 次 ×10 分钟慢跑 间隔步行 1 分钟 时间约 32 分钟		3 次 ×10 分钟慢跑 间隔步行 1 分钟 时间约 32 分钟		3 次 ×10 分钟慢跑 间隔步行 1 分钟 时间约 32 分钟	

2 中级跑步者训练计划

跑步者根据计划顺利完成“计划 4”之后，便可以进阶到中级跑步者训练计划了。中级跑步者训练计划要求初级跑步者可以持续 30 分钟以上的慢跑，并且慢跑中间不穿插走路间歇的运动要求。

中级跑步者已经属于身体状态良好的跑步者了，此时跑步者不是在潜意识的强迫和痛苦中跑步，而是为了身体舒适和健康而跑。该阶段的跑步者将会拥有更好的身体状况，以及消耗更多的热量并能享受到跑步的乐趣。

1）计划 5：正式跑步

在该阶段的训练计划中，仍然要求每周进行 3 次跑步，其训练时间根据身体状况适当延长至 90 分钟；交叉训练方式也越来越多，包括快速持续跑、山地慢跑及法特莱克跑等；该计划段的运动心率应该保持在最大心率的 70%~75%。

周次	周一	周二	周三	周四	周五	周六	周日
1		30 分钟平缓跑 距离 4~5 公里		30 分钟平缓跑 距离 4~5 公里		30 分钟平缓跑 距离 4~5 公里	
2		30 分钟平缓跑 距离 4~5 公里		30 分钟平缓跑 距离 4~5 公里		40 分钟平缓跑 距离 5~6 公里	
3		30 分钟平缓跑 距离 4~5 公里		30 分钟平缓跑 距离 4~5 公里		40 分钟平缓跑 距离 5~6 公里	
4		30 分钟平缓跑 距离 4~5 公里		30 分钟平缓跑 距离 4~5 公里		50 分钟平缓跑 距离 7~8 公里	
5		35 分钟平缓跑 距离 5~6 公里		35 分钟平缓跑 距离 5~6 公里		60 分钟平缓跑 距离 8~9 公里	
6		35 分钟平缓跑 距离 5~6 公里		35 分钟平缓跑 距离 5~6 公里		70 分钟平缓跑 距离 9~10 公里	
7		40 分钟平缓跑 距离 6~7 公里		40 分钟平缓跑 距离 6~7 公里		70 分钟平缓跑 距离 10~11 公里	
8		40 分钟平缓跑 距离 6~7 公里		40 分钟平缓跑 距离 6~7 公里		80 分钟平缓跑 距离 11~12 公里	
9		40 分钟平缓跑 距离 6~7 公里		40 分钟平缓跑 距离 6~7 公里		80 分钟平缓跑 距离 12~13 公里	
10		40 分钟平缓跑 距离 6~7 公里		45 分钟快速持续跑 穿插 20 分钟轻松跑 距离 7~8 公里		80 分钟平缓跑 距离 12~13 公里	
11		45 分钟平缓跑 距离 7~8 公里		50 分钟快速持续跑 穿插 30 分钟轻松跑 距离 8~9 公里		90 分钟平缓跑 距离 13~15 公里	
12		45 分钟平缓跑 距离 7~8 公里		50 分钟快速持续跑 穿插 30 分钟轻松跑 距离 8~9 公里		90 分钟平缓跑 距离 13~15 公里	

注意:

每周 3 次跑步有利于身体健康，如果身体条件允许每周进行更多次的跑步训练，则可以促使身体达到更加良好的状态。

2）中上速度长跑

完成“计划 5”的跑步训练之后，便可以进行中上速度的长跑了。此时的运动心率应该保持在最大心率的 80%~85%，不可超过最大心率的

90%。此阶段虽然提升了跑步速度，但整体的跑步仍处于有氧运动范围之内，其感觉仍然以轻松、不费力为主。

在进行中上速度长跑阶段训练时，首先需要进行 15 分钟左右的慢跑热身，然后以快速跑的速度跑 20 分钟，最后以慢跑的速度结束跑步；两周以后将快速跑时间延长至 30 分钟，半月之后可以进行快速持续跑。

3）法特莱克跑

法特莱克跑是斯堪的那维亚人发明的一种利用地形、地貌或人为设置的加速与减速跑，是一种用于发展耐力的训练方法，非常适合冬季训练。跑时，跑步者可以根据自我感觉、兴趣和地形的变化自行变换速度，并可自由决定减速跑的长度以及法特莱克的结构。例如，可通过下列交叉跑的方式来提高跑步速度。

- 10~15 分钟的热身慢跑。
- 以最大心率的 90% 快速跑 2 分钟。
- 以最大心率的 65% 轻松跑 2 分钟。
- 以最大心率的 90% 快速跑 4 分钟。
- 以最大心率的 65% 轻松跑 3 分钟。
- 以最大心率的 90% 快速跑 6 分钟。
- 以最大心率的 65% 轻松跑 4 分钟。
- 以最大心率的 90% 快速跑 4 分钟。
- 以最大心率的 65% 轻松跑 3 分钟。
- 以最大心率的 90% 快速跑 2 分钟。
- 5~10 分钟的减速跑。

另外，法特莱克跑也可以使用金字塔形式的跑步方式，即 1 分钟快跑 / 慢跑变速跑，2 分钟快跑 /2 分钟慢跑变速跑，3 分钟快跑 / 慢跑变速跑，直类推至 10 分钟快跑 / 慢跑变速跑。

9.4 不同人群跑步方式

不同的人群所使用的跑步方式不尽相同，其训练计划和内容也不尽相同。例如，跑步对于儿童来讲是乐趣满满的一种活动，此时家长需要引导儿童参与更多的跑步运动。而男女身材存在一定的差异，因此女性在跑步过程中应该特别注意一些问题。那么年龄大的人群还能跑吗？当然能跑了，合理科学地跑步不仅可以提高生活质量，而且还可以延缓衰老。记住，跑步——永远都不晚！

1 儿童跑步

儿童特别喜欢跑步，他们将跑步当成一种乐趣、一种新奇的发现，他们更乐于一整天都嬉闹奔跑。随着高科技的发展，年龄稍微大点的儿童不再进行嬉闹奔跑了，他们所钟爱的是平板、手机、电脑中的一些游戏。此时，需要通过父母来引导孩子，放弃游戏参与到运动中来，以健康积极向上的生活态度迎接每一天。

1）环境和体能

环境对于儿童习惯的养成非常重要，对于养成爱运动、爱跑步的习惯同样重要。若家庭中父母都喜欢运动，那么孩子也会参与到运动中。父母以身作则的影响，是深入儿童骨髓中的影响，这种影响和习惯会跟随一生。

经常参加体育运动的儿童体重都不会超标，因为有氧运动可以良好地控制体重，使身体变得更加轻盈。同时，积极适度的跑步运动也会提高儿童的心肺功能，提高摄氧能力。

由于儿童汗腺未发育完全，一般不耐热，特别是在炎热的夏季，更多的血液会流到皮肤区域代替汗液散热，因此切勿过度运动，以避免造成血液供应不足的情况。除此之外，儿童的体力也比较差，过度训练会严重透支体力；但儿童的身体恢复时间相对较短，因此可以进行间隔性运动。

每个儿童在成长过程中都会存在个体差异，而开发运动天赋中协调和反应能力的最佳年龄段为6~12岁，因此在参与运动过程中需要特别注重该时间段内的协调能力和反应能力的训练。

在青春期前男女儿童的体力相差不大，过了青春期之后差异便会显示出来。此时，男孩的肌肉和力量都会增加，而女孩则会增加身体脂肪。在运动方面女孩要比男孩的运动能力下降约10%~15%，但女孩的灵敏性会在这一时刻达到最高境界。

当儿童的身体基本发育好之后（特别是大脑和脊柱的发育），便可以进行一些复杂的包含技巧性的运动项目了，例如短跑、跳跃、投掷、体操、舞蹈等。这些动作复杂的运动，可以锻炼儿童“存储”运动过程到神经肌肉中这一能力。

总之，该阶段儿童的训练内容应该多样化、复杂化，其中有氧运动应占据50%的地位，无氧运动越少越好。而有氧运动最好每周进行3次，每次时间控制在30~60分钟。

2）儿童训练

虽然儿童更喜欢奔跑，但却不能专攻长跑。由于身体各因素的影响，儿童阶段不适合过早地从事长跑，长跑运动的最佳适应年龄是成年之后。

因此，儿童期的训练内容应该是多样性的，其娱乐性应该更多一些，以练习儿童的反应能力、灵活性、协调性和速度为主。一些寓教于乐的运动更适合儿童训练，具体如下所示。

- 引导式　父母和儿童共同进行运动。
- 越野跑　多参与一些趣味越野跑和定向越野跑，带着地图和指南针更能增加运动的乐趣。
- 变换场地　经常变换场地进行运动，为儿童提供一种郊游的乐趣，例如沙滩、草地、山上等运动场地。
- 比赛式　经常与小朋友或家庭组织比赛，不在乎速度，不在乎输赢，只在于乐趣，每人可以提供一份小礼物作为奖励。
- 障碍跑　在野外找一些有小障碍的场地，或儿童动手制造跑步障碍，跑步同时跳过障碍，获得运动乐趣。
- 铁人项目　可以带领儿童进行铁人项目运动，包括铁人三项或铁人二项，项目包括慢跑、骑车或游泳，其中还可以设置一些游戏环节，例如中途停下来向指定目标进行投掷，投中会有奖励，投不中会有小小的惩罚。
- 游戏性运动　可以进行绕桩跑、折回跑、听口令跑、向后跑、跑跳等一些具有娱乐性的运动。
- 团队性运动　可以进行一些团队配合性的运动项目，例如接力赛跑等。
- 交叉运动　交叉运动是两种以上的运动交叉进行，例如跑步和骑车交叉进行等。

除了上述运动方式之外，还可以带领儿童去一些大型场地进行耐力训练，例如轮滑、划船、滑冰、滑雪、滑沙等，通过这些运动也可以达到锻炼身体的目的，何乐而不为呢！

2 青少年跑步

青少年时期会随着性激素的增加而加速肌肉组织的发育速度，因此青少年时期的无氧和力量训练变得越来越重要。通过力量训练，可以增加肌纤维的长度和宽度，从而增加其弹性和耐力组织的能力。另外，12岁左右时，身体内70%的慢肌纤维将会被激活，此时加强耐力训练对将来有氧耐力激活具有决定性的作用。

对于从小就进行相对专业训练的青少年来讲，每周可将训练增加至4~6次，其训练总距离应小于10公里，无氧训练应该控制在跑步总量的10%~15%。训练期间需要注重柔韧性和力量性的训练项目，除了跑步之外，还应穿插进行其他有氧训练，例如田径运动、骑车、游泳等有氧运动。

在跑步项目中，真正的专业化长跑训练需要等到18岁之后进行，在此之前还需要根据不同年龄段的身体素质具有针对性地进行训练。其中，儿童和青少年的身体素质情况如下表所示。在对儿童或青少年进行训练时可参考下表中的身体素质情况具有针对性地进行训练安排。

项目	身体素质（儿童）	身体素质（12~16岁）	身体素质（17~19岁）
有氧耐力	●	★★	★★
无氧耐力	○	◎●	●★★
力量	○◎	◎●	★★
速度	◎●	●	★★
协调性	●★★	◎○	●★★
灵活性	★★	●	◎●

表注：○=差　◎=适中　●=好　★★=很好　○◎=差到适中　◎●=适中到好　●★★=好到很好

3 女性跑步

在童年时期，男性和女性的运动能力不会存在太大的差异性。但到青春期，随着激素的变化其运动能力的差异性会越来越明显。从肌肉含量上来讲，男性约占体重的40%~45%，而女性约占体重的25%~30%；这是由于男性体内含有睾丸素，因此肌肉力量比女性多出30%。即使男性肌肉含量比女性要多，但肌纤维的组成及肌肉力量的发展几乎是一样的。然而相对于支持爆发力发展的快肌纤维来讲，男性确实更优于女性，更易于训练出较好的效果。男女成绩平均差距约为10%，在其他耐力运动项目上，女性的体能通常比男性低8%~12%。

受雌性激素的影响，女性肌肉组织和结缔组织中的水分和脂肪含量高于男性，这些促使女性比男性更具有灵活性和柔韧性。普通女性运动员的脂肪含量约占体重的12%，专业马拉松运动员的脂肪含量约占体重的7%，训练过的业余女性跑步运动员的脂肪含量约占体重的23%，而训练过的业余男性跑步运动员的脂肪含量约占体重的15%。由于女性脂肪含量相对较高，因此在跑步过程中要比男性节省10%~15%的体力，并且在运动中女性脂肪的燃烧效果要好于男性的碳水化合物的代谢效果。

女性在心肺功能上明显低于男性，但运动心率与同龄男性差别不大。另外，女性的血液总量和血红蛋白总量低于男性，从而导致女性的氧气输送能力变差，因此女性的最大摄氧量比

男性低 10%~15%。

对于女性生理期，一般情况下不会导致体能出现明显的变化，也不存在经期不能跑步这一说法。由于每个人生理期反应不一样，因此能否坚持跑步、跑步量多少需要根据自身反应来定。

由于女性的体重相对男性要轻得多，因此在负荷相同时，女性运动器官的负荷要低于男性，其恢复时间也比男性更快一些。此外，为了健康和身材，女性比男性运动的频率更大，因为女性更加享受跑步带来的快乐和健康，以及完美的身材。

注意:

女性在跑步过程中受到不安全威胁的因素要大于男性，因此需要特别注意跑步的安全性；尽量避免夜跑，并必备一些防身装备。

4 老年人跑步

随着最近几年的跑步热，部分老年人也加入到跑步大军中，并通过跑步改善了身体状况，延缓了衰老程度。经科学调查，发现动脉硬化、血管钙化等一系列的心血管疾病越来越年轻化。随着年龄化增长，血管的弹性也会下降，而血压则会升高，内脏、大脑、肌肉等组织的血液循环逐渐减弱，毛细血管也会呈现收缩状态，最重要的一点是肺部的弹性也会变弱，换气功能也会下降。由于上述机体的功能都处于下降状态，因此运动中的最大摄氧量也会下降。

随着年龄的增加，结缔组织、软骨等会失去水分，韧带和筋腱的弹性也会变差，其关节滑液也会减少，因此年龄大的跑步者更容易受伤，也会更容易发生关节炎病症。除此之外，肌肉的含量也会随着年龄的增长而下降，一般情况下肌肉的总量每 10 年会递减 5%。其实，下降最为明显的功能是机体的平衡能力，这也是各大医院和健康机构测试年龄的惯用手法之一。

注意:

肌肉含量的下降一般不会被察觉，因为此时的体重会保持稳定并出现增加的趋势，而增加的体重大部分是脂肪。因此，如果想明确自身的肌肉含量，还需要进行专业的测试。

此时，年龄大者也许会想，那我现在开始跑步是不是已经太晚了？即刻开始，对于跑步来讲没有太晚之说，因为人体内大部分的器官和功能都具有可塑性，虽然不同年龄段其可塑性效果不一样。运动可以使人年轻，这个说法是有科学依据的。一般情况下，长期坚持锻炼的人身体会比实际年龄年轻15~20岁，也就是说一个受过训练的60岁老人相当于40岁人的身体状况。而根据芬兰研究结果显示，耐力性运动员的存活率要高于其他项目运动员或普通人。

一个人的体能和可塑性除了受到天赋、耐力和实际年龄的影响，还会受到训练年龄的影响，训练年龄越长其体能和可塑性也就越强。但对于老年人来讲，运动同样会受到年龄因素的限制，包括再生能力变缓、肌肉分解降低、灵活性降低、协调性降低以及易发生骨折等因素的限制。因此，老年人跑步更需要一个合理且科学的训练计划，下面是8点对于再生能力衰退方面的训练建议。由于再生能力的衰退不仅会对训练成绩造成一定的影响，而且还会增加受伤的风险，因此在训练过程中应谨慎进行。

- 注意跑步的总距离不宜过长，应适当地减少，此时需要根据时间来衡量训练强度。
- 需要根据原计划延长训练周期，例如以1周为训练周期的训练计划应该延长为2周。
- 适当减小训练强度，对于强度较大的间歇性训练1周进行一次足够了，更侧重于运动心率为最大心率的80%~90%的快速跑。
- 适当减少短距离高强度的训练，例如以3公里的配速跑400米间歇跑等训练。
- 应当循序渐进地增加运动负荷，其训练负荷的增加量需要低于20%。
- 应当减少每年参加比赛的次数。
- 需要延长比赛前的休息时间。
- 比赛之后需要安排更长的恢复时间。

年龄大了其灵活性自然会降低，

这既是一个不可违背的自然规则，又是因为缺少拉伸和放松练习等原因所造成的。灵活性下降，不仅会影响跑步，而且还会增加运动损伤的概率。若想阻止灵活性的下降，则需要坚持做拉伸和放松练习。除此之外，还需要将协调性跑步训练作为固定的训练项目，以及进行多样性的运动来增强灵活性，例如球类运动、舞蹈或太极等。

随着年龄的增大，骨骼也会脱钙软化，从而造成骨质疏松症。作为一名跑步者，身体结构中的任何组织都可能受到损伤，骨骼也不例外，因此老年人更应该进行合理的训练，防止骨骼受伤。下面 7 点建议，对预防骨骼受伤具有积极的防护作用。

- 基础耐力训练需要常年持续进行。
- 选择一双合适舒服的跑鞋，比如带内衬的鞋子。
- 多进行交叉训练，加入骑行、越野竞走、滑雪等类型的耐力训练项目。
- 在训练计划中加入拉伸和力量类的训练项目。
- 热身活动需要慢慢进行，以增加关节的润滑度，促进血液循环。
- 随时感觉身体的反馈，避免疼痛出现，如果感觉身体某部位疼痛则需要多休息，避免疼痛加剧。
- 切勿过度训练，时刻保证身体健康，为实现可以一直跑下去这一目标而努力。

第 10 章 竞技跑

一些跑步爱好者最初是为了健康而跑，随着跑步时间的增加，跑步不仅变成了生活中不可或缺的一部分，而且还会从健康跑转变为更为专业的竞技跑。谁不想参加并赢得比赛呢？10 公里比赛、半程马拉松比赛、全程马拉松比赛等一些具有魔力的词语是否已经漂浮在脑海中挥之不去呢？那么，恭喜你！现在你已经从最初的健康跑步者变成真正的竞技跑步者了。也许竞技跑步者不一定会变得更为健康，却具备了获得更好成绩的运动能力。

10.1 业余跑

当健康跑可以持续跑 1 小时以上后，表示进阶为身体状态良好的业余跑步选手了，此时可以参加跑步比赛了。正式进入业余跑之后，最初的健康跑训练便可以作为比赛的准备阶段了。对于业余跑来讲，完全是为了参加比赛而跑，这样便超出健康而跑的运动范围了，随之而来的是运动消费及损伤风险的增加。

1 参加入门赛

进阶到业务跑之后，可以通过入门赛来了解自己的体能极限，以达到拓展体能、提升自我价值的目的。此时，跑步者的骨骼系统将变得足够强壮，完全可以胜任跑步比赛，甚至可以参加马拉松跑。

竞技运动不仅可以指导跑步者制定更加实际的目标，而且还可以帮助跑步

者积极控制跑步过程。例如，对于计划参加马拉松比赛的跑步者而言，必须制订一个需要长期进行的耐力训练计划。但是，在参加比赛之前，还需要在当前的跑步距离中积累足够的跑步经验。

通过参加第一场比赛，可以让跑步者积累到一定的比赛经验，例如如何处理紧张和运动负荷所带来的压力等经验。其实，对于初次参加比赛的跑步者而言，在比赛过程中找到合适的跑步节奏并能有效控制体能的分配，便已经赢得了胜利。另外，比赛中的距离是精确测量过的，因此在比赛过程中跑步者可以获得准确的测试结果，并可以通过该结果推算出更长距离比赛的预测时间。

在第一场比赛中，最重要的是可以学会避免典型的初级比赛者所犯的错误，如果无法规避这些错误，将会为后续的比赛带来更为严重的问题。

1）积累经验

当跑步者持续一段时间的跑步训练之后，可以轻松完成5~10公里跑步训练时，便可以着手准备参加入门比赛了。虽然第一次参加比赛会犯一些新手错误，却可以积累到一些有价值的比赛经验，这些经验可为后期的比赛指明道路。比赛中，虽然会出现体能下降或肌肉僵硬的负面影响，却可以战胜比赛中的负面心理，让自己充满正能量，并能惊奇地发现自己完全可以做得更好。

2）制订针对比赛的训练计划

当确定参加入门级别的比赛之后，便需要根据当前的身体状态进行训练扩展。在训练过程中，需要融入一些比赛训练元素。应该根据比赛距离确定训练距离，并在训练中检测运动心率，以便可以更好地控制比赛速度和时间。同时，需要将训练频率提高至每周4次，并加入短距离的速度跑。其具体训练安排如下所述。

- 增加长跑距离　在训练中应该逐渐增加长跑距离，直至接近比赛距离；但对于马拉松选手来讲，关注的应该是时间，而非距离了。
- 练习比赛强度　在训练中应该强调跑步速度，确定比赛配速。例如，在长跑比赛训练中可以以正常的速度跑前半程，以较快的速度跑完后半程。
- 体能训练　在训练中需要根据比赛项目，以预期的体能进行重复跑或节奏跑练习。
- 加速训练　在训练中应该加入比比赛速度更快的重复跑练习，以增加无氧酶。例如进行5公里训练时，可以以1500米的配速进行200米重复跑。

下表中提供了入门赛的4周训练计划以做参考，其训练目标是完成比赛。

周次	周一	周二	周三	周四	周五	周六	周日
1		40 分钟 平缓跑 距离 6~7 公里		40 分钟 平缓跑 距离 6~7 公里		50 分钟 法莱克跑 距离 8~9 公里	90 分钟慢跑 距离 13~15 公里
2		40 分钟 平缓跑 距离 6~7 公里		40 分钟 平缓跑 距离 6~7 公里		50 分钟 法莱克跑 穿插 30 分钟 轻松跑 距离 8~9 公里	90 分钟慢跑 距离 13~15 公里
3		40 分钟 平缓跑 距离 6~7 公里		40 分钟 平缓跑 距离 6~7 公里		50 分钟 法莱克跑 距离 8~9 公里	80 分钟慢跑 距离 13~15 公里
4		50 分钟 平缓跑 距离 6~7 公里		30 分钟 慢跑			参加 5 公里或 10 公里比赛

除此之外，比赛之前的最后一周训练计划应大幅度减少，为比赛提供充足的体能，这个阶段称为减量阶段。该阶段可以让身体及时补充肌糖原、激素、酶等元素。短距离的比赛只需要减量一周左右，而马拉松比赛则需要减量 3 周左右。另外，由于每个跑步者的体能不一样，因此所需要的减量时间也不一样。

对于短距离长跑比赛，需要在比赛的前一个周末便取消长跑练习，比赛之前的 4~6 天进行重复练习，但重复次数需要减少 40%~50% 的量。同时，减少练习的总距离，到比赛的前 2~3 天可以增加 8~10 次的跨步跑，比赛前一天则需要进行放松跑或慢跑。

对于部分跑步者而言，减量阶段如果减少训练量的 40%~50% 会造成身体的不适，而减少训练量的 20%~30% 则会获得更好的比赛效果。由此可见，并不是所有的跑步者都适用于一种减量标准，其具体减量程度需要根据机体反应和比赛习惯而定。

3）比赛易犯的错误

对于第一次参加比赛或者参加比赛次数比较少的跑步者来讲，比赛中会容易犯一些常规性错误，包括配速、节奏等技术错误以及过度兴奋和焦虑所产生的一系列小错误，这些错误在一定程度上都有可能导致比赛终止。

➢ 改变热身方式　有些跑步者在比赛当天突然改变了热身方式，这种做法并不可取，因为机体已经习惯了以前的热身方式，突然改变的方式无法使机体完全适应。

- 起跑太快　一些跑步者在起跑时习惯冲刺，更习惯跟其他比赛者较劲跑，完全脱离了实际训练的起跑配速。如果以短跑冲刺的速度跑完比赛的前几公里，那么后续的体力将无法支撑继续完成比赛；因为比赛中起跑并不重要，重要的是合理搭配前后半程的跑步节奏和速度。
- 配速不匀　在比赛过程中，跑步者需要根据平时训练成果进行合理配速，包括前半程和后半程的配速标准，只有这样才可能以最快的速度到达终点。
- 无意义的竞争　比赛过程中，不要与某些参赛者进行小范围的毫无意义的竞争，这样不仅会破坏自己的跑步节奏和配速，而且还会为其他选手赠送胜利的机会。
- 思想准备过于激烈　比赛前考虑了过多的比赛情况，例如过多地考虑了配速计算、天气情况、跑步细节、装备清单、补给情况等，导致对整个比赛都处于过度担心中，害怕自己无法应付比赛，从而会产生一定的消极影响。

2 影响成绩的因素

对于比赛而言，人人都想获得胜利，更想获得最佳成绩。那么，如何才能获得最佳成绩呢？最佳成绩是通过各方面的努力换取来的，而不是简单地跑几个月便可以获得。一般情况下，影响成绩的因素包括天分、目标、健康、年龄、训练、再生、营养、姿势、技巧等多方面。只有优化影响成绩的所有因素，才可以取得人生中的最佳成绩。

1）天分

在竞技比赛中，天分是最为重要的因素。当然了，天才出自勤奋，即便拥有很高的天分，不进行刻苦训练一样无法取得最佳成绩。每个人的天分都是由相对的基因组合而成的。例如，长跑运动员肌肉中慢肌纤维含量更高，因此具有长跑天赋，不用经过太过刻苦的训练便可以达到优秀的成绩；而投掷运动员肌肉中的快肌纤维含量更高，更适合于爆发性的投掷运动。

2）健康

健康跑一段时间之后，确定身体可以承受更大负荷的运动之后，或经过医生同意并确定身体健康到足以参加比赛后，方可进行比赛。因为比赛时的负荷比较大，骨骼所承受的风险也会随之提高。只有真正身体健康的跑步者，才可以取得最佳成绩。例如，慢性潜在的牙周炎会在很大程度上影响跑步成绩。

当比赛前的训练量过度，导致体力透支，不仅会影响比赛成绩，而且还会降低免疫系统从而导致感冒发生。特别是训练中的伤痛，如果影响训练或比赛，则应该中断训练或比赛，为身体争取下一次比赛机会。综上所述，健康是比赛的基础，如果比赛触及了健康，那么为了健康应该推迟或取消比赛。

3）年龄

年龄，在好多人眼里除了被看成数字之外，更多的代表成长或老去。但是，在竞技者眼中，年龄代表的也许只是分组不同而已。年龄每增加一岁，比赛跑的时间就会延长几分钟。除此之外，随着年龄的增长，高强度的训练对骨骼的影响也至关重要，跑步者应特别注意骨骼损伤的风险性。

不管年龄如何，即使跑步者是第一次参加比赛，但他仍然具有获得最佳成绩的机会，甚至可能只需要短短的几年时间便能取得更好的成绩。在获得最佳成绩的前后几年时间内，该跑步者的成绩都会处于相对较好的成绩内，过去这几年后其成绩会随着年龄的递增逐渐下滑。

4）训练

健康跑是为了乐趣、健康和享受而跑，而竞技跑纯粹是为了比赛而跑。为了参加并赢得每次比赛，跑步者需要进行系统和多样性的训练，并需要常年地坚持训练。在制订训练计划时，需要根据训练规模和训练强度结合制订，并需要遵循训练要求，为成功奠定基础。

注意:

虽然训练是比赛获得成功的唯一途径，但赛前休息同样重要。如果赛前无法进行充分的休息，那么在比赛中也就无法挖掘和发挥运动潜力了。

在训练过程中，需要注重训练质量和训练强度，切勿将质量与强度混淆。跑步者需要根据即将参加的比赛项目来制定合理的训练质量和强度。对于10公里比赛来讲，高强度的间隔训练更具有训练意义；而对于马拉松比赛来讲，大量、轻松的训练所获得的训练质量会更高一些。

5）再生

再生系统其实就是恢复系统，这对训练和比赛具有决定性的作用。其训练和比赛所获得的体能、健康等因素并不是在训练或比赛当中得到了提升，而是在之后的再生过程中获得提升。如果为了提高成绩一味地进行过度训练，不仅无法获得体能和成绩的提升，反而会透支身体，产生一些不可逆的损伤。

6）营养

再生系统在整个训练和比赛中具有重要的意义，而营养则是再生系统和体能快速提升的基础。跑步者的饮食应该富含碳水化合物、脂肪、蛋白质、维生素、矿物质和微量元素，并确保饮食的平衡性和全面性。比赛前、比赛中和比赛后的饮食应当相同，避免因饮食过量而造成体重增加，这些也是促进成绩提升的关键因素。

7）装备

在跑步中，鞋是最为重要的装备，它可以保护跑步者免受运动伤害。在进行训练之前，跑步者应该针对不同的训练单元购置不同的跑鞋。

除了跑鞋之外，还需要准备心率检测仪和秒表，方便跑步者更加便捷地控制训练和比赛。通过心率检测仪可以随时查看运动心率，并可以根据心率来控制跑速；同样，通过秒表可以检测每公里的跑步速度，方便跑步者根据时间随时调整速度，确保训练和比赛按照预定时间完成。

功能性运动服可以在严寒或高温天气下，有效保护肌肉组织。这类服装是针对运动而设计的，可以有效避免跑步所引起的体温过高或过低。例如，当体温过高时，水分流失便会过量，此时血液会集中在皮肤中用以降温，因此会造成肌肉组织缺血情况的出现。

8）姿势、技巧

良好的跑步姿势和技巧，可以为跑步助力；不良的跑步姿势将会消耗跑步者更多的体力。在最初的跑步训练时，跑步者便应纠正并优化跑步姿势，为后续的训练和比赛奠定基础。除非跑步者具有很高的跑步天分，可以对冲这种费力的跑步姿势。

一般情况下，导致跑步姿势变形，除了体力不足之外，还可能是热身练习不够以及肌肉力量不足而造成的。因为当肌肉力量不足时，将无法轻松摆动手臂，继而也无法迈出流畅的步伐。

9）节奏、路线和天气

比赛节奏不仅是单纯的跑步节奏，也包含跑道情况、饮食情况、节奏技巧等情况。例如，在比赛过程中遇到逆风将如何处理？

对于业余跑步者来讲，以均匀的速度进行比赛更为稳妥，更能获得最佳成绩。最佳成绩也取决于比赛场地，当在山地、泥泞或石块场地进行比赛时，匀速跑将不再是优势，当然取得最佳成绩的可能性也就不大了。但是，当比赛发生在天气良好的春天或秋天时，匀速跑在平坦的赛道上更容易取得最佳成绩。

10）目标

目标，必须为自己制定一个目标，才可以为了完成目标而奋力出发。最初跑步时，跑步者会因为新奇、兴奋而乐于跑步，乐于享受跑步的乐趣。但是，随着跑步距离的增加、跑步时间的变长，以及天气因素的影响，跑步会变得越来越枯燥，越来越难以坚持。因此，在训练时，跑步者应该寻找新的挑战，坚持不懈地进行训练，杜绝给自己寻找偷懒的机会。坚定目标，朝着目标不断地奔跑，才是跑步者的胜利之路。

10.2 专业跑

健康跑的目的是可以持续健康地跑下去，而专业跑则是为了参加更多次和更具权威性的比赛，挑战自己的体能极限，积累更多的比赛经验。

1 为比赛做准备

比赛可以看成是跑步者全力以赴所完成的一场训练，它所挑战的是跑步者的心理素质和体能分配能力。将全部体力均摊在整个比赛中，才是跑步者必胜的法门。

1）比赛战略

跑步比赛一直被视为最为简单的运动比赛，同样跑步比赛的战略制定也相对简单。跑步者只需根据实际训练效果，设定有效的跑步节奏和配速，并根据身体反馈随时调整节奏和配速即可。然而，看似简单的比赛战略实施起来却很困难，因为跑步者随时会受到周围环境的影响，并承受其他选手跑步节奏和配速的干扰。针对各种环境影响和干扰，特列出一些可以确保战略实施的有效建议。

- 有序加速　起跑的时候均匀使用冲刺速度，此时只需要加速到预期的速度冲出起跑线即可，太快的冲刺速度只会更快地消耗身体能量。
- 不要推撞　切勿推撞其他参赛

者，既浪费时间又浪费体力，还暴露出毫无体育道德这一面，让其他参赛者唾弃。

- 保持体力　整个比赛过程需要保持始终如一的体力，也就是训练时所强调的相等的训练强度。此处的体力不是感觉，是保持始终如一的体能消耗速度，从而保持整个比赛的步速。
- 寻找捷径　比赛过程中可以根据实际路况寻找合法的捷径，例如赶超其他参赛者时应该杜绝跑“之”字形，当横穿马路并准备转弯时尽量跑直线等。
- 跟跑　比赛过程中可以跟在一个与自己速度相当参赛者的后面，或与之肩并肩跑，这样不仅可以减少空气阻力，节省跑步时间，而且还可以使别人承担了领跑的压力。
- 监控机能　在比赛过程中需要时刻监控身体的疲劳程度和能量消耗，确定当前体力是否可以完成整个比赛。如果可以则继续使用当前的速度，如果不可以则需要减速。当然了，如果觉得目前的体力对于完成比赛还绰绰有余，则可以提高速度。
- 减少痛苦　随时评估身体的反应情况，保持一个正确的体力延缓疲劳并完成整个比赛。

2）比赛物品

比赛之前的准备工作同样重要，在比赛之前最好寻求有经验跑步者的帮助，以达到事半功倍的效果。最为关键一点是提前列出比赛当天所需要的物品，并根据特殊需求扩展物品清单。一般情况下，比赛常用物品包括下列几项。

- 比赛服、跑鞋等装备
- 训练服、防风外套或背心
- 跑步手套
- 止汗带、帽子或头巾
- 运动眼镜
- 秒表或心率检测仪
- 号码布
- 赛事手环
- 凡士林油
- 创可贴、防磨膏、水疱贴、乳贴等
- 剪刀或指甲刀
- 别针
- 卫生纸
- 赛事介绍
- 参赛证明
- 地图
- 计时芯片
- 一次性雨衣
- 存衣包
- 零钱
- 参赛许可证
- 饮料瓶
- 温度计、湿度计

3）比赛当天

为了在比赛当天不出现意外情况，还需要做足赛前准备。首先需要准备的是比赛当天的饮食，需要提前 2 个小时以上的时间吃饭补充能量，以便为比赛时产生的突发情况留出准备时间。其次，是准时到达比赛现场，尽量在赛前 60 分钟到达现场，检查比赛用品（号码布、计时芯片等），并安排好物品的存放。此时，需要根据天气情况穿着合适的比赛服。起跑的位置应该根据自己的身体状况而定，太靠前会导致起跑速度过快，不便于后续节奏和速度的控制。

注意：

大部分跑步者在起跑时，都会出现速度过快的现象，随后速度会逐渐放慢。如此一来，便无法确定自己的跑步速度了。既然如此，不如以较慢的速度开始起跑，后续根据体能适当提速直至完成整个比赛。

2　10 公里比赛

完全进阶到专业跑之后，便可以循序渐进地参加各种正式赛了。10 公里比赛属于初级比赛，所要求的体能和跑步技巧不像马拉松跑那样高，主要用来确定跑步者当前的训练状况。完成第一次比赛之后，便可以通过这次比赛成绩推算出其他比赛用时，也就是预估比赛时间。

1）专业性训练

对于长跑比赛来讲，只要耐力足够好，便可以完赛。但完赛并不是竞技跑步者所追求的目标，他们追求的是一次次的超越，超越自己的成绩，也超越别人的成绩，最终达到跑步人生的巅峰。若想不断突破自己，那么便需要进行专业的跑步训练了。

专业训练计划需要融合不同的训练元素，让训练具有多样性。通过入门赛让跑步者适应了每周 4 次的训练强度，并且可以持续 90 分钟以上的跑步时间。除此之外，还掌握了间隔跑、重复跑、法特莱克跑等训练方法。除了掌握训练多样化之外，在训练过程中还需要有效控制训练强度和质量，以确保可以在比赛中有效控制跑步速度。

在制订专业训练计划时，不可盲目地制订，需要根据自身体能进行制订，从而获得适合身体体能的训练规模和训练强度。最为简单的方法，便是根据多次训练结果制订初步计划，然后再根据具体训练情况逐步调整训练计划。

例如，如果 10 公里比赛跑的时间为 49 分钟，那么长跑速度应该为 6 分 10 秒左右，有氧速度跑应该为 5 分 25 秒左右，再生速度跑应该为 6 分 35 秒左右。在训练过程中，则应该以 4 分 54 秒的速度进行 1 公里的间隔跑，重复10~12次。上述各运动时间不是固定不变的，训练计划应该随着跑步者体能情况的变化而变化。

2）训练计划表

了解专业性训练方法之后，便可以进行专业化训练了，为参加比赛做好充足的准备。根据比赛的目标时间不同，所设定的训练计划也各不相同。下面根据不同运动等级，设定了不同的训练计划，该计划是针对男性跑步者设定的，女性跑步者可以作为参考。

目标成绩为60分钟——粉丝级，是坚持一段时间的健康跑，便可以达到的跑步级别。该级别6周的训练计划如下表所示。

周次	周一	周二	周三	周四	周五	周六	周日
1		60分钟平缓跑 距离9~10公里		5公里速度跑 配速6:20~6:30 距离9~10公里		50分钟平缓跑 距离7~8公里	90分钟慢跑 距离10~12公里
2		60分钟平缓跑 距离9~10公里		6公里间隔跑 6次 ×400米 配速2:15~2:25 穿插休息 小跑200米		50分钟平缓跑 距离7~8公里	100分钟慢跑 距离12~14公里
3		60分钟平缓跑 距离9~10公里		6公里速度跑 配速6:20~6:30 配速9~10公里		50分钟平缓跑 距离7~8公里	100分钟慢跑 距离12~14公里
4		60分钟平缓跑 距离9~10公里		10公里间隔跑 3次 ×1000米 配速5:45~5:55 穿插休息 小跑400米		50分钟平缓跑 距离7~8公里	100分钟慢跑 距离10~12公里
5		60分钟平缓跑 距离9~10公里		12公里间隔跑 3次 ×1000米 配速5:45~5:55 穿插休息 小跑400米		50分钟平缓跑 距离7~8公里	80分钟慢跑 距离10~12公里
6		10公里间隔跑 8次 ×400米 配速2:15~2:25 穿插休息 小跑200米		40分钟平缓跑 距离5~7公里		20分钟慢跑 距离3~4公里	10公里比赛 成绩60分钟

表注：速度训练计划中的距离包含热身和放松跑的距离。

目标成绩为 55 分钟——小强级，该级别为经过一段时间的刻苦训练，便可以达到的级别。该级别 6 周的训练计划，如下表所示。

周次	周一	周二	周三	周四	周五	周六	周日
1		60 分钟平缓跑 距离 9~10 公里		6 公里速度跑 配速 5:50~5:55 距离 10~11 公里		60 分钟平缓跑 距离 9~10 公里	105 分钟慢跑 距离 14~16 公里
2		8 公里间隔跑 6 次 ×400 米 配速 5:45~5:55 穿插休息 小跑 200 米		6 公里速度跑 配速 5:50~5:55 距离 10~11 公里		60 分钟平缓跑 距离 9~10 公里	120 分钟慢跑 距离 16~18 公里
3		10 公里间隔跑 3 次 ×1000 米 配速 5:20~5:25 穿插休息 小跑 400 米		6 公里速度跑 配速 5:50~5:55 距离 10~11 公里		60 分钟平缓跑 距离 9~10 公里	120 分钟慢跑 距离 16~18 公里
4		11 公里间隔跑 3 次 ×1000 米 配速 5:20~5:25 穿插休息 小跑 400 米		6 公里速度跑 配速 5:50~5:55 距离 10~11 公里		60 分钟平缓跑 距离 9~10 公里	120 分钟慢跑 距离 16~18 公里
5		12 公里间隔跑 5 次 ×1000 米 配速 5:20~5:25 穿插休息 小跑 400 米		6 公里速度跑 配速 5:50~5:55 距离 10~11 公里		60 分钟平缓跑 距离 7~8 公里	105 分钟慢跑 距离 14~16 公里
6		10 公里间隔跑 8 次 ×400 米 配速 2:05~2:10 穿插休息 小跑 200 米		50 分钟平缓跑 距离 5~7 公里		20 分钟慢跑 距离 3~4 公里	10 公里比赛 成绩 55 分钟

表注：速度训练计划中的距离包含热身和放松跑的距离。

目标成绩为50分钟——强人级，跑步爱好者里面的强者。该级别6周的训练计划，如下表所示。

周次	周一	周二	周三	周四	周五	周六	周日
1		60分钟平缓跑 距离9~10公里		6公里速度跑 配速5:20~5:30 距离10~11公里		60分钟平缓跑 距离9~10公里	105分钟慢跑 距离14~16公里
2		9公里间隔跑 5次 ×400米 配速1:50~1:55 穿插休息 小跑200米		6公里速度跑 配速5:20~5:30 距离10~11公里		60分钟平缓跑 距离9~10公里	120分钟慢跑 距离16~18公里
3		10公里间隔跑 3次 ×1000米 配速4:50~4:55 穿插休息 小跑400米		6公里速度跑 配速5:20~5:30 距离10~11公里		60分钟平缓跑 距离9~10公里	120分钟慢跑 距离16~18公里
4		11公里间隔跑 4次 ×1000米 配速4:50~4:55 穿插休息 小跑400米		6公里速度跑 配速5:20~5:30 距离10~11公里		60分钟平缓跑 距离9~10公里	120分钟慢跑 距离16~18公里
5		12公里间隔跑 4次 ×1000米 配速4:50~4:55 穿插休息 小跑400米		6公里速度跑 配速5:20~5:30 距离10~11公里		60分钟平缓跑 距离9~10公里	105分钟慢跑 距离16~18公里
6		10公里间隔跑 8次 ×400米 配速1:50~1:55 穿插休息 小跑200米		45分钟平缓跑 距离6~7公里		20分钟慢跑 距离3~4公里	10公里比赛 成绩50分钟

表注：速度训练计划中的距离包含热身和放松跑的距离。

目标成绩为 45 分钟——牛人级，一般跑步者很难达到的跑步瓶颈。该级别 6 周的训练计划，如下表所示。

周次	周一	周二	周三	周四	周五	周六	周日
1		10 公里间隔跑 3 次 ×1000 米 配速 4:20~4:25 穿插休息 小跑 400 米		7 公里速度跑 配速 4:50~4:55 距离 10~12 公里		70 分钟平缓跑 距离 10~12 公里	110 分钟慢跑 距离 16~18 公里
2		10 公里间隔跑 6 次 ×400 米 配速 1:40~1:45 穿插休息 小跑 200 米		7 公里速度跑 配速 4:50~4:55 距离 10~12 公里		75 分钟平缓跑 距离 12~14 公里	120 分钟慢跑 距离 18~20 公里
3		11 公里间隔跑 4 次 ×1000 米 配速 4:20~4:25 穿插休息 小跑 400 米		7 公里速度跑 配速 4:50~4:55 距离 10~12 公里		75 分钟平缓跑 距离 12~14 公里	120 分钟慢跑 距离 18~20 公里
4		10 公里间隔跑 8 次 ×400 米 配速 1:40~1:45 穿插休息 小跑 200 米		8 公里速度跑 配速 4:50~4:55 距离 10~12 公里		75 分钟平缓跑 距离 12~14 公里	120 分钟慢跑 距离 18~20 公里
5		12 公里间隔跑 5 次 ×1000 米 配速 4:20~4:25 穿插休息 小跑 400 米		6 公里速度跑 配速 4:50~4:55 距离 10~12 公里		70 分钟平缓跑 距离 12~14 公里	110 分钟慢跑 距离 18~20 公里
6		11 公里间隔跑 10 次 ×400 米 配速 1:40~1:45 穿插休息 小跑 200 米		50 分钟平缓跑 距离 6~8 公里		30 分钟慢跑 距离 5~6 公里	10 公里比赛 成绩 45 分钟

表注：速度训练计划中的距离包含热身和放松跑的距离。

目标成绩为40分钟——大神级，业余跑步中的佼佼者。该级别6周的训练计划，如下表所示。

周次	周一	周二	周三	周四	周五	周六	周日
1		9公里间隔跑 6次 ×400米 配速 1:25~1:30 穿插休息 小跑200米		60分钟平缓跑 距离10~12公里	8公里速度跑 配速 4:20~4:25 距离12~14公里	60分钟慢跑 距离10~12公里	120分钟慢跑 距离20~22公里
2		10公里间隔跑 3次 ×1000米 配速 3:50~3:55 穿插休息 小跑400米		60分钟平缓跑 距离10~12公里	8公里速度跑 配速 4:20~4:25 距离12~14公里	60分钟慢跑 距离10~12公里	120分钟慢跑 距离20~22公里
3		11公里间隔跑 8次 ×400米 配速 1:25~1:30 穿插休息 小跑200米		60分钟平缓跑 距离10~12公里	8公里速度跑 配速 4:20~4:25 距离12~14公里	60分钟慢跑 距离10~12公里	120分钟慢跑 距离20~22公里
4		12公里间隔跑 4次 ×1000米 配速 3:50~3:55 穿插休息 小跑400米		60分钟平缓跑 距离10~12公里	8公里速度跑 配速 4:20~4:25 距离12~14公里	60分钟慢跑 距离10~12公里	120分钟慢跑 距离20~22公里
5		12公里间隔跑 10次 ×400米 配速 1:25~1:30 穿插休息 小跑200米		60分钟平缓跑 距离10~12公里	8公里速度跑 配速 4:20~4:25 距离14~16公里	60分钟慢跑 距离10~12公里	120分钟慢跑 距离20~22公里
6		12公里间隔跑 5次 ×1000米 配速 3:50~3:55 穿插休息 小跑400米		60分钟平缓跑 距离10~12公里	45分钟平缓跑 距离6~8公里	30分钟慢跑 距离4~6公里	10公里比赛 成绩40分钟

表注：速度训练计划中的距离包含热身和放松跑的距离。

目标成绩为 34 分钟——国际二级运动员标准，需要一定的天赋才可以达到的级别。该级别 6 周的训练计划，如下表所示。

周次	周一	周二	周三	周四	周五	周六	周日
1	60 分钟慢跑 距离 10~12 公里	11 公里间隔跑 8 次 ×400 米 配速 1:15~1:20 穿插休息 小跑 200 米	60 分钟 平缓跑 距离 12~14 公里		8 公里速度跑 配速 3:50~3:55 距离 12~14 公里	60 分钟慢跑 距离 12~14 公里	120 分钟 慢跑 距离 22~24 公里
2	60 分钟慢跑 距离 10~12 公里	12 公里间隔跑 4 次 ×1000 米 配速 3:20~3:25 穿插休息 小跑 400 米	60 分钟 平缓跑 距离 12~14 公里		10 公里速度跑 配速 3:50~3:55 距离 14~16 公里	60 分钟慢跑 距离 12~14 公里	120 分钟 慢跑 距离 22~24 公里
3	60 分钟慢跑 距离 10~12 公里	11 公里间隔跑 8 次 ×400 米 配速 1:15~1:20 穿插休息 小跑 200 米	60 分钟 平缓跑 距离 12~14 公里		12 公里间隔跑 5 次 ×1000 米 配速 3:20~3:25 穿插休息 小跑 400 米	60 分钟慢跑 距离 12~14 公里	120 分钟 慢跑 距离 22~24 公里
4	60 分钟慢跑 距离 10~12 公里	12 公里间隔跑 10 次 ×400 米 配速 1:15~1:20 穿插休息 小跑 200 米	60 分钟 平缓跑 距离 12~14 公里		10 公里速度跑 配速 3:50~3:55 距离 14~16 公里	60 分钟慢跑 距离 12~14 公里	120 分钟 慢跑 距离 22~24 公里
5	60 分钟慢跑 距离 10~12 公里	13 公里间隔跑 12 次 ×400 米 配速 1:15~1:20 穿插休息 小跑 200 米	60 分钟 平缓跑 距离 12~14 公里		10 公里速度跑 配速 3:50~3:55 距离 14~16 公里	60 分钟慢跑 距离 12~14 公里	120 分钟 慢跑 距离 22~24 公里
6		12 公里间隔跑 5 次 ×1000 米 配速 3:20~3:25 穿插休息 小跑 400 米	60 分钟 平缓跑 距离 12~14 公里		45 分钟平缓跑 距离 10~12 公里	30 分钟慢跑 距离 4~6 公里	10 公里 比赛 成绩 34 分钟

表注：速度训练计划中的距离包含热身和放松跑的距离。

3 半程马拉松

半程马拉松又称为二分之一马拉松，是最具有挑战性的比赛。半程马拉松正在火热兴起，一些城市在举办全程马拉松比赛的同时也会举办半程马拉松比赛。初级跑步者需要坚持跑步训练至少一年以上，且每周训练次数不低于3~4次，才有充足的体能参加半程马拉松比赛。对于经常参加半程马拉松比赛的跑步者来讲，整个比赛大概需要耗时1小时30分钟左右；而对于新手来讲，整个比赛可能需要3个小时左右。

1）专业性训练

合理的训练方案可以培养跑步者长时间不间断跑的能力，在参加半程马拉松比赛之前，需要先参加一场10公里的比赛，以确定自己的实际情况及所能达到的最佳成绩。对于初次参加半程马拉松比赛的跑步者来讲，无须考虑最佳成绩，完赛才是最终目标。

在训练过程中，跑步者需要在每周的周末进行一次长距离跑步，这种长距离跑步训练是专门针对半程马拉松而设定的，此时的运动心率应该为最大心率的70%。

注意：

在比较温暖的季节中进行长距离跑步，一定要注意中途的饮水情况，防止体内水分流失过多而造成脱水。

在半程马拉松训练中，除了长距离跑之外，同样需要加入速度跑、间隔跑等训练单元。另外，还需要将10公里的速度以及预估半程马拉松速度进行重复跑练习。与此同时，训练中最好使用心率检测仪，以确定训练强度，使运动心率低于无氧阈值，也就是最大心率的85%。

最初开始半程马拉松训练时，建议一周预留出2天的休息时间，以帮助身体进行有效恢复。当然，为了增加跑步的稳定性，还需要在训练中加入核心力量和抗阻力练习。

2）训练计划表

根据比赛的目标时间不同，所制订的训练计划也各不相同。下面根据比赛时间完成情况划分，制订了不同的训练计划，该计划是针对男性跑步者制订的，女性跑步者可以作为参考。

目标成绩为完赛，该级别 6 周的训练计划，如下表所示。

周次	周一	周二	周三	周四	周五	周六	周日
1		60 分钟平缓跑 距离 5~7 公里		70 分钟平缓跑 距离 8~10 公里		60 分钟平缓跑 距离 6~8 公里	90 分钟慢跑 距离 10~12 公里
2		60 分钟平缓跑 距离 6~8 公里		80 分钟平缓跑 距离 10~12 公里		60 分钟平缓跑 距离 6~8 公里	105 分钟慢跑 距离 12~14 公里
3		60 分钟平缓跑 距离 6~8 公里		80 分钟平缓跑 距离 10~12 公里		50 分钟平缓跑 距离 5~7 公里	120 分钟慢跑 距离 14~16 公里
4		60 分钟平缓跑 距离 6~8 公里		80 分钟平缓跑 距离 10~12 公里		50 分钟平缓跑 距离 5~7 公里	135 分钟慢跑 距离 16~18 公里
5		60 分钟平缓跑 距离 6~8 公里		80 分钟平缓跑 距离 10~12 公里		60 分钟平缓跑 距离 6~8 公里	105 分钟慢跑 距离 12~14 公里
6		60 分钟平缓跑 距离 6~8 公里		30 分钟慢跑 距离 4~5 公里		20 分钟放松跑 距离 3~4 公里	半程马拉松 成绩完赛

表注：速度训练计划中的距离包含热身和放松跑的距离。

目标成绩为 2 小时 10 分钟，该级别 6 周的训练计划，如下表所示。

周次	周一	周二	周三	周四	周五	周六	周日
1		7 公里速度跑 配速 6:20~6:25 距离 10~12 公里		65 分钟平缓跑 距离 8~10 公里		50 分钟平缓跑 距离 6~8 公里	100 分钟慢跑 距离 12~14 公里
2		10 公里间隔跑 3 次 ×1000 米 配速 5:50~5:55 穿插休息 小跑 400 米		65 分钟平缓跑 距离 8~10 公里		50 分钟平缓跑 距离 6~8 公里	115 分钟慢跑 距离 14~16 公里
3		11 公里间隔跑 3 次 ×2000 米 配速半马速度 穿插休息 6 分钟		65 分钟平缓跑 距离 8~10 公里		50 分钟平缓跑 距离 6~8 公里	130 钟慢跑 距离 16~18 公里

续表

周次	周一	周二	周三	周四	周五	周六	周日
4		10 公里间隔跑 3 次 ×1000 米 配速 5:50~5:55 穿插休息 小跑 400 米		50 分钟平缓跑 距离 6~8 公里		20 分钟慢跑 距离 3~4 公里	10 公里测试 成绩 60 分钟 以内
5		60 分钟慢跑 距离 6~8 公里		50 分钟平缓跑 距离 6~8 公里		115 分钟慢跑 距离 14~16 公里	50 分钟慢跑 距离 6~8 公里
6		10 公里间隔跑 4 次 ×2000 米 配速半马速度 穿插休息 6 分钟		40 分钟慢跑 距离 6~8 公里		20 分钟放松跑 距离 3~4 公里	半程马拉松 成绩 2 小时 10 分钟

表注：速度训练计划中的距离包含热身和放松跑的距离。

目标成绩为 2 小时，该级别 6 周的训练计划，如下表所示。

周次	周一	周二	周三	周四	周五	周六	周日
1		8 公里速度跑 配速 5:50~5:55 距离 11~13 公里		65 分钟平缓跑 距离 9~11 公里		55 分钟平缓跑 距离 7~9 公里	100 分钟慢跑 距离 13~15 公里
2		10 公里间隔跑 3 次 ×1000 米 配速 5:15~5:20 穿插休息 小跑 400 米		6 公里速度跑 配速 5:50~5:55 距离 10~12 公里		55 分钟平缓跑 距离 7~9 公里	115 分钟慢跑 距离 15~17 公里
3		11 公里间隔跑 3 次 ×2000 米 配速 11:10~11:15 穿插休息 6 分钟		6 公里速度跑 配速 5:50~5:55 距离 10~12 公里		55 分钟平缓跑 距离 7~9 公里	130 分钟慢跑 距离 18~20 公里
4		10 公里间隔跑 3 次 ×1000 米 配速 5:15~5:20 穿插休息 小跑 400 米		50 分钟慢跑 距离 6~8 公里		30 分钟慢跑 距离 3~5 公里	10 公里测试赛 成绩 55 分钟以内

续表

周次	周一	周二	周三	周四	周五	周六	周日
5		60 分钟慢跑 距离 8~10 公里		65 分钟平缓跑 距离 9~11 公里		115 分钟慢跑 距离 16~18 公里	60 分钟慢跑 距离 8~10 公里
6		13 公里间隔跑 4 次 ×2000 米 配速 11:10~11:15 穿插休息 6 分钟		50 分钟慢跑 距离 6~8 公里		30 分钟慢跑 距离 3~5 公里	半程马拉松 成绩 2 小时

表注：速度训练计划中的距离包含热身和放松跑的距离。

目标成绩为 1 小时 50 分钟，该级别 6 周的训练计划，如下表所示。

周次	周一	周二	周三	周四	周五	周六	周日
1		11 公里间隔跑 3 次 ×2000 米 配速 10:15~10:25 穿插休息 5 分钟		7 公里速度跑 配速 5:20~5:30 距离 11~13 公里		60 分钟平缓跑 距离 9~11 公里	100 分钟慢跑 距离 16~18 公里
2		11 公里间隔跑 4 次 ×1000 米 配速 4:50~4:55 穿插休息 小跑 400 米		7 公里速度跑 配速 5:20~5:30 距离 11~13 公里		60 分钟平缓跑 距离 9~11 公里	120 分钟慢跑 距离 17~19 公里
3		13 公里间隔跑 4 次 ×2000 米 配速 10:15~10:25 穿插休息 5 分钟		7 公里速度跑 配速 5:20~5:30 距离 11~13 公里		60 分钟平缓跑 距离 9~11 公里	135 分钟慢跑 距离 19~21 公里
4		12 公里间隔跑 5 次 ×1000 米 配速 4:45~4:50 穿插休息 小跑 400 米		50 分钟慢跑 距离 7~9 公里		30 分钟慢跑 距离 3~5 公里	10 公里测试赛 成绩 50 分钟之内
5		70 分钟慢跑 距离 9~11 公里		70 分钟平缓跑 距离 10~12 公里		120 分钟慢跑 距离 17~19 公里	60 分钟慢跑 距离 8~10 公里

续表

周次	周一	周二	周三	周四	周五	周六	周日
6		13 公里间隔跑 4 次 ×2000 米 配速 10:15~10:25 穿插休息 5 分钟		50 分钟慢跑 距离 7~9 公里		30 分钟慢跑 距离 3~5 公里	半程马拉松 成绩 1 小时 50 分钟

表注：速度训练计划中的距离包含热身和放松跑的距离。

目标成绩为 1 小时 40 分钟，该级别 6 周的训练计划，如下表所示。

周次	周一	周二	周三	周四	周五	周六	周日
1		12 公里间隔跑 3 次 ×2000 米 配速 9:15~9:20 穿插休息 5 分钟		8 公里速度跑 配速 4:50~4:55 距离 12~14 公里		70 分钟平缓跑 距离 11~13 公里	120 分钟慢跑 距离 17~19 公里
2	50 分钟慢跑 距离 6~8 公里	17 公里间隔跑 4 次 ×1000 米 配速 4:15~4:20 穿插休息 小跑 400 米		8 公里速度跑 配速 4:50~4:55 距离 12~14 公里		70 分钟平缓跑 距离 11~13 公里	120 分钟慢跑 距离 18~20 公里
3	50 分钟慢跑 距离 6~8 公里	14 公里间隔跑 4 次 ×2000 米 配速 9:15~9:20 穿插休息 5 分钟		8 公里速度跑 配速 4:5.0~4:55 距离 12~14 公里		70 分钟平缓跑 距离 11~13 公里	130 分钟慢跑 距离 20~22 公里
4		12 公里间隔跑 5 次 ×1000 米 配速 4:15~4:20 穿插休息 小跑 400 米		50 分钟慢跑 距离 7~9 公里		30 分钟慢跑 距离 4~6 公里	10 公里测试赛 成绩 45 分钟之内
5	30 分钟慢跑 距离 4~6 公里	70 分钟慢跑 距离 10~12 公里		70 分钟平缓跑 距离 11~13 公里		120 分钟慢跑 距离 18~20 公里	60 分钟慢跑 距离 9~11 公里
6		13 公里间隔跑 4 次 ×2000 米 配速 9:15~9.20 穿插休息 5 分钟		50 分钟慢跑 距离 7~9 公里		30 分钟慢跑 距离 4~6 公里	半程马拉松 成绩 1 小时 40 分钟

表注：速度训练计划中的距离包含热身和放松跑的距离。

目标成绩为 1 小时 30 分钟，该级别 6 周的训练计划，如下表所示。

周次	周一	周二	周三	周四	周五	周六	周日
1		14 公里间隔跑 4 次 ×2000 米 配速 8:10~8:14 穿插休息 4 分钟	60 分钟平缓跑 距离 11~13 公里	10 公里速度跑 配速 4:20~4:25 距离 14~16 公里		60 分钟平缓跑 距离 11~13 公里	110 分钟慢跑 距离 18~20 公里
2		11 公里间隔跑 4 次 ×1000 米 配速 3:50~3:55 穿插休息 小跑 400 米	60 分钟平缓跑 距离 11~13 公里	10 公里速度跑 配速 4:20~4:25 距离 14~16 公里		60 分钟平缓跑 距离 11~13 公里	120 分钟慢跑 距离 20~22 公里
3		14 公里间隔跑 4 次 ×2000 米 配速 8:10~8:14 穿插休息 4 分钟	60 分钟平缓跑 距离 11~13 公里	10 公里速度跑 配速 4:20~4:25 距离 14~16 公里		60 分钟平缓跑 距离 11~13 公里	130 分钟慢跑 距离 22~24 公里
4		12 公里间隔跑 5 次 ×1000 米 配速 3:50~3:55 穿插休息 小跑 400 米	60 分钟平缓跑 距离 11~13 公里	50 分钟平缓跑 距离 7~9 公里		30 分钟慢跑 距离 4~6 公里	10 公里测试赛 成绩 40 分钟之内
5		90 分钟慢跑 距离 15~17 公里	70 分钟平缓跑 距离 13~15 公里	5 公里速度跑 配速 4:20~4:25 距离 9~11 公里		110 分钟平缓跑 距离 18~20 公里	60 分钟慢跑 距离 10~12 公里
6		14 公里间隔跑 3 次 ×3000 米 配速 12:20~12:25 穿插休息 6 分钟		45 分钟慢跑 距离 7~9 公里		30 分钟慢跑 距离 4~6 公里	半程马拉松 成绩 1 小时 30 分钟

表注：速度训练计划中的距离包含热身和放松跑的距离。

目标成绩为 1 小时 20 分钟，该级别 6 周的训练计划，如下表所示。

周次	周一	周二	周三	周四	周五	周六	周日
1		14 公里间隔跑 4 次 ×2000 米 配速 7:10~7:15 穿插休息 4 分钟	80 分钟 平缓跑 距离 17~19 公里	60 分钟 平缓跑 距离 12~14 公里	10 公里 速度跑 配速 3:50~3:55 距离 14~16 公里	60 分钟 平缓跑 距离 12~14 公里	110 分钟 慢跑 距离 21~23 公里

续表

周次	周一	周二	周三	周四	周五	周六	周日
2	50 分钟 慢跑 距离 8~10 公里	11 公里间隔跑 4 次 ×1000 米 配速 3:20~3:25 穿插休息 小跑 400 米	60 分钟 平缓跑 距离 17~ 19 公里	60 分钟 平缓跑 距离 12~ 14 公里	10 公里 速度跑 配速 3:50~3:55 距离 14~16 公里	60 分钟 平缓跑 距离 12~14 公里	130 分钟 慢跑 距离 25~27 公里
3	30 分钟 慢跑 距离 5~7 公里	14 公里间隔跑 4 次 ×2000 米 配速 7:10~7:15 穿插休息 4 分钟	80 分钟 平缓跑 距离 17~19 公里	60 分钟 平缓跑 距离 12~14 公里	10 公里 速度跑 配速 3:50~ 3:55 距离 14~16 公里	60 分钟 平缓跑 距离 12~14 公里	120 分钟 慢跑 距离 23~25 公里
4	60 分钟 平缓跑 距离 9~11 公里	13 公里间隔跑 5 次 ×1000 米 配速 3:20~3:25 穿插休息 小跑 400 米	60 分钟 平缓跑 距离 12~14 公里	50 分钟 慢跑 距离 8~10 公里		30 分钟 慢跑 距离 4~6 公里	10 公里 测试赛 成绩 34 分钟之内
5	30 分钟 慢跑 距离 5~7 公里	90 分钟慢跑 距离 17~19 公里	60 分钟 平缓跑 距离 12~14 公里	70 分钟 平缓跑 距离 14~16 公里	7 公里 速度跑 配速 3:50~3:55 距离 11~13 公里	110 分钟 慢跑 距离 21~23 公里	60 分钟 慢跑 距离 11~13 公里
6		14 公里间隔跑 3 次 ×3000 米 配速 10:45~10:50 穿插休息 6 分钟	30 分钟 慢跑 距离 5~7 公里	60 分钟 平缓跑 距离 10~12 公里		30 分钟 慢跑 距离 5~7 公里	半程马拉松 成绩 1 小时 20 分钟

表注：速度训练计划中的距离包含热身和放松跑的距离。

4 全程马拉松

马拉松是国际上非常普及的长跑比赛项目，也是所有跑步者一生追寻的比赛目标。参加全程马拉松赛，除了拥有足够的耐心和毅力这两大必胜技能之外，更需要一份详细、科学、合理且能贯穿全年的训练计划。马拉松被跑步者看作一次完整的旅程，既可以体验到旅程中的喜怒哀乐，又可以挑战跑步人生的最高峰。

1）专业性训练

马拉松的比赛成败主要依靠训练的努力程度，一个优秀的马拉松跑步者需要全年不间断地训练，每周至少进行 3~4 次的训练。一份专业性的训练计划需要详细地划分为训练周、训练季和训练阶段，只有这样才可以在不同的季节中设定不同的训练重点和方向。

在马拉松训练计划中，训练季的高峰期在春季和秋季，训练季过后则需要大约 4 周的过渡恢复期，在之后是为期几个月的基础耐力训练时期，最后则会在比赛前 6~8 周设定比赛训练计划。马拉松赛季结束之后，跑步者的身体状况已经处于临界状态，其免疫系统、运动器官和激素系统都处于疲劳状态。此时，跑步者需要通过几周的轻松跑训练对身体进行相应的调整，以给机体充分恢复的时间。

● 冬季训练

冬季训练是马拉松选手的重要训练时段，是为明年参加比赛奠定基础耐力的训练季。冬季训练主要进行耐力训练，无须增加训练频率和训练强度，为明年春季马拉松比赛做好充分的准备。有氧耐力跑的运动心率应为最大心率的 65%~75%，其少量的速度跑的运动心率应为最大心率的 85%。除了基础耐力训练之外，还需要加入一些提升灵活性和腿部力量的交叉训练，包括自行车、游泳、球类、体操等运动项目；这些项目可以平衡躯干的肌肉结构，预防赛季中一些较为容易出现的伤痛。

身体内的肌肉和酶系统只需 6 周时间便可以锻炼出来，因此准备参加春节马拉松比赛的跑步者可以提前一个半月的时间进行难度系数比较高的训练单元。大量的跑步训练完全可以帮助跑步者打造出强壮的身体，因此无须再加入阻力训练了。但是，核心力量训练以及自行车等项目的交叉训练可以帮助跑步者恢复身体。在训练的最后 2 周，需要逐渐减少训练总量、强度和频率，以确保身体在比赛时处于最佳状态。

注意：

马拉松跑步者不仅需要耐力体能，更需要精神上的耐受能力。如果没有足够强大的精神力量，很有可能会导致耗尽体力或超负荷训练等情况出现，从而导致运动损伤或终止跑步。

在马拉松的冬季训练中，除了有氧耐力训练之外，还可以通过越野跑替代无氧间隔训练。越野跑训练可以打破跑步者固有的跑步模式，让跑步方式更加自由，更加锻炼跑步者的协调性和力量分配能力。由于越野跑的地形处于变换中，因此会锻炼到腿部以外的核心肌肉群，这种锻炼可以在马拉松后程比赛中为跑步者提供强大的支撑作用。在冬季训练计划中，每周添加一次越野变速跑，不仅可以保证训练的强度，而且还可以降低受伤的风险。

在春季马拉松之前的 3 月，需要进入严格的专项马拉松训练，包括有氧速度耐力跑、马拉松配速的间隔跑及长跑等训练单元。在马拉松比赛前 3~4 周应该进行半程马拉松的测试比赛，为马拉松比赛做好准备。

● 夏季训练

夏季训练一般是为了秋季马拉松做准备。跑步者结束春节马拉松比赛后，需要进行几周的恢复训练。然后，将训练集中在 5 月和 6 月进行。因为 5 月和 6 月是介于专项马拉松训练之前的空白时间，此时适合进行短距离的速度跑，例如 3~10 公里的速度跑。速度跑的场地可以为跑道，也可以为街道跑，以适应秋季马拉松的比赛场地为宜。

夏季训练的目的是保存体力，跑步者可以根据时间设定具体的训练计划，达到有氧和无氧训练的平衡点，以实现获得最佳成绩这一目标。除了常规跑训练之外，夏季训练中也可以加入自行车和山地跑训练，用山地跑训练替代冬季的越野跑。对于秋季马拉松比赛来讲，需要在比赛前 2 个月开始基础训练，一般按照 10 周的训练计划进行准备。此时，可以将针对比赛的练习加入到训练计划中，以便了解并加强所制定的比赛策略和配速。

2）双重准备马拉松

临近马拉松比赛，一些跑步者会出现焦虑或无助的心理。一次完整的马拉松比赛，不仅需要在体能上做好充分的准备，更需要在心理上建立信心。

● 赛前 2 周

此时的训练强度已经足够了，重点应该放在打磨细节上。在训练里程上，应该减少三分之一的训练量。但是，在马拉松赛前 10 天需要进行最后一次马拉松比赛配速的高难度训练，用于练习预估的比赛速度。

此时，跑步者已经获得马拉松比赛的具体场地，应该找到相接近的场地进行训练，距离可为 3~5 公里，主要用于测试比赛跑鞋、比赛服装等装备是否合适。此外，还需要尽可能地在比赛的准确时间段内进行一次模拟赛，让身体适应该时间段内所承受的跑步消耗和压力。

- 赛前 1 周

比赛前的最后 1 周，训练里程需要明显地减少，应多关注身体状态，在休息中储备能量并避免感冒及一些小损伤出现。其他赛前 1 周的计划安排，如下所述。

- 训练强度更改为 1 小时内的轻松慢跑。
- 训练时间尽量安排与比赛相同的时间。
- 进行足够的热身与放松练习。
- 保证充足的睡眠和休息。
- 增加营养补给。
- 保持心情愉悦，减少工作和生活压力。
- 规划参加比赛的起程时间。
- 注意脚趾甲的长度。

- 赛前 3 天

比赛前 3 天，为了储备糖原，需要提高食物中碳水化合物的比例。同时，为防止比赛中水分过分流失，需要大量饮水，提前补给水分。如果条件允许，可以去比赛现场查看比赛路线，并尽早领取号码布和计时芯片，淡定从容地进行准备工作。

最为主要的是养精蓄锐，在马拉松比赛前 2 个晚上尽量多睡，保证充足的睡眠。另外，最好进行一次热水浴，或者泡泡温泉，或去桑拿房放松一下，缓解肌肉紧张。此时如果训练，则以慢跑或散步为主，切勿过多地进行大量训练。

- 赛前 1 天

赛前最后 1 天，还是以慢跑为主，跑步时间尽量不要超过 30 分钟，也可以做一些轻松的增强活动。如果条件允许，可以在比赛路线中接近终点的地方进行训练，增加对比赛场地的熟悉感。

对于初次参加马拉松的跑步者，也许会紧张。此时，应该消除紧张，但切勿以旅游的心态过于玩乐逛街，应该静下心来按照规划预设比赛的行程和比赛时间，以及各补给站的具体地点和内容，以补充自身装备的不足。另外，还需要时刻关注比赛当地的天气预报，避免出现临时装备准备不足的情况。

注意：

切勿在赛前 1 天做出一些出格的事情，不要去过度玩乐，也不要心血来潮进行一些与高强度跑步有关的训练活动。

- 比赛当天

马拉松比赛当天，需要根据比赛时间合理安排起床和吃饭时间，吃饭时切勿吃一些以前没有尝试过的食物。同时，准备好比赛自备的饮料，为身体的敏感部位涂抹凡士林避免擦伤。

赛前尽量补充水分，补充水分最好截止到赛前 30 分钟。赛前 30 分钟以慢跑的形式进行足够的热身，切勿进行过长时间的热身，一般情况下5~15分钟足够了。另外，应在起跑10~15分钟内到达起点，注意起跑速度切勿过快，切勿在起跑的时候跌倒。同时，应该积极观察领跑员（兔子），比赛中可以参照他们的速度来确定自己的速度。跑过起跑线之后，要及时按下计时表，便于计算比赛时间和预设的跑步时间。

注意:

如果比赛时天气太热，可以将剩余的水浇在头上用于降温。另外，赛前最好不要饮用任何药品、葡萄或甜品，因为葡萄和甜品会阻碍糖分的储存。

- 比赛中

比赛过程中一定要保持紧张，切勿跟随其他参赛者不自觉地提高跑步速度。整个比赛过程，最好以时间为准进行记录。为了控制时间，最好在第1个路程牌处查看跑步用时，如果速度过快则应及时调整速度。

当经过第1个补给站时，尽量补充水分和食物，不要错过任何一个补给站，应尽量多补充水分。

比赛过程中，大多数跑步者都是盲目跟跑。此时，应该认清跑步方向，潜意识地规划跑步路线，不要浪费每一米，尽量跑捷径路线。中途可通过旗帜观察风向，查看是否处于逆风跑，后面的路线是否可以改换为顺风跑。如果风速过大，可以考虑跑在队伍中以减少风的阻力。

当跑步者在比赛中感觉跑步的速度过慢，可以在马拉松半程处或25公里后尝试加速，但加速速度切勿过快，应根据剩余路程逐渐加速。

3）训练计划表

长距离的跑步对马拉松而言是最重要的训练部分，根据比赛的目标时间不同，所设定的训练计划也各不相同。下面，根据比赛时间完成不同，设定了不同的训练计划，该计划是针对男性跑步者设定的，女性跑步者可以作为参考。

目标成绩为6小时，该级别10周的训练计划，如下表所示。

周次	周一	周二	周三	周四	周五	周六	周日
1		50 分钟长跑 配速 7:15~7:20 距离 5~7 公里		60 分钟长跑 配速 7:15~7:20 距离 7~9 公里		30 分钟长跑 配速 7:15~7:20 距离 3~5 公里	18 公里间隔跑 间隔 3 次 配速 7:25~7:30 穿插步行 3 分钟
2		50 分钟长跑 配速 7:15~7:20 距离 5~7 公里		60 分钟长跑 配速 7:15~7:20 距离 7~9 公里		30 分钟长跑 配速 7:15~7:20 距离 3~5 公里	20 公里间隔跑 间隔 3 次 配速 7:25~7:30 穿插步行 3 分钟
3		50 分钟长跑 配速 7:15~7:20 距离 5~7 公里		60 分钟长跑 配速 7:15~7:20 距离 7~9 公里		30 分钟长跑 配速 7:15~7:20 距离 3~5 公里	22 公里间隔跑 间隔 3 次 配速 7:25~7:30 穿插步行 2 分钟
4		50 分钟长跑 配速 7:15~7:20 距离 5~7 公里		60 分钟长跑 配速 7:15~7:20 距离 7~9 公里		30 分钟长跑 配速 7:15~7:20 距离 3~5 公里	24 公里间隔跑 间隔 3 次 配速 7:25~7:30 穿插步行 2 分钟
5		50 分钟长跑 配速 7:15~7:20 距离 5~7 公里		60 分钟长跑 配速 7:15~7:20 距离 7~9 公里		30 分钟长跑 配速 7:15~7:20 距离 3~5 公里	10 公里测试赛 成绩 70 分钟之内
6		50 分钟长跑 配速 7:15~7:20 距离 5~7 公里		60 分钟长跑 配速 7:15~7:20 距离 7~9 公里		30 分钟长跑 配速 7:15~7:20 距离 3~5 公里	27 公里间隔跑 间隔 4 次 配速 7:25~7:30 穿插步行 2 分钟
7		50 分钟长跑 配速 7:15~7:20 距离 5~7 公里		40 分钟长跑 配速 7:15~7:20 距离 5~7 公里		35 分钟长跑 配速 7:15~7:20 距离 4~6 公里	半程马拉松 成绩 2:35:00~2:40:00
8		35 分钟长跑 配速 7:15~7:20 距离 4~6 公里		40 分钟长跑 配速 7:15~7:20 距离 5~7 公里		40 分钟长跑 配速 7:15~7:20 距离 5~7 公里	230 公里间隔跑 间隔 4 次 配速 7:25~7:30 穿插步行 2 分钟

续表

周次	周一	周二	周三	周四	周五	周六	周日
9		40 分钟长跑 配速 7:15~7:20 距离 5~7 公里		60 分钟长跑 配速 7:15~7:20 距离 7~9 公里		30 分钟长跑 配速 7:15~7:20 距离 3~5 公里	20 公里间隔跑 间隔 3 次 配速 7:25~7:30 穿插步行 2 分钟
10		45 分钟长跑 配速 7:15~7:20 距离 5~7 公里			30 分钟长跑 配速 7:15~7:20 距离 2~4 公里		马拉松比赛 成绩 6 小时 配速 7:30~7:35

表注：速度训练计划中的距离包含热身和放松跑的距离。

目标成绩为 5 小时，该级别 10 周的训练计划，如下表所示。

周次	周一	周二	周三	周四	周五	周六	周日
1		60 分钟长跑 配速 6:45~6:50 距离 8~10 公里		5 公里轻松跑 配速 6:15~6:20 距离 8~10 公里		40 分钟长跑 配速 6:45~6:50 距离 5~7 公里	20 公里持续跑 配速 7:00~7:05
2		40 分钟长跑 配速 6:45~6:50 距离 8~10 公里		7 公里轻松跑 配速 6:15~6:20 距离 8~10 公里		70 分钟长跑 配速 6:45~6:50 距离 9~11 公里	22 公里持续跑 配速 7:00~7:05
3		9 公里间隔跑 3 次 ×1000 米 配速 6:00~6:05 穿插休息 4 分钟		60 分钟长跑 配速 6:45~6:50 距离 8~10 公里		45 分钟长跑 配速 6:45~6:50 距离 5~7 公里	10 公里测试赛 成绩 65 分钟之内
4		40 分钟长跑 配速 6:45~6:50 距离 5~7 公里		60 分钟长跑 配速 6:45~6:50 距离 8~10 公里		40 分钟长跑 配速 6:45~6:50 距离 5~7 公里	25 公里持续跑 配速 7:00~7:05
5		40 分钟长跑 配速 6:45~6:50 距离 5~7 公里		60 分钟长跑 配速 6:45~6:50 距离 8~10 公里		30 分钟慢跑 配速 7:00~7:05 距离 3~5 公里	10 公里测试赛 成绩 60 分钟之内
6		40 分钟长跑 配速 6:45~6:50 距离 5~7 公里		60 分钟长跑 配速 6:45~6:50 距离 8~10 公里		28 公里持续跑 配速 7:00~7:05	40 分钟长跑 配速 6:45~6:50 距离 5~7 公里

续表

周次	周一	周二	周三	周四	周五	周六	周日
7		7 公里轻松跑 配速 6:15~6:20 距离 10~12 公里		60 分钟长跑 配速 6:45~6:50 距离 8~10 公里		30 分钟慢跑 配速 7:00~7:05 距离 3~5 公里	半程马拉松 成绩 2:20:00~2:30:00
8		40 分钟长跑 配速 6:45~6:50 距离 5~7 公里		60 分钟长跑 配速 6:45~6:50 距离 8~10 公里		40 分钟长跑 配速 6:45~6:50 距离 5~7 公里	20 公里持续跑 配速 7:00~7:05
9		40 分钟长跑 配速 6:45~6:50 距离 5~7 公里		7 公里轻松跑 配速 6:15~6:20 距离 10~12 公里		40 分钟长跑 配速 6:45~6:50 距离 5~7 公里	20 公里持续跑 配速 7:00~7:05
10		60 分钟长跑 配速 6:45~6:50 距离 8~10 公里		40 分钟长跑 配速 7:00~7:05 距离 5~7 公里		20 分钟长跑 配速 7:00~7:05 距离 2~4 公里	马拉松比赛 成绩 5 小时 配速 6:35~6:45

表注：速度训练计划中的距离包含热身和放松跑的距离。

目标成绩为 4 小时 30 分钟，该级别 10 周的训练计划，如下表所示。

周次	周一	周二	周三	周四	周五	周六	周日
1		60 分钟长跑 配速 6:30~6:35 距离 8~10 公里		5 公里轻松跑 配速 6:00~6:05 距离 9~11 公里		40 分钟长跑 配速 6:30~6:35 距离 5~7 公里	22 公里持续跑 配速 6:40~6:45
2		60 分钟长跑 配速 6:30~6:35 距离 8~10 公里		7 公里轻松跑 配速 6:00~6:05 距离 11~13 公里		60 分钟长跑 配速 6:30~6:35 距离 8~10 公里	24 公里持续跑 配速 6:40~6:45
3		10 公里间隔跑 3 次 ×1000 米 配速 5:30~5:35 穿插休息 3 分钟		80 分钟长跑 配速 6:30~6:35 距离 11~13 公里		40 分钟慢跑 配速 6:45~6:50 距离 5~7 公里	10 公里 测试赛 成绩 60 分钟之内
4		60 分钟长跑 配速 6:30~6:35 距离 8~10 公里		70 分钟长跑 配速 6:30~6:35 距离 10~12 公里		60 分钟长跑 配速 6:30~6:35 距离 8~10 公里	27 公里持续跑 配速 6:40~6:45
5		60 分钟长跑 配速 6:30~6:35 距离 8~10 公里		70 分钟长跑 配速 6:30~6:35 距离 9~11 公里		30 分钟慢跑 配速 6:45~6:50 距离 3~5 公里	10 公里测试赛 成绩 55 分钟之内

续表

周次	周一	周二	周三	周四	周五	周六	周日
6		60 分钟长跑 配速 6:30~6:35 距离 8~10 公里		70 分钟长跑 配速 6:30~6:35 距离 9~11 公里		30 公里持续跑 配速 6:40~6:45	60 分钟长跑 配速 6:30~6:35 距离 8~10 公里
7		15 公里间隔跑 3 次 ×3000 米 配速 18:30~18:35 穿插休息 9 分钟		60 分钟长跑 配速 6:30~6:35 距离 8~10 公里		30 分钟慢跑 配速 6:45~6:50 距离 3~5 公里	半程马拉松 成绩 2 小时 05 分钟之内
8		40 分钟慢跑 配速 6:45~6:50 距离 8~10 公里		60 分钟长跑 配速 6:45~6:50 距离 13~15 公里		40 分钟长跑 配速 6:45~6:50 距离 5~7 公里	20 公里持续跑 配速 7:00~7:05
9		40 分钟长跑 配速 6:30~6:35 距离 5~7 公里		17 公里间隔跑 3 次 ×4000 米 配速 24:40~24:45 穿插休息 10 分钟		40 分钟长跑 配速 6:30~6:35 距离 5~7 公里	20 公里持续跑 配速 6:40~6:45
10		60 分钟长跑 配速 6:30~6:35 距离 8~10 公里		40 分钟长跑 配速 6:30~6:35 距离 5~7 公里		40 分钟慢跑 配速 6:30~6:35 距离 2~4 公里	马拉松比赛 成绩 4 小时 30 分钟 之内

表注：速度训练计划中的距离包含热身和放松跑的距离。

目标成绩为 4 小时，该级别 10 周的训练计划，如下表所示。

周次	周一	周二	周三	周四	周五	周六	周日
1		11 公里 间隔跑 3 次 ×2000 米 配速 10:40~10:45 穿插休息 6 分钟		60 分钟 长跑 配速 6:00~6:05 距离 9~11 公里	7 公里 轻松跑 配速 5:40~5:45 距离 10~12 公里		22 公里 持续跑 配速 6:10~6:15

续表

周次	周一	周二	周三	周四	周五	周六	周日
2		10 公里 间隔跑 3 次 ×1000 米 配速 4:45~4:50 穿插小跑 休息 500 米	70 分钟跑 配速 6:10~6:15 距离 10~12 公里		10 公里 轻松跑 配速 5:40~5:45 距离 14~16 公里		25 公里 持续跑 配速 6:10~6:15
3		15 公里 间隔跑 5 次 ×2000 米 配速 10:40~10:45 穿插休息 6 分钟		110 分钟 长跑 配速 6:15 ~6:20 距离 17~19 公里		40 分钟 慢跑 配速 6:30~6:35 距离 5~7 公里	27 公里 持续跑 配速 6:10~6:15
4		70 分钟 长跑 配速 6:00~6:05 距离 11~13 公里		12 公里 轻松跑 配速 5:30~5:35 距离 16~18 公里		60 分钟 慢跑 配速 6:30~6:35 距离 8~10 公里	30 公里 持续跑 配速 6:10~6:15
5		11 公里 间隔跑 4 次 ×1000 米 配速 4:45~4:50 穿插小跑 休息 500 米		50 分钟 长跑 配速 6:00~6:05 距离 7~9 公里		30 分钟 慢跑 配速 6:30~6:35 距离 4~6 公里	10 公里 测试赛 成绩 50 分钟之内
6		60 分钟 长跑 配速 6:10~6:15 距离 9~11 公里		100 分钟 长跑 配速 6:10~6:15 距离 15~17 公里		30 公里 持续跑 配速 6:10~6:15	40 分钟 长跑 配速 6:45~6:50 距离 5~7 公里

续表

周次	周一	周二	周三	周四	周五	周六	周日
7		17 公里 间隔跑 4 次 × 3000 米 配速 16:00~16:05 穿插休息 8 分钟		50 分钟 长跑 配速 6:20~6:25 距离 7~9 公里		35 分钟 慢跑 配速 6:30~6:35 距离 4~6 公里	半程 马拉松 成绩 1 小时 50 分钟 之内
8		60 分钟 长跑 配速 6:30~6:35 距离 8~10 公里		90 分钟 长跑 配速 6:30~6:35 距离 14~16 公里		50 分钟 长跑 配速 6:30~6:35 距离 7~9 公里	20 公里 持续跑 配速 7:00~7:05
9		50 分钟 长跑 配速 6:30~6:35 距离 7~9 公里		17 公里 间隔跑 3 次 × 4000 米 配速 21:20 ~21:25 穿插休息 10 分钟		50 分钟 长跑 配速 6:20~6:25 距离 7~9 公里	22 公里 持续跑 配速 6:10~6:15
10		60 分钟 长跑 配速 6:20~6:25 距离 8~10 公里		8 公里 间隔跑 3 次 × 1000 米 配速 5:20~5:25 穿插休息 3 分钟		20 分钟 长跑 配速 6:30 ~6:35 距离约 3~5 公里	马拉松比赛 成绩 4 小时

表注：速度训练计划中的距离包含热身和放松跑的距离。

目标成绩为 3 小时 30 分钟完赛，该级别 10 周的训练计划，如下表所示。

周次	周一	周二	周三	周四	周五	周六	周日
1		15 公里 间隔跑 4 次 ×2000 米 配速 9:15~9:20 穿插休息 4 分钟		70 分钟 长跑 配速 5:40~5:45 距离 11~13 公里	8 公里 轻松跑 配速 4:45~4:50 距离 13~15 公里	40 分钟 慢跑 配速 6:00~6:05 距离 6~8 公里	25 公里 持续跑 配速 5:40~5:45
2		12 公里 间隔跑 4 次 ×1000 米 配速 4:10~4:15 穿插休息 小跑 400 米	70 分钟 长跑 配速 5:40~5:45 距离 11~13 公里		10 公里 轻松跑 配速 4:45~4:50 距离 15~17 公里	50 分钟 慢跑 配速 6:00~6:05 距离 7~9 公里	27 公里 持续跑 配速 5:40~5:45
3		17 公里 间隔跑 4 次 ×3000 米 配速 13:50~13:55 穿插休息 6 分钟	60 分钟 长跑 配速 5:40~5:45 距离 10~12 公里		10 公里 轻松跑 配速 4:45~4:50 距离 14~16 公里	50 分钟 慢跑 配速 6:00~6:05 距离 7~9 公里	30 公里 持续跑 配速 5:40~5:45
4		70 分钟 长跑 配速 5:40~5:45 距离 11~13 公里	40 分钟 慢跑 配速 6:00~6:05 距离 6~8 公里	12 公里 轻松跑 配速 4:45~4:50 距离 16~18 公里		70 分钟 慢跑 配速 6:00~6:05 距离 11~13 公里	32 公里 持续跑 配速 5:40~5:45
5		12 公里 间隔跑 5 次 ×1000 米 配速 4:10~4:15 穿插休息 小跑 400 米	70 分钟 长跑 配速 5:40~5:45 距离 11~13 公里	40 分钟慢跑 配速 6:00~6:05 距离 6~8 公里		30 分钟 慢跑 配速 6:00~6:05 距离 4~6 公里	10 公里 测试赛 成绩 45 分钟之内

续表

周次	周一	周二	周三	周四	周五	周六	周日
6		70分钟 长跑 配速 5:45~5:50 距离 11~13公里		90分钟 长跑 配速 5:40~5:45 距离 15~17公里	15公里 轻松跑 配速 4:45~4:50 距离 19~21公里	60分钟 慢跑 配速 6:00~6:05 距离 9~11公里	32公里 持续跑 配速 5:30~5:35
7		17公里 间隔跑 3次 ×4000米 配速 18:30~18:35 穿插休息 8分钟	70分钟 长跑 配速 5:40~5:45 距离 11~13公里	50分钟 慢跑 配速 6:00~6:05 距离 7~9公里		30分钟 慢跑 配速 6:00~6:05 距离 4~6公里	半程 马拉松 成绩 1小时35分钟 之内
8		60分钟 慢跑 配速 6:00~6:05 距离 9~11公里	70分钟 长跑 配速 5:30~5:35 距离 12~14公里	95分钟 慢跑 配速 6:00~6:05 距离 15~17公里		70分钟 慢跑 配速 6:00~6:05 距离 10~12公里	35公里 持续跑 配速 5:30~5:35
9		70分钟长跑 配速 5:40~5:45 距离 11~13公里		20公里 间隔跑 3次 ×5000米 配速 23:00~23:05 穿插休息 10分钟		50分钟 长跑 配速 5:40~5:45 距离 8~10公里	25公里 持续跑 配速 5:45~5:50
10		60分钟 慢跑 配速 6:00~6:05 距离 9~11公里	9公里 间隔跑 3次 ×1500米 配速 6:55~7:00 穿插休息 3分钟	50分钟 慢跑 配速 6:00~6:05 距离 7~9公里		30分钟 慢跑 配速 6:00~6:05 距离 4~6公里	马拉松比赛 成绩 3小时30分钟 之内

表注：速度训练计划中的距离包含热身和放松跑的距离。

目标成绩为 3 小时，该级别 10 周的训练计划，如下表所示。

周次	周一	周二	周三	周四	周五	周六	周日
1	70 分钟 长跑 配速 5:00~5:05 距离 13~15 公里	17 公里 间隔跑 3 次 ×2000 米 配速 7:50~7:55 穿插休息 4 分钟	100 分钟 长跑 配速 5:20~5:25 距离 18~20 公里	70 分钟 长跑 配速 5:00~5:05 距离 13~15 公里	10 公里 轻松跑 配速 4:15~4:20 距离 16~18 公里	70 分钟 长跑 配速 5:20~5:25 距离 12~14 公里	28 公里 持续跑 配速 5:00~5:05
2	70 分钟 慢跑 配速 5:20~5:25 距离 12~14 公里	15 公里 间隔跑 10 次 ×400 米 配速 1:20~1:25 穿插休息 小跑 200 米	100 分钟 长跑 配速 5:20~5:25 距离 18~20 公里	45 分钟 长跑 配速 7:20~7:25 距离 13~15 公里	12 公里 轻松跑 配速 4:15~4:20 距离 17~19 公里	70 分钟 慢跑 配速 5:20~5:25 距离 12~14 公里	30 公里 持续跑 配速 5:00~5:05
3	70 分钟 慢跑 配速 5:20~5:25 距离 12~14 公里	15 公里 间隔跑 5 次 ×1000 米 配速 3:30~3:35 穿插休息 小跑 400 米	100 分钟 长跑 配速 5:00~5:05 距离 19~21 公里	60 分钟 长跑 配速 5:00~5:05 距离 11~13 公里	60 分钟 长跑 配速 5:20~5:25 距离 10~12 公里	45 分钟 慢跑 距离 7~9 公里	10 公里 测试赛 成绩 40 分钟 之内
4	100 分钟 慢跑 配速 5:40~5:45 距离 17~19 公里	70 分钟 长跑 配速 5:00~5:05 距离 13~15 公里	100 分钟 长跑 配速 5:00~5:05 距离 19~21 公里	60 分钟 长跑 配速 5:20~5:25 距离 10~12 公里	16 公里 间隔跑 3 次 ×3000 米 配速 11:45~11:55 穿插休息 6 分钟	70 分钟 慢跑 配速 5:20~5:25 距离 12~14 公里	32 公里 持续跑 配速 5:00~5:05
5	70 分钟 长跑 配速 5:20~5:25 距离 15~17 公里	15 公里 间隔跑 5 次 ×1000 米 配速 1:30~3:35 穿插休息 小跑 400 米	100 分钟 长跑 配速 5:20~5:25 距离 17~19 公里	50 分钟 长跑 配速 5:00~5:05 距离 9~11 公里	40 分钟 慢跑 距离 6~8 公里	30 分钟 慢跑 配速 5:30~5:35 距离 5~7 公里	10 公里 测试赛 成绩 35 分钟 之内

续表

周次	周一	周二	周三	周四	周五	周六	周日
6	100 分钟 慢跑 配速 5:30~5:35 距离 17~19 公里	70 分钟 长跑 配速 5:00~5:05 距离 13~15 公里	120 分钟 长跑 配速 5:10~5:15 距离 22~24 公里	70 分钟 长跑 配速 5:00~5:05 距离 13~15 公里	10 公里 轻松跑 配速 4:15~4:20 距离 18~20 公里	60 分钟 慢跑 配速 5:20~5:25 距离 10~12 公里	34 公里 加速跑 配速 5:20~5:25 配速 4:50~4:55 配速 4:20~4:25
7	70 分钟 长跑 配速 5:20~5:25 距离 12~14 公里	16 公里 间隔跑 4 次 ×2000 米 配速 7:25~7:30 穿插休息 5 分钟	60 分钟 慢跑 配速 5:30~5:35 距离 10~12 公里	60 分钟 长跑 配速 5:00~5:05 距离 11~13 公里	40 分钟 慢跑 配速 5:20~5:25 距离 6~8 公里	30 分钟 慢跑 配速 5:40~5:45 距离 4~6 公里	半程 马拉松 成绩 1 小时 30 分钟 之内
8	45 分钟 慢跑 配速 5:40~5:45 距离 7~9 公里	70 分钟 慢跑 配速 5:20~5:25 距离 12~14 公里	120 分钟 长跑 配速 5:00~5:05 距离 23~25 公里	70 分钟 慢跑 配速 5:20~5:25 距离 12~14 公里	10 公里 轻松跑 配速 4:20~4:25 距离 16~18 公里	70 分钟 慢跑 配速 5:20~5:25 距离 12~14 公里	36 公里 持续跑 配速 5:00~5:05
9	70 分钟 慢跑 配速 5:20~5:25 距离 12~14 公里	10 公里 轻松跑 配速 4:30~4:35 距离 14~16 公里	40 分钟 慢跑 配速 5:20~5:25 距离 6~8 公里	22 公里 间隔跑 3 次 ×5000 米 配速 19:30~19:35 穿插休息 10 分钟	40 分钟 慢跑 配速 5:20~5:25 距离 6~8 公里	70 分钟 慢跑 配速 5:20~5:25 距离 12~14 公里	27 公里 持续跑 配速 5:00~5:05
10	60 分钟 慢跑 配速 5:20~5:25 距离 10~12 公里	50 分钟 慢跑 配速 5:20~5:25 距离 6~8 公里	10 公里 间隔跑 3 次 ×1500 米 配速 5:50~5:55 穿插休息 3 分钟	50 分钟 慢跑 配速 5:30~5:35 距离 8~10 公里		30 分钟 慢跑 配速 5:40~5:45 距离 4~6 公里	马拉松比赛 成绩 3 小时 之内

表注：① 速度训练计划中的距离包含热身和放松跑的距离。

② 加速跑 3 个速度交替进行，逐渐加速。

结束马拉松赛跑之后，需要慢慢地步行一段时间，以保持血压的稳定性，同时注意保暖避免感冒。赛后需要补充足够的水和碳水化合物，以补充体内缺失的水分和糖原。

马拉松比赛后的当天及第2天，需要使用散步的方式积极恢复体力，而健康的营养补给同样重要。在之后的1周时间内，间隔一天进行30~60分钟的慢跑、骑自行车或游泳等有氧运动，帮助身体有效恢复体能。

一场比赛之后，最佳休息时长为3周，要么彻底休息，要么以减少50%普通训练量的运动量进行运动恢复。运动恢复时，每周至少保证2天完全休息，并限制一些高强度的训练。

5 其他专业跑

竞技跑不仅包含常见的10公里、半程马拉松和全程马拉松比赛，而且还包括越野赛、山地赛和极限赛跑等一些竞技项目。这些竞技项目，可以带领跑步者领略不一样的跑步风景，体验不同凡响的跑步感觉，一次次地挑战生理和心理上的巅峰。

1）越野赛跑

越野赛跑中的比赛路线通常包含坡度和高低不平的路线，因此需要避开危险障碍和陡坡。成年男性的比赛距离为4公里，以14分15秒成绩完赛可获得1000分；青年男子的比赛距离为3公里，以10分30秒成绩完赛可获得1000分；比赛成绩以秒为单位，每减少或增加1秒其成绩便会相应减少或增加3分。女子比赛只划分了一组，其比赛距离为2公里，以7分40秒成绩完赛可获得1000分，每减少或增加1秒其成绩便会相应减少或增加5分。

比赛的路程根据所挑选的地点而定，数公里至数十公里不等。对于用作体能磨炼的越野赛的路程可延绵数千公里，全程用时约一个月或以上，绝对是一项挑战体能的极限活动。因此，参赛者需要根据自己的体力量力而行，选择适合自己的比赛项目。在比赛过程中，竞技者需要根据路程的远近适当携带相应的装备，例如背囊、

长靴、通爽舒适的外衣、睡袋、帐篷和饮水等。

● 训练

越野跑通常是在比较差的条件中进行，因此需要强大的意志力，以及固定的步伐变换和高度的注意力。越野跑不仅需要通过不同的地形，而且还需要跨越和攀登，是锻炼腿部肌肉的有利运动形式。

越野跑同其他长跑项目一样，一方面要求能够尽可能地减少人体能量的消耗，维持一定的跑速；另一方面又要求可以根据比赛的具体情况，具有加速度的能力。因此，冬季进行越野跑对马拉松跑和赛道跑步来讲是一项非常好的加强训练，可以培养跑步者的协调性、爆发力和耐力。在越野跑的训练过程中，特别需要掌握下列要求。

- 姿势　主要采用身体微向前倾或正直的姿势，尽量使身体的各部分的动作协调配合，使身体保持平稳；同时，利用跑步过程中所产生的支撑反作用力与惯性不断地前进，提高跑步的效率。
- 体力分配　体力分配可以按照路段、比赛的阶段（起点、途中、终点）或体能状况进行分配。
- 速度　一般不宜过快或加速过猛，避免过度消耗体力，但在相对有利的地形中应尽可能地快跑。
- 节奏　越野跑中尽量控制跑步节奏，不仅可以节省体能的消耗，而且还可以使跑步动作更加协调。

● 技术

越野跑时，由于跑的地点和环境随时变化，因此对跑的技术也会有所要求，其技术会随着环境的改变随之变化。下面介绍几种常见地形的跑步技术。

- 道路　采用基本上与中、长距离跑相同的技术，尽量在平坦地段提高跑步速度。
- 草地　采用全脚掌着地方式，同时留心向前下方看，以免陷入坑洼或踩到硬物。
- 上坡　适用小步跑，此时应上体前倾、大腿微抬高并使用前脚掌着地。当遇到较陡的斜坡，可改用走步或“之”字形跑法（走法）；必要时，还可以单手或双手辅助攀登。
- 下坡　下坡时上体应稍后倾，以全脚掌或脚跟着地；较陡的下坡或坡面很滑的斜坡，可用侧脚掌着地，甚至采用蹲状并用手在体后牵拉（草、树）、撑（地）方式的下行。当距离下坡终点的8~10米处时，便可顺坡势疾跑至平地。
- 树林　遇到树林时，跑步过程中需注意不要被树枝、树叶、藤蔓等外物刮伤，需要特别防止被树枝戳伤眼睛。一般用一手或两手随时护住脸部，防止受伤。

➢ 障碍　遇到小的沟渠、壕坑、矮的灌木丛或倒伏树木时，需要提高跑速，大步跨跳而过，在落地的同时，上体稍向前倾，以避免腰部受伤并便于继续前跑。在通过较宽的沟渠时，需用通过足够长度的加速跑，采用大跨步跳和跳远的方法越过。遇到大的倒伏树木及其他矮障碍物，可以直接踏过它们。遇到较高的障碍物时，如矮围栏、土垣等，可采用正面助跑蹲跳和一手或双手支撑的方法翻越。遇到独木桥等狭窄悬空的障碍物时，应采用脚面外转成八字的跑法；如遇到独木桥等狭窄悬空的障碍物比较长时，则应平稳地走过。

2）山地赛跑

山地跑是一种锻炼耐力的跑步方法，上山时的速度应该更慢一些，脚离地面应该更近，此时脚蹬地的弹力也会更小一些，从而避免不必要的损伤。通常情况下，山地跑时的心血管系统和呼吸系统接近厌氧状态，但骨骼的磨损风险却处于相对较低的风险中；但下坡跑时，将会大大增加对骨骼磨损的风险。

在进行山地跑时，需要提前预想到高山处空气稀薄、紫外线强度过大及天气变幻莫测等因素，因此需要在跑之前准备防晒霜、遮阳帽、冲锋衣及太阳镜等防护物品。

在山地跑过程中，应该制定跑步策略并找到合适跑步的节奏，以避免肌肉堆积乳酸量超标，从而避免肌肉酸痛。此时，准确有效的心率检测仪是一个很好的选择，跑步者可以根据脉搏进行战略性的跑步；因为这种跑法通过跑步时间进行控制，将变得毫无意义。在陡峭的地段禁用全脚掌着地，此时应该上身前躬，手掌支撑在膝盖上进行助力。

2016 年中国推出山地马拉松系列赛，全年计划举办 6 站赛事。山地马拉松赛道距离为标准的全马 42.195 公里，半程 21.0975 公里。同时，各承办方还根据赛事路线的情况分别设置了 4~9 公里的迷你山马路线，为更多跑步爱好者提供参与体验的机会。

山地马拉松（简称山马）与城市马拉松最大的不同在于山马的绝大部分路段是在山地环境里进行，且对路面的高差、坡度具有一定的要求，其山马路线平均海拔约 1000 米，高差 1400 米，约 50% 左右的路段是山间土路或沙石路。复杂的路面及上下坡的路段都是对选手专业能力的考验，同时也是高水平选手创造成绩、拉开距离的契机。

2018年度的山地马拉松系列赛的首站比赛于4月15日周日在河南省驻马店市嵖岈山风景区进行，其后还包括下列9站赛事。

- 5月27日进行的重庆黔江站
- 6月3日进行的湖北利川站
- 6月17日内蒙古辉腾锡勒草原站
- 9月16日山东五莲站
- 9月28日信阳鸡公山站
- 10月14日武汉新洲站
- 10月21日广州从化站
- 11月4日广西山马站
- 11月11日福建漳州港站

3）极限赛跑

极限赛跑又称为极限马拉松，其比赛距离远远超过了马拉松距离，而且比赛途中被人为添加了巨大障碍。极限马拉松的下限一般为50公里，没有上限。1991年国际业务田径联合会确认100公里为极限马拉松的正规比赛。

极限跑步的辛苦程度远远大于马拉松跑，属于一种全能的有氧运动，不仅锻炼机体耐受能力，而且更重要的是挑战参赛者的意志力。参加极限马拉松的跑步者必须具备稳固的关节并具备马拉松跑的经验，不仅需要适应当地的天气，还需要对起伏的地势以及一些变换不定的天然地面有着良好的适应能力，这便要求参赛者必须具备一些横跨不同地貌的耐力训练。

由于极限马拉松中也包含山地跑，因此在制订训练计划时，需要制订一些针对山地跑的训练单元。极限跑的训练重点在于基础耐力训练，其训练速度需要更慢，并且在训练距离上需要不断提高，总之极限跑训练需要坚持长距离、慢速跑、有间隔这一原则。一些极限跑中的世界精英们，有时候会在1周内跑300公里甚至更长的距离；他们一般按照长距离慢跑的速度进行，其运动心率为最大心率的70%~75%。

对于极限马拉松比赛，水分和营养补给更为重要，可以帮助参赛者尽可能多地摄入水分和营养。如果有时间可以提前起程，以适应高原稀薄的空气。比赛中，较小的步伐可以有效节省体力。由于正常比赛时间较长，尽量不要选择过紧的跑鞋，可在中途更换跑鞋以减轻身体的负荷。同样，极限马拉松跑时也应该在敏感部位涂抹凡士林，防止擦伤。

极限跑步者最好拥有马拉松比赛的经验，这样在参加极限跑前一年便可以进行专项训练了。专项训练中，1周需要进行4次训练，其跑步距离需要达到25~30公里。

第 11 章　力量训练

力量训练是专业跑步者必备的训练课，特别是核心力量和抗阻力练习，对跑步者的速度、肌肉力量、跑步姿势的提升具有非常重要的作用。其中，核心力量训练主要对运动中的姿势、技能和技术动作起到稳定和支撑的作用；而抗阻力训练主要用于提升跑步者的肌肉力量。本章着重对核心力量和抗阻力训练方法进行详细的介绍，希望能为广大跑步爱好者提供积极的帮助。

11.1 核心力量练习

任何运动的技术动作都不是依靠单一肌肉就能完成的，而是需要多个肌肉群协调完成。所以当跑步者在进行核心肌群力量练习时，应循序渐进地体验核心肌群练习的基本动作，慢慢增加练习次数，只要持之以恒地练习，其跑步质量便可以获得全方位的提升，让自己能够一如既往地享受跑步的乐趣。

1 核心力量练习方案

核心力量是专门针对核心肌肉群进行的一种训练方式，包括腰、骨盆和膝关节在内的共29块肌肉。核心肌肉群具有稳定中心、传导上下力量等作用，对下肢活动和用力起着承上启下的作用，是整体发力的重要环节。

1）初学者练习方案

该练习方案适合于跑步新手，其难度为初级至中级水平，旨在打造核心力量基础，为进阶性的练习做好准备。同时，也为提升跑步的表现奠定根基。该方案需要每周进行2~3次练习，并坚持2~4周。

次序	练习内容	重复次数	组数	休息时间
1	腹式呼吸	20~30次呼吸	1组	无
2	下半身翻转	4次/侧	3-5组	30~60秒
3	仰卧伸展	5次/侧	3-5组	30~60秒
4	臀桥	12~15次	3-5组	30~60秒
5	腹式呼吸	20~30次呼吸	1组	无

2）中级程度方案

此练习方案适用于中级跑步爱好者，其难度设定为中等强度，可以有效提升核心部位静态和动态的稳定性。该方案需要每周进行2~3次练习，并坚持4~6周。

次序	练习内容	重复次数	组数	休息时间
1	单膝跪地伐木	8~12 次 / 侧	2~3 组	30~60 秒
2	单腿臀桥	10~15 次 / 侧	3~5 组	30~60 秒
3	跪姿支撑伸展	8~12 次 / 侧	3~5 组	30~60 秒
4	瑞士球臀肌伸展	10~15 次 / 侧	3~5 组	30~60 秒
5	瑞士球旋转	6~10 次 / 侧	3~5 组	30~60 秒

3）进阶方案

该训练方案适用于高级跑步爱好者，其难度设定为中高等强度，可以进一步提升练习者核心部位力量、强度和动态状态下的稳定性，使练习者可以适应更长距离的赛程。该方案需要每周进行 2~3 次练习，并坚持 4~6 周。

次序	练习内容	重复次数	组数	休息时间
1	健身球拍打	6~8 次	3~5 组	90 秒
2	杠铃臀桥	6~8 次	3~5 组	60~90 秒
3	站立伐木	10~12 次	2~3 组	60 秒
4	肘膝合式仰卧起坐	8~12 次 / 侧	2~3 组	45~60 秒
5	木棍式仰卧起坐	6~10 次	2~3 组	45~60 秒

2 核心力量练习方法

核心力量练习方法多种多样，跑步者可以根据自身实际情况，组合使用下述练习方式进行练习。

1）腹式呼吸法

对一名跑步爱好者而言，腹式呼吸不仅可以有效排出代谢后的二氧化碳，而且还可以增加氧气的容量，提升血氧交换的效率。同时，这种运用深层肌肉的呼吸方式，也可以帮助练习者更加专注核心肌群，提高核心稳定性。

（1）平躺于地面，双腿上抬至臀部，膝关节处呈 90° 夹角，手臂置于身体两侧，掌心向下。

（2）吸气时，通过鼻子并使用两拍的节奏；呼气时，通过嘴巴并使用四拍的节奏。吸气时腹部膨胀，呼气时尽量收腹。（也可以将重物置于腹部，吸气时利用腹部的力量将其抬起，呼气时重物随腹部下降）

站姿练习方法：

- 吸气时，双手掌心置于胸廓下缘的两侧，肋骨下部两侧对称横向扩张，切勿使肋骨上移及耸肩。
- 呼气时，使肋骨下降，收腰收腹，腰部有束腰感。

该练习方案的目标肌肉群包括膈肌、腹部肌群、肋间肌群和腰部肌群。

2）下半身翻转

该项练习可以提升臀部的活动范围和稳定性，并通过增加对骨盆和脊柱的控制，达到提升跑步效率以及增强核心肌群力量的目的。

（1）平躺姿势，两脚并拢，保持身体呈直线状，手臂上伸至头部以上。

（2）上肢保持不动，右腿弯曲上抬，膝关节呈 90° 直角。

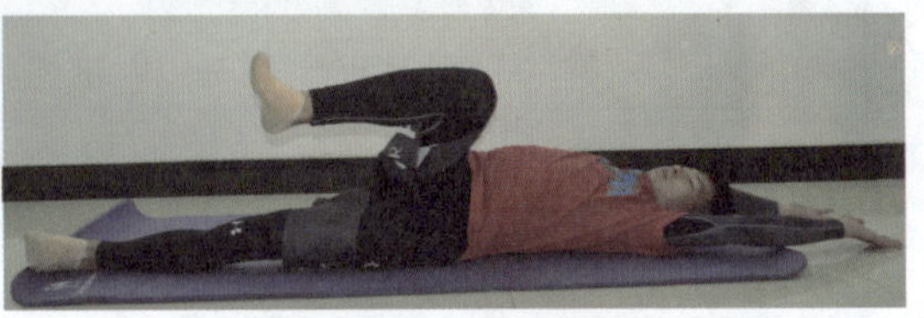

（3）右腿跨过身体臀部，臀部跟随右腿一起旋转，上半身随着臀部一起翻动，直至背部朝上。

（4）维持背部朝上姿势，左腿向后弯曲并向上抬起，以背部对角线为基准跨过身体，臀部跟随左腿一起旋转，随即上半身随着臀部一起翻动，直至背部朝下，如此往复循环。

该项练习方案的目标肌群包括腹横肌、腹斜肌和盆底肌群。

3）跪姿支撑伸展式

该项练习方案可以加强和稳定练习者的腰椎，对于保持跑步姿势起着非常重要的作用。在控制腰、背部动作时，应注意不要超越自己的极限。

(1) 屈膝跪姿，手掌置于地面，膝关节位于臀部的正下方，手掌置于肩关节正下方，头部与背部呈一条直线，收紧核心肌群。

(2) 左手臂向前伸出，掌心向下，右腿向后伸展并抬起与地面平行，利用核心力量，保持身体平衡，坚持 3~5 秒，将手和腿部收回，换另一侧重复同样的动作。

该项练习方案的目标肌群包括腹横肌、腹斜肌和臀肌。

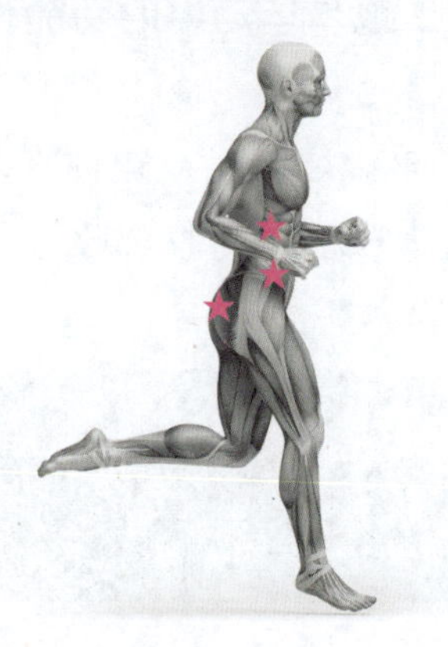

4）仰卧伸展

这项练习方案不仅可以加强腹部力量，而且还可以锻炼手臂和腿部的协调性。在该项练习中进行手脚交替的动作时，收紧核心肌群是该动作的关键环节。

(1) 平躺姿势，双腿伸直，双脚与肩同宽，手臂上举过头部，收紧腹部。

(2) 左手臂和右腿伸直并上抬至与地面垂直。

(3) 同时放下左手臂和右腿，换另一侧做同样的动作。如此往复循环。

该练习方案的目标肌群包括腹横肌、腹斜肌和髂腰肌。

5）臀桥

该项练习方案是核心部位稳定性训练的重要动作，可以加强臀肌力量。臀桥练习包括多种变式，比如：单腿臀桥、杠铃臀桥等。基础的臀桥练习技术方法如下所述。

（1）平躺姿势，膝关节弯曲成90°，两脚分开与肩同宽，双手掌心向下置于身体两侧，肩膀和臀部呈一条直线。

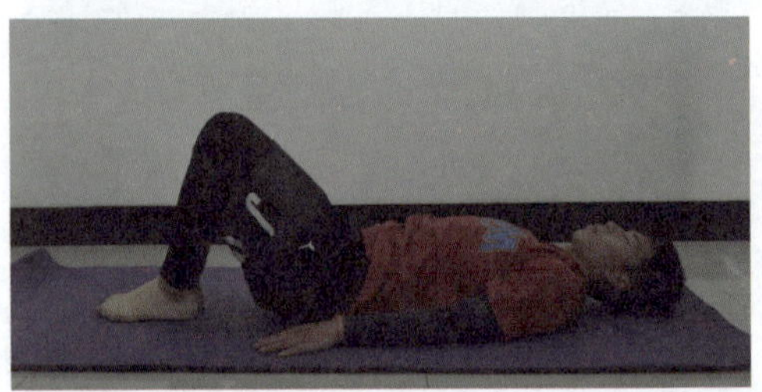

（2）将臀部抬离地面，身体从膝部到肩膀逐渐形成一条直线，坚持3~5秒。

（3）慢慢放下臀部，直至身体恢复到初始位置。

注意:

肩膀与臀部始终保持在一条直线上，脊柱挺直。

单腿式臀桥如下图所示（技术动作略）。

该项练习方案的目标肌群包括臀肌、盆底肌、腰方肌、多裂肌、竖脊肌、腹直肌和腹横肌。

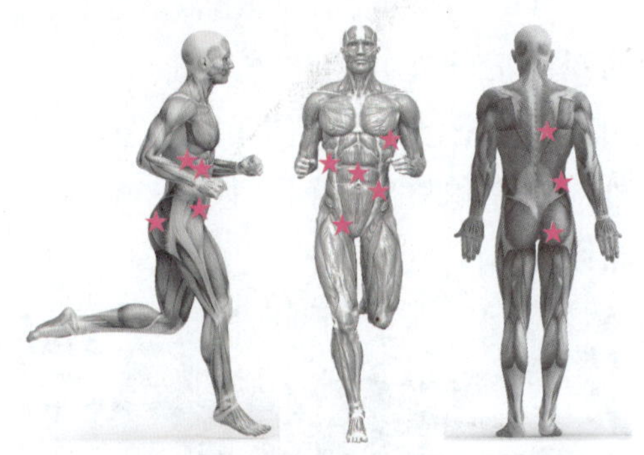

6）肘膝合式仰卧起坐

该项练习方案属于进阶式的仰卧起坐练习，主要用于锻炼躯干的旋转力量，属于跑步运动中的功能性核心练习。

（1）平躺姿势，双腿伸直，手臂置于体侧，掌心向内腹部收紧，感受核心区域的力量。

（2）身体蜷缩，肩膀抬离地面，左膝向胸部靠拢，右手肘向斜前方抬起并触碰左膝，坚持 3~5 秒。

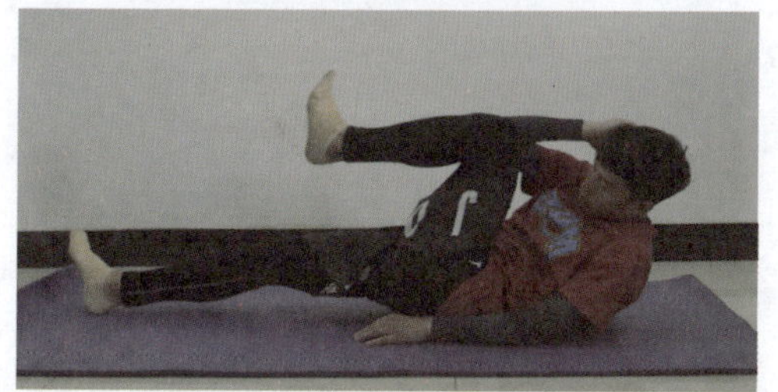

（3）舒展身体，换另一侧重复同样动作。

该项练习方案的目标肌群包括髂腰肌、腹斜肌、腹直肌和腹横肌。

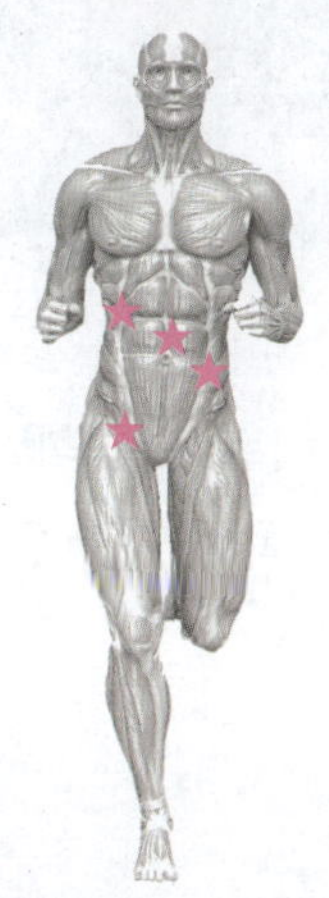

7）瑞士球仰卧起坐

该练习方案可以通过保持腹部的紧缩状态，来刺激深层的腹部肌肉。在该练习中，上半身向后靠时，注意不要用力过度，以免后翻。

（1）坐于健身球上，双脚向前行进，直至身体呈一条直线，膝关节弯曲成 90°，双手置于头部后侧。

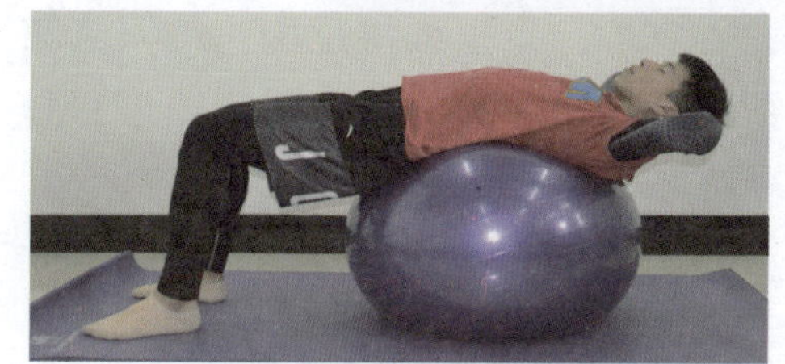

（2）收缩腹部，做仰起动作，同时利用腰背部的力量顶住球体，坚持 5~8 秒。

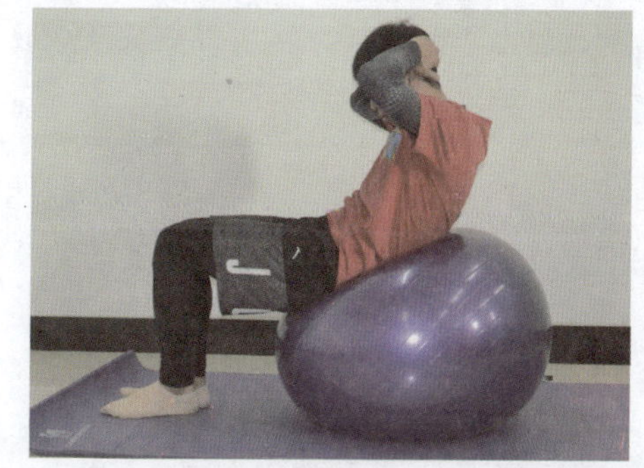

（3）上半身慢慢后躺，还原到初始位置。

该项练习方案的目标肌群包括腹斜肌、腹直肌和腹横肌。

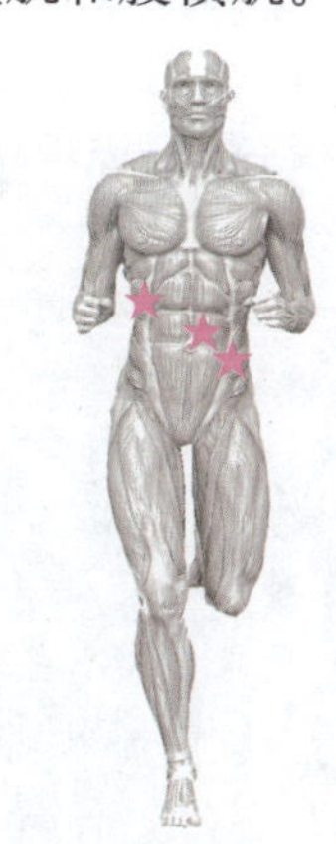

8）瑞士球臀肌伸展式

该项练习方案可以锻炼到所有的

核心肌群，为了维持平衡，练习者必须充分利用深层的核心肌肉。进行该项练习时，注意腰部不要拱起。

(1) 俯卧于健身球上，脚尖和手掌置于地面，伸直双腿，慢慢将身体前移至髋部位于球面上。

(2) 左脚抬起，坚持 5~8 秒，然后慢慢放下左腿，恢复到初始姿态。

(3) 换成右脚，重复相同的动作。

该项练习方案的目标肌群包括臀肌、股后肌群、竖脊肌、腹斜肌、腰方肌和腹横肌。

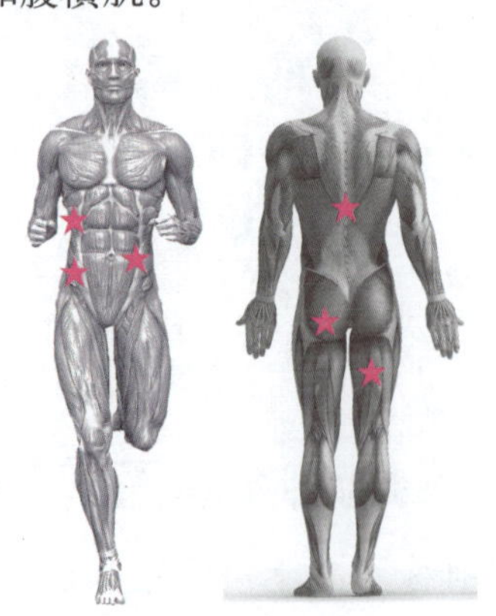

9）瑞士球旋转式

该项练习方案属于旋转运动，可以有效锻炼核心部位的稳定性，加强上半身的平衡和平稳性。

(1) 平躺于瑞士球上，手持健身球，手臂伸直，膝关节弯曲成 90°，双脚平放于地面。

(2) 保持腰部不动，向左尽量旋转上半身，保持双脚紧贴地面，手臂保持伸直，坚持 5~8 秒。

(3) 回旋上半身，回到初始姿势。换成右边，重复相同的动作。

该项练习方案的目标肌群包括臀肌、腹斜肌、腹直肌和腹横肌。

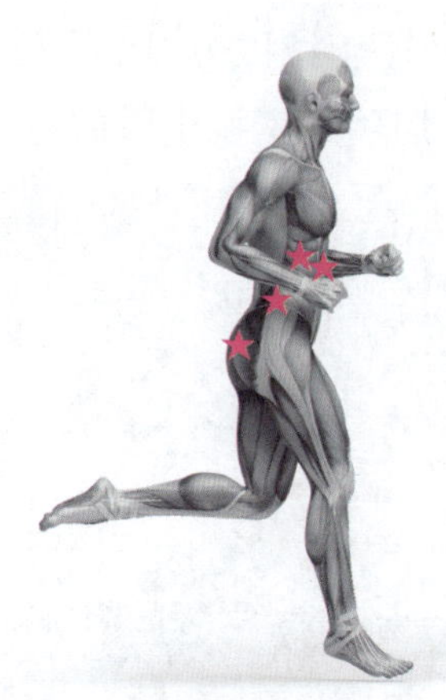

10）木棍式仰卧起坐

该项练习方案可以有效提升核心部位的稳定性，以及臀部的灵活性。在进行该项练习时，尽量靠近脚趾，木棍可以换成橡胶棍。

（1）平躺并握紧木棍，双手分开略比肩宽，双手上举木棍过头顶。

（2）双脚并拢，上抬膝部至胸前，上半身蜷起，手臂伸直将木棍从头顶滑向膝关节，顺着小腿一直向下。

（3）拉动膝关节使其紧贴胸部，木棍继续下走并绕过脚部，在不触碰脚底的情况下，将木棍放置脚部下方。

（4）将木棍从腿部下方拉回，伸直膝关节，躯干后仰，保证背部挺直。

（5）直至上半身和头部平放于地面，木棍置于臀部下方，腿部伸直完成该组动作。

（6）以相反的顺序，回到初始姿势。

该项练习方案的目标肌群包括竖脊肌、臀大肌、臀屈肌、盆底肌、腹直肌和腹横肌。

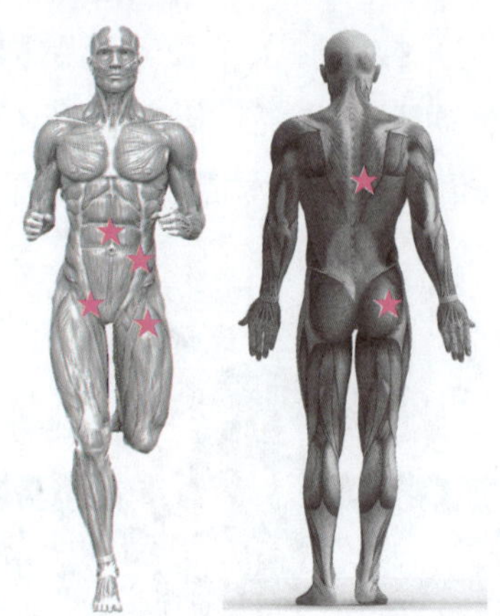

11）单腿跪姿伐木

该项练习方案属于抗旋转动作，可以有效练习腹部和腰背部肌群，提升臀部、脚踝和膝关节的稳定性和灵活性。在进行该项练习时，需保持上身挺直。

（1）左膝跪地姿势，右膝弯曲呈90°，双手抓住拉力绳向上伸展过头顶，双臂伸直。

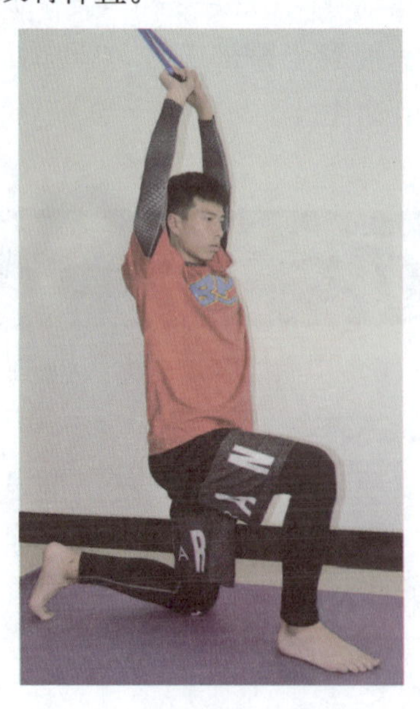

（2）双手下拉拉力绳至身体前侧，同时弯曲手肘将绳索拉至胸前。

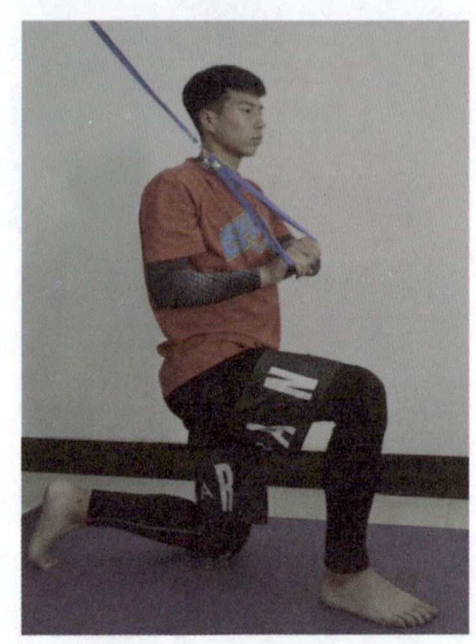

（3）绳索尽量贴近身体，手臂伸直继续下拉绳索至臀部下方，坚持5~10秒。

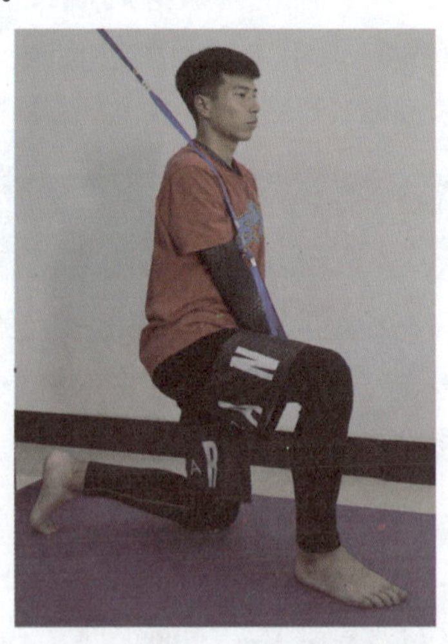

（4）还原到初始位置，换成另一侧重复同样的动作。

该项练习方案的目标肌群包括腰方肌、多裂肌、腹斜肌、腹直肌和腹横肌。

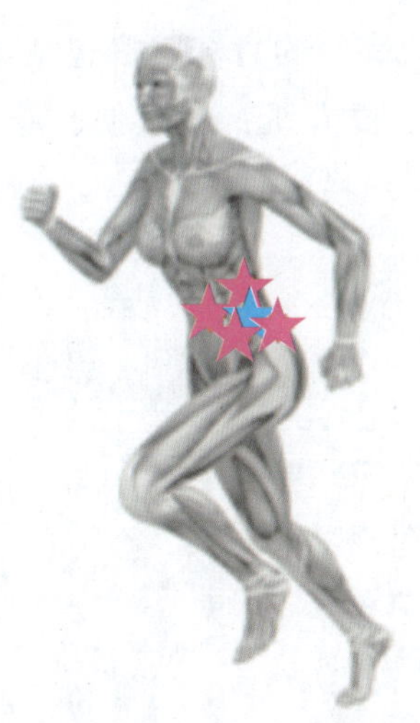

单腿跪姿伐木的进阶练习方式为站姿伐木，该练习过程中肩膀不可倾斜，可以更有效地锻炼核心肌群，并可加强其力量和稳定性。

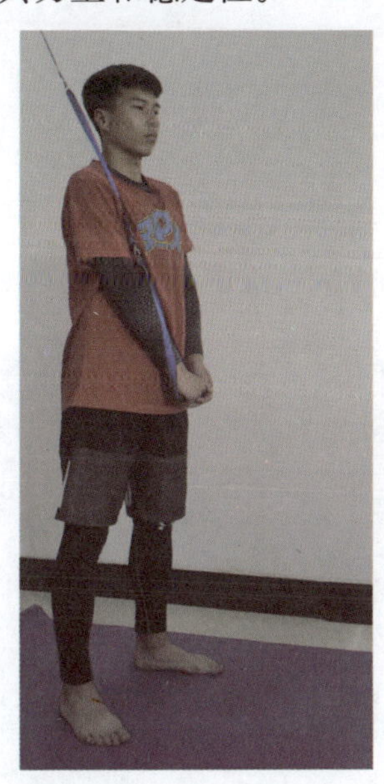

12）健身球拍打

该项练习用于锻炼核心肌肉群，并可加强肩部的力量。

（1）双手紧握健身球，双脚分开与肩同宽，将健身球高举过头顶。

（2）保持肩膀不动，手臂伸直，双手将健身球移动至胸前。

（3）将健身球丢落地面，再以下蹲姿势，拾起健身球，重复上述动作。

该项练习的目标肌群包括竖脊肌、背阔肌、腰方肌、多裂肌、腹斜肌、腹直肌和腹横肌。

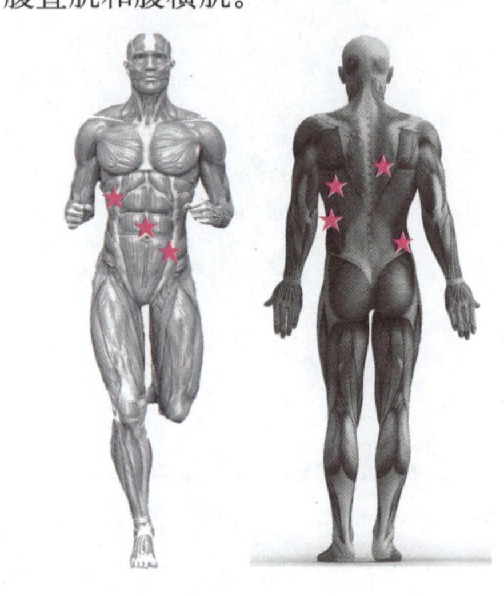

11.2 抗阻力练习

抗阻力训练又称阻力训练，是一种对抗阻力式的力量练习手段，自重训练、拉力带训练及哑铃 / 杠铃等训练都属于抗阻力练习。抗阻力练习不仅可以增加肌肉力量，而且还可以有效燃烧脂肪，也具有强身塑体的功效。

 1 抗阻力练习方案

抗阻力练习与核心练习一样，也需要根据自身实际情况进行相应的练习，以多种抗阻力练习方案组合练习，可以达到增肌减脂的训练目的。

1）初学者练习方案

该项练习方案适用于跑步新手，其难度为初级至中级水平，可以为之后更高强度的练习奠定坚实的力量基础。

次序	练习内容	重复次数	组数	休息时间
1	深蹲	10~12 次	3 组	15~30 秒
2	壶铃硬举	10~12 次	3 组	30~45 秒
3	哑铃弓箭步下蹲	8~10 次 / 腿	2~3 组	30~45 秒
4	站立式悬挂拉伸	10~12 次	2~3 组	15~30 秒
5	俯卧撑	12~15 次	3~5 组	30~45 秒
6	提踵	15~20 次	3~5 组	30~45 秒

2）中级程度方案

该练习方案适用于中级跑步爱好者，主要用于锻炼肌肉耐力，其难度设定为中等强度，可以进一步提升练习者的抗阻力量。

次序	练习内容	重复次数	组数	休息时间
1	壶铃摆动	6~10 次	2~3 组	60 秒
2	杠铃硬拉	8~10 次	2~3 组	60 秒
3	单腿深蹲	8~10 次 / 腿	3~5 组	45~60 秒
4	旋转式单臂悬挂拉伸	8~10 次 / 侧	2~3 组	30~45 秒
5	俯卧撑	6~10 次	3~5 组	45~60 秒
6	哑铃提踵	15~20 次	3~5 组	30~45 秒

3）进阶方案

该练习方案适用于高级跑步爱好者，其难度设定为中高等强度，可以进一步提升练习者的肌肉力量和强度。

次序	练习内容	重复次数	组数	休息时间
1	负重下蹲	6~8 次	3~5 组	90~120 秒
2	单腿硬举	6~10 次	2~3 组	90 秒
3	旋转式单臂悬挂拉伸	6~10 次	3~5 组	60 秒
4	单臂俯卧撑	6~8 次 / 侧	2~3 组	90~120 秒
5	离心提踵	8~10 次 / 侧	2~4 组	90 秒
6	足部背屈	10~12 次	2~4 组	60 秒

2 抗阻力练习方法

核心力量练习方法多种多样，跑步者可以根据自身实际情况，组合使用下述练习方式进行练习。在众多练习中，建议跑步者首选臀部铰链练习，因为该项练习属于硬举技术的基本动作，可以有效预防因硬举动作不正确而造成的损伤。

1）臀部铰链

臀部铰链是硬举技术的基础练习，可以有效锻炼臀部和脊柱的灵活性，练习者可以利用一根木棒或橡胶棒进行练习。

（1）双脚与肩同宽，一只手握住木棒的后端置于腰背部，另一只手握住前端置于颈部。

（2）弯曲双膝，臀部后撤，胸部前挺，坚持 5~10 秒，还原到初始姿态。

该项练习方案的主要目标肌群包括臀肌（臀大肌、臀小肌、臀中肌、梨状肌等）、股四头肌、股后肌群和竖脊肌。

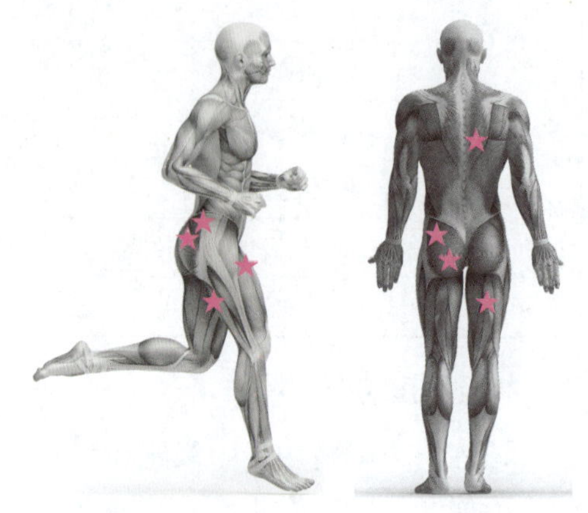

2）深蹲

该项练习方案主要用于练习下肢力量，可以降低大重量深蹲中的损伤风险。对于初练者可以空手练习，也可以借助木棍练习。另外，需要注意下蹲时，膝关节的方向与脚尖的方向尽量一致，避免膝关节内扣。

（1）双脚分开略比肩宽，正手紧握木棍，置于后肩。

（2）弯曲膝关节下蹲，直至大腿与地面平行，保持3~5秒，还原到初始位置。

该项练习方案的主要目标肌群包括臀肌（臀大肌、臀小肌、臀中肌、梨状肌等）、股四头肌、股后肌群和竖脊肌。

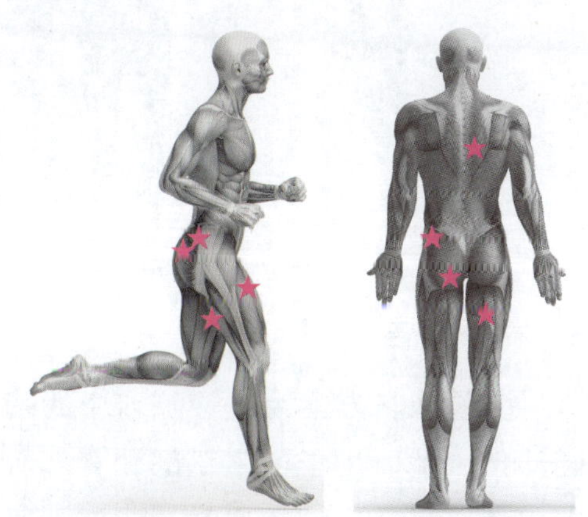

3）单腿深蹲

该项练习方案不仅可以锻炼下肢力量，而且还可以提升核心部位的平衡性。

（1）双脚与肩同宽，手臂前伸，弯曲右膝，上身挺直。

（2）左膝下蹲，膝关节前顶，上身前倾至 45°，右膝向后弯曲并抬起右脚。

（3）还原到初始姿势，换另一侧重复同样的动作。

该项练习的目标肌群包括臀肌、股四头肌、股后肌群和竖脊肌。

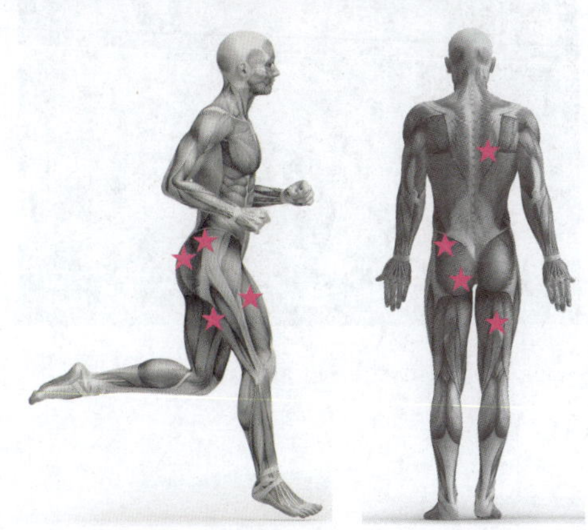

4）负重深蹲

该项练习可以有效增强下肢力量，提升跑步者的整体能力。在进行该项练习时，为防止受伤，应保持正确的姿势，最好在具有保护功能的健身房或其他人协助下完成。

（1）双脚与肩同宽，脚尖微微指向外侧，将杠铃置于背部，双腿伸直。

（2）收紧腹部和臀部，弯曲膝关节至大腿与地面平行，上半身适度前倾。

（3）慢慢伸直膝关节，还原到初始位置。

该项练习方案的目标肌群包括臀肌、股四头肌、股后肌群和竖脊肌。

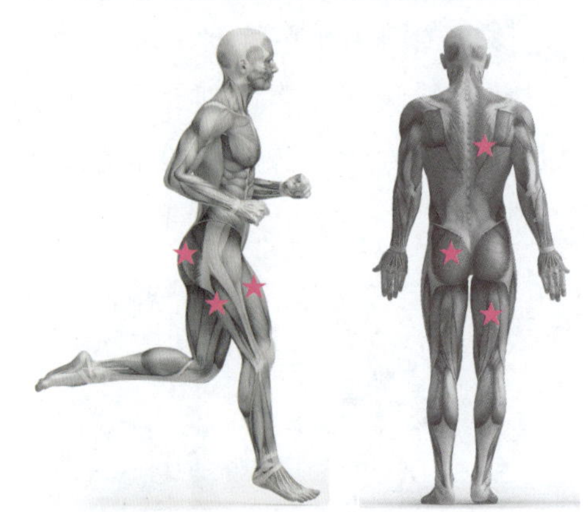

5）壶铃硬举

该项练习方案为壶铃练习中的基础动作，主要用于增强腿部和背部肌肉力量。在进行该练习时，背部需要保持挺直，避免腰背部过于紧张。

（1）双脚与肩同宽，壶铃放置于双脚之间，保持脊柱挺直，弯曲双膝，双手握住壶铃。

（2）按照从脚部到臀部向上发力的顺序，保持背部挺直，伸直双腿和双臂，将壶铃抬离地面。

（3）保持身体的收紧姿势，逐渐下放壶铃恢复成初始动作。

该项练习方案的目标肌群包括臀肌、股四头肌、股后肌群和竖脊肌。

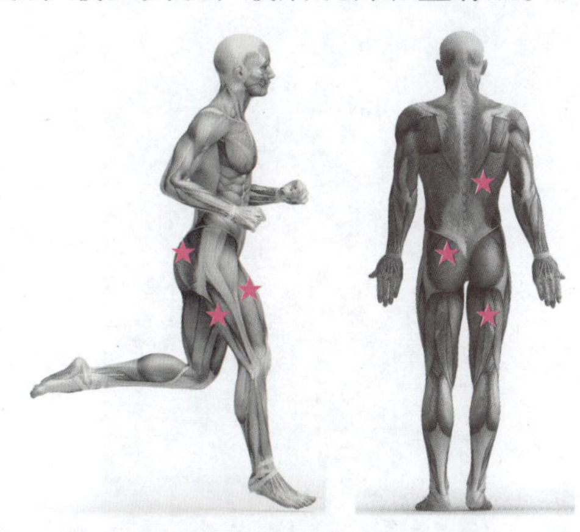

6）站立式悬挂拉伸

该项练习方案主要用于增强上背部力量，以协助跑步者改善跑步姿势和呼吸控制。在进行该项练习时，需要注意保持身体的重心落在脚跟上；另外，跑步者需要根据自身体能，通过调整双脚位置来改变动作的难易度。

（1）悬吊绳索保持在胸部位置，双脚与肩同宽，伸直双臂，抓住绳索，上身后倾。

（2）弯曲手肘，同时将身体拉向绳索，停顿 5~10 秒。

（3）伸展手臂，身体后移，回到初始姿势。

该项练习方案的目标肌群包括斜方肌、背阔肌、肱二头肌、腹斜肌和腹横肌。

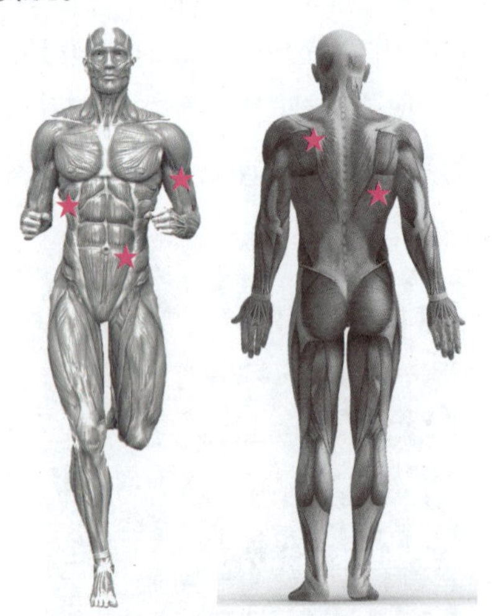

旋转式单臂悬挂拉伸是站立式拉伸的进阶练习方案，该项练习方案是使用单臂完成悬挂拉伸动作，不仅可以加强核心部位的力量和协调性，而且还可以锻炼胸椎的灵活性和肩膀的力量，其目标肌肉群同站立式悬挂拉伸一致。

（1）悬吊绳索保持在胸部位置，双脚与肩同宽，单手抓住绳索，上身后倾，伸直双臂。

（2）弯曲手肘，将身体拉向绳索。

（3）伸直右臂，身体向后靠，左臂向一旁延展，充分打开胸廓。

（4）还原到初始姿势，换另一侧重复同样的动作。

7）哑铃弓箭步下蹲

该项练习方案可以加强臀部、腿部和上半身的肌肉力量，增强跑步者的平衡性和协调性。

（1）双脚与肩同宽，双手各握一个哑铃，双臂自然垂放于身体两侧。

（2）左腿向前迈出一步，膝关节微屈，上身保持挺直。

（3）缓慢下蹲至两膝成 90°，前伸的膝部位于足部上方，后屈的膝部位于臀部下方，坚持 5~10 秒。

（4）慢慢站起，右腿向前迈出，换另一侧，重复同样的动作。

该项练习方案的目标肌群包括臀肌、股四头肌、股后肌群、腓肠肌和比目鱼肌。

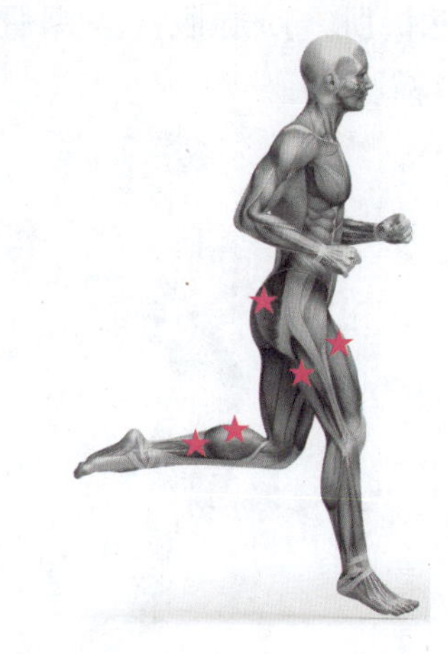

8）俯卧撑

该项训练方案为最普通的自重力量训练，主要用于锻炼肩膀、手臂和胸部肌肉。在进行该项练习时，整个过程应保持身体挺直，避免低头、翘臀和塌腰等姿势的出现。

（1）面部朝下，脚尖撑地，手掌置于地面，双臂略宽或与肩同宽，双臂伸直，手指朝前自然分开。

（2）弯曲手肘至上半身几乎触碰地面，坚持3~5秒，伸直双臂推动上半身，然后回到初始姿势。

该项练习方案的目标肌群包括胸肌、肱三头肌、回旋肌、前锯肌、腹斜肌和腹横肌。

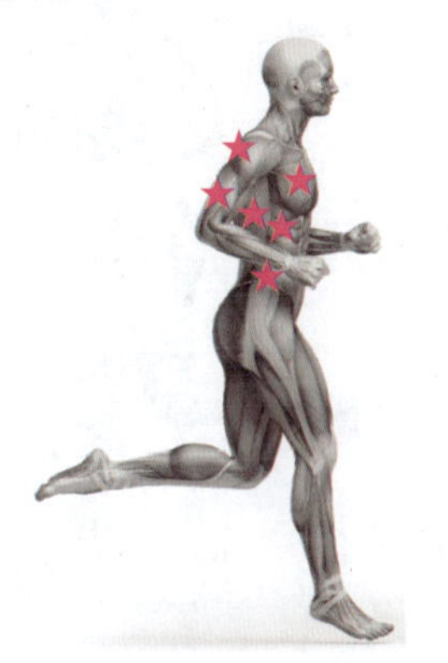

俯卧撑训练的变式动作包括跪姿俯卧撑、半圆球俯卧撑、单腿俯卧撑和单手俯卧撑，它们锻炼的目标肌肉群一致，但分别增加了练习难度或降低了对练习者的基础要求。

- 跪姿俯卧撑

跪姿俯卧撑降低了普通俯卧撑的练习难度，练习者利用双膝支撑身体的重量，手臂伸直，双手比肩略宽。

弯曲手肘至上半身几乎触碰地面，坚持3~5秒，伸直双臂推动上半身，回到初始姿势。

- 半圆球俯卧撑

半圆球俯卧撑比普通俯卧撑的难度要大一些，主要用于锻炼核心区域的稳定肌群。双手略比肩宽，手掌平放于半圆球平衡训练器上，利用脚尖支撑身体的重量，弯曲手肘，上半身慢慢下放，尽量贴近地面；然后伸直双臂推动上半身，回到初始姿势。

● 单腿俯卧撑

单腿俯卧撑是基础俯卧撑的进阶版，更具挑战性。基础俯卧撑姿势：一只脚抬离地面，弯曲手肘，上半身慢慢向下，尽量贴近地面，然后伸直双臂推动上半身，回到初始姿势。

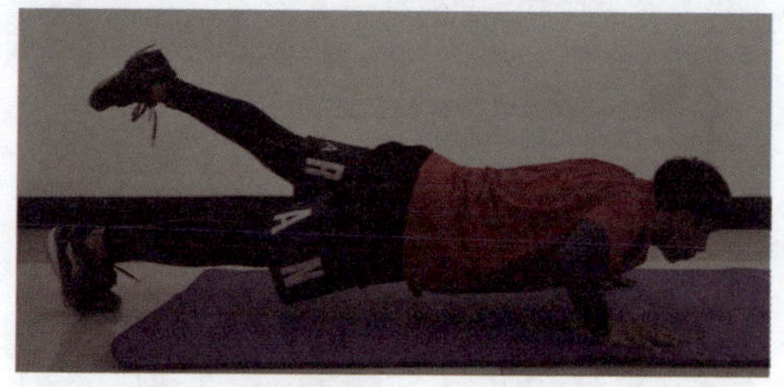

● 单手俯卧撑

单手俯卧撑属于难度相对较高的俯卧撑练习。双脚略比肩宽，单臂撑地，弯曲手肘，上半身慢慢向下，尽量贴近地面，然后伸直手臂推动上半身，回到初始姿势。

9）提踵

该练习方案主要用于加强小腿肌肉力量，保护跟腱免受损伤。在进行该练习时，练习者可以使用台阶进行练习。

（1）手臂自然垂于身体两侧，双脚与肩同宽，前脚掌踩在台阶边缘，足跟悬空，足尖指向身体前方。

（2）提起脚跟，并将重心移至脚前掌，充分伸展脚踝。

(3) 将足跟缓慢放下，回到初始位置。

该练习方案的目标肌群包括腓肠肌、比目鱼肌和跟腱。

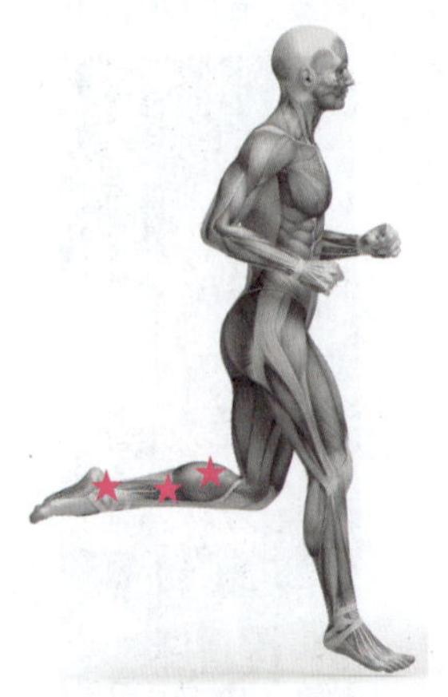

哑铃提踵练习和偏移提踵练习是提踵练习的升级版，锻炼的目标肌肉群和提踵练习时一致。

● 哑铃提踵

该项练习方案为基础提踵练习的升级版，通过增加负重以加强小腿肌肉的练习。

双脚与肩同宽，足底紧贴地面，双手各握一个哑铃，手臂自然垂于身体两侧。

缓慢抬起脚跟，并将重心移至脚前掌，充分伸展脚踝，然后将足跟缓缓放下，回到初始位置。

● 离心提踵练习

该项练习方案是以离心力量训练原理为基础进行的抗阻力练习，可以减少小腿肌肉的紧张感，降低跟腱受伤的风险。双脚与肩同宽，抬起脚跟，重心移至脚前掌，充分伸展踝关节成基础版提踵练习姿势。然后将重心移至右脚上，抬起左脚，将右脚跟慢慢放下。接着左脚落地，身体重心移至身体中心处，还原成初始姿势。换支撑脚重复该动作。

10）壶铃摆动

该项练习方案主要用于锻炼臀部、腰背部和大腿肌肉，需要注意发力部位，切勿使用上半身发力。

（1）双脚略比肩宽，弯曲双膝，提起壶铃，自然垂于双腿之间，上身微向前倾斜并挺直。

（2）保持上身挺直，双腿和臀部发力，向前上方摆动哑铃。

（3）当壶铃向后摆动时呈下蹲姿势，上半身微向前倾，恢复成初始姿势。

该练习方案的目标肌群包括臀肌、股四头肌、股后肌群和竖脊肌。

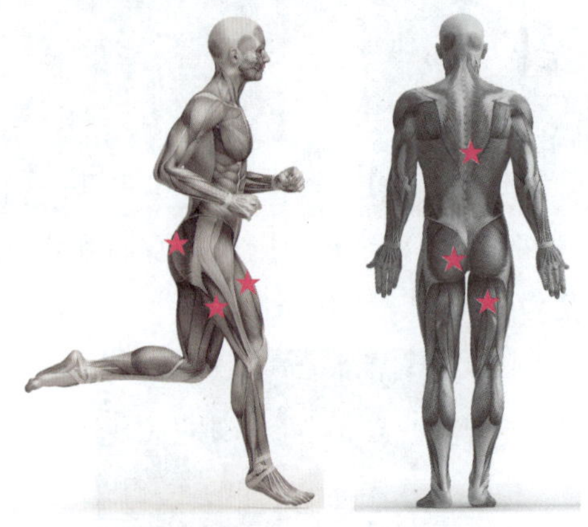

11）杠铃硬拉

该项练习方案是抗阻力练习中的重要练习之一，可以加强腿部和背部的力量，帮助跑步者有效提升速度。在进行该项练习时，需要挺直上身，保持腰部肌肉为紧张状态。

(1) 双脚略比肩宽，双腿弯曲，双脚置于杠铃附近，小腿胫骨靠近杠铃横杆处，正手紧握杠铃杆。

(2) 保持上身挺直，双腿发力蹬起，伸展膝部，向上拉起杠铃至膝关节处。

(3) 伸展髋部，继续上拉杠铃至髋部，下肢伸直，膝关节紧绷。

（4）慢慢下放杠铃，直至将身体还原至初始姿势。

该练习方案的目标肌群包括臀肌、股四头肌、股后肌群和竖脊肌。

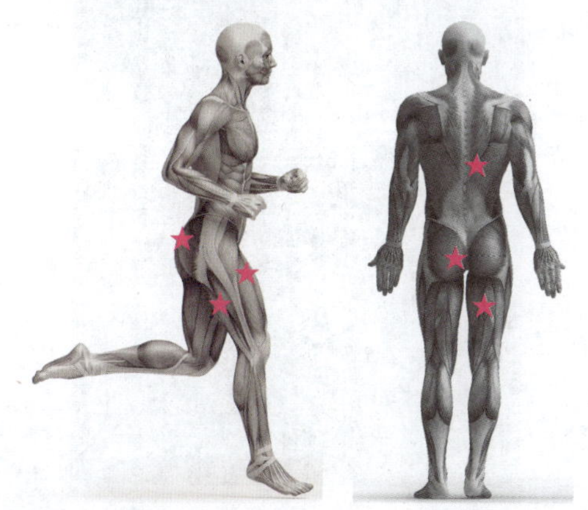

12）**单腿硬举**

该项练习方案不仅可以加强背部、大腿等肌群力量，而且还可以提高核心区域的稳定性和平衡性。

（1）两脚与肩同宽，双手正握哑铃，置于体前。

（2）上体挺直前倾，微屈左膝关节，右腿向后抬起，哑铃下放至左膝关节前。

（3）将哑铃下降至左胫骨前，右腿继续上抬至与地面平行，保持该姿势 3~5 秒。

（4）臀部前移，拉动上半身向上恢复到初始姿势，右腿放下，换另一侧重复动作。

该练习方案锻炼的肌群包括臀肌、股四头肌、腹横肌、股后肌群、竖脊肌、腰方肌和腹斜肌。

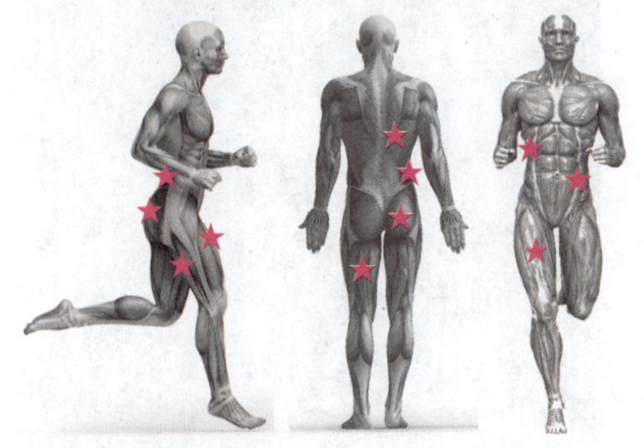

13）足部背屈练习

该项练习方案可以加强脚踝周围的力量，提升脚踝的稳定性。在进行该练习时，与提踵练习组合进行，可以更有效地锻炼小腿前部肌群。

（1）坐于椅子上，双脚着地，右腿架于左腿之上，将阻力带穿过左脚脚趾踩在脚下，上端勾在右脚脚趾上。

（2）右脚脚尖向上伸展拉伸阻力带，形成脚尖向上足跟向下的姿势，坚持 5~10 秒。

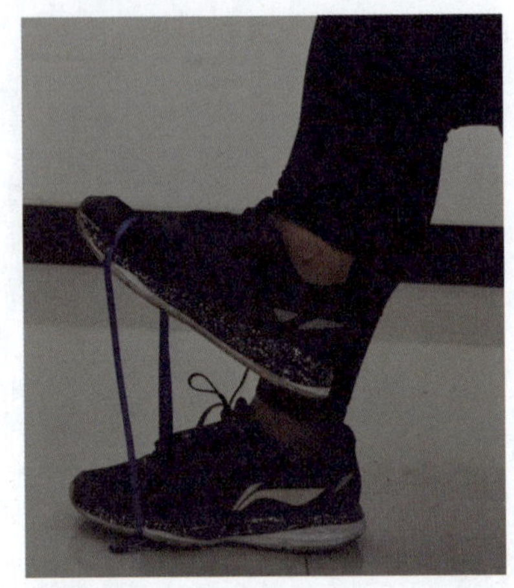

（3）放松脚趾，换另一侧重复同样的动作。

该练习方案的目标肌群包括胫前肌群和足部伸肌。

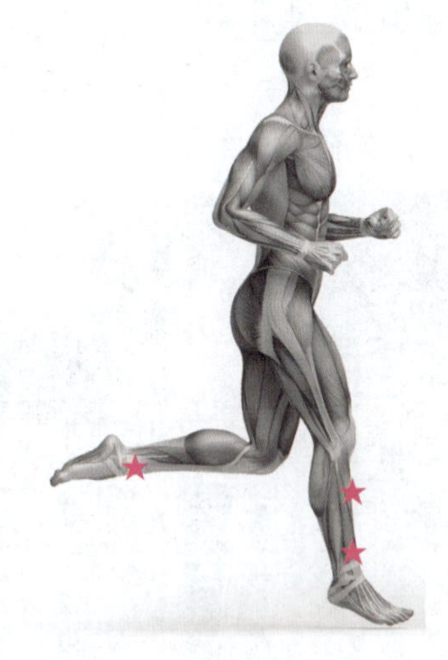

第 12 章 运动损伤的预防与恢复

运动损伤是指运动过程中发生的各种损伤，具体损伤部位与运动项目以及专项技术特点具有密不可分的关系。例如，网球肘易出现在网球和标枪运动员中。对于跑步者而言，其关节和肌肉在跑步过程中会受到重创，从而变得更易于受伤。据不完全统计，受到运动损伤困扰的跑步者占全部跑步者的 24%~77%，几乎所有的跑步者在长期跑步后都会出现某种程度的疼痛和不适。虽然跑步会为跑步者带来诸多损伤的风险，但科学、规律、循序渐进地进行跑步，仍可以预防、治疗和恢复这些伤痛。本章将详细介绍运动损伤的预防、治疗与恢复方法，以及跑步过程中常见的一些运动损伤的处理方法。

12.1 预防运动损伤

随着健身意识的增强，越来越多的人参与到跑步运动中来。虽然跑步可以带来健康，但不良的跑步姿势、跑步计划和技巧也会为跑步者带来相应的运动损伤。为了预防这些损伤，跑步者应该遵守训练原则，并根据年龄、健康状况、运动水平等因素合理安排跑步练习负荷。另外，在进行更长距离的跑步之前，还需要了解运动损伤的分类和诱因，以达到积极、有效预防运动损伤的目的。

1 运动损伤的分类

运动损伤一般可分为急性损伤和慢性损伤，损伤的组织可以是脊柱、颈椎等骨骼，也可以为神经、肌肉、肌腱、韧带等软组织。运动损伤的分类除了最为普通划分之外，还可以根据运动损伤的形状、时间、应急性和组织部位等因素进行划分。

1）根据应急性分类

根据应急性进行分类，运动损伤可分为急性损伤和慢性损伤两类。

- 急性损伤　是指直接或间接外力导致的一瞬间发生的损伤，伤后症状迅速出现，病程一般较短，会出现疼痛、浮肿、触痛、虚弱以及受伤部位功能障碍或不能承重等症状。常见的急性损伤包括肌肉与肌腱的拉伤、骨关节周围韧带的扭伤与挫伤、骨折、骨裂等。
- 慢性损伤　包括劳损伤和陈旧伤两种情况，其中陈旧伤是指急性损伤后因处理不当而导致的反复发作伤；而劳损伤是指因局部运动负荷过大，长期负荷过大超出了组织承受的能力所形成的损伤，其症状出现缓慢，病程较长。常见的慢性损伤包括肌腱炎、滑囊炎等。

2）根据组织结构分类

根据组织结构分类，运动损伤可分为皮肤损伤、肌肉损伤、肌腱和韧带损伤、关节损伤、滑囊损伤、软骨损伤、骨损伤、神经损伤、血管损伤和内脏损伤等。

3）根据形状分类

根据形状分类，运动损伤可分为开放性损伤和闭合性损伤两类。

- 开放性损伤　是指受伤组织完全被破坏，其受伤部位的伤口与体表相通，例如擦伤、刺伤、切伤、撕裂伤及开放性骨折等。开放性损伤会存在伤口污染的情况，需要及时清理伤口，避免发生感染，影响愈合和恢复的速度。

- 闭合性损伤　是指受伤组织保持完整，未被破坏，无伤口与体表相通，例如挫伤、关节韧带扭伤、肌肉拉伤、闭合性骨折等。

4）根据受伤程度分类

根据受伤程度分类，运动损伤可分为轻度损伤、中度损伤和重度损伤3类。

- 轻度损伤　是指受伤相对较轻，只会产生轻微的疼痛，锻炼者仍可以参加体育锻炼。
- 中度损伤　该级别的损伤会产生一定的疼痛和肿胀，伤后锻炼者需要停止有关损伤部位的一切活动。例如踝关节扭伤，会出现瘀血与肿胀。
- 重度损伤　该级别的损伤会产生严重的疼痛和肿胀，锻炼者需要停止一切运动。

2 运动损伤的诱因

影响运动损伤发生的因素有很多种，例如动作错误、身体素质差、运动水平不高等原因。运动前缺乏准备活动或准备活动不充分，也会造成运动损伤。只有了解各种运动损伤的诱因，才可以避免运动损伤，防患于未然。

1）专项技术因素

每一种运动项目都具有其独特的技术特点，导致所施加的运动负荷也不尽相同，因此各部位的承受力也会出现不均衡的现象，长此以往便会为负荷较重的部位带来各种运动损伤。例如，跑步爱好者会出现膝关节、跟腱和髂胫束等部位的损伤。

2）解剖生理因素

从人体的解剖生理和生物力学角度上观察，会发现机体中存在一些运动方面的薄弱环节。如果运动者忽视了这些薄弱环节，将会对其造成一定的运动损伤。另外，每个人的生理结构都具有不同的特点，固定的运动姿势和技术并非适合任何人，不当的运动姿势和技术也会对机体造成一定的损伤。例如，膝关节髌骨滑槽浅者，在做各种变向加速动作时比较容易造成髌骨外翻等损伤。

3）机能因素

运动过程中的机体状态决定了运动效果，当人体机能不适或出现一些问题时，也会引起运动损伤。例如，睡眠或休息欠缺、过度疲劳、生病等都会引起机能下降，从而引起神经系统反应迟钝和协调性下降而导致损伤发生。

4）准备活动因素

运动之前必须进行准备活动，这一要素是避免运动损伤最有力的措施。运动之前不仅需要进行充分的准备活动，而且还需要避免准备活动运动量过大以及活动内容与专项技术无关等错误的准备活动内容。只有充足、合理、科学的准备活动，才可以有效预防运动损伤。

除上述主要因素之外，造成运动损伤的因素还包括天气原因、运动技术欠缺、过度训练、训练计划不合理，以及场地、服装（装备）等方面的因素。

3 运动损伤的预防

在某种程度上，运动损伤是可以积极预防的。每位跑步者在了解自身生理特点、运动能力和薄弱环节等因素之后，便可以采取一系列的预防措施来预防运动损伤，其最常使用的预防措施包括热身运动、放松运动、避免过度训练、提高力量和柔韧性等。

1）热身运动

热身运动是所有运动项目必备的准备活动，具有极其重要的作用。热身运动具体内容需要根据运动项目进行制定，一套完整有效的热身运动通常由多个关键部分组成，这些部分共同协作才可避免运动损伤的发生。

热身运动是为即将进行的运动或比赛做好生理和心理准备，通过提高身体温度，使肌肉放松并具有柔韧性；同时还可以加快血液流动，为肌腱和关节做好准备。

在进行热身运动时，应从最简单的动作开始，然后加大动作幅度，使各组织充分地参与到运动中来，直到运动者的生理和心理达到最佳状态。切忌热身运动过度，避免出现体能下降等情况。

2）放松运动

运动后的放松与运动前的热身同样重要，积极有效的放松运动可以帮助运动者消除疲劳、预防损伤以及加快机体恢复。

在进行较大强度训练后，机体会因紧张或压力刺激产生一些变化，例如肌腱、韧带和肌纤维会在运动中造成一定程度的破坏。此时，合理的放松运动不仅可以加快机体的恢复速度，而且还可以缓解大强度运动带来的肌肉酸痛。

3）过度训练

运动中的过度训练会产生严重的疲劳感，这种过度疲劳是引发运动损伤的重要原因之一。规避运动中的过度训练，使训练变得可控，是避免运动损伤及提高训练效果的有效途径。

过度疲劳是因为运动量过大，其运动中造成的机体创伤未能及时修复。

这种情况并不是单纯地进行一次过度训练而造成的，而是累积几次过度训练产生的一种机体反应。规律、科学的运动计划可以有效控制运动量，避免过度训练所引起的运动损伤。

4）运动监控

跑步者可以通过运动监控措施，监测是否存在运动过量。监测运动过度，主要是通过密切关注自身的反应情况进行自我评测。其实，运动过程中的循序渐进是预防运动过度比较有效的方式之一。

监控过度运动可从生理和心理这两个方面进行监控，严格的监测和自身感觉，是监控的主要手段。如下表中的健康内容所示，如果存在1~2项情况，表示存在过度训练；如果存在4~6项情况，则表示已经严重过度训练了，需要调整当前的训练计划。

项目	生理方面		心理方面	
	症状	是否存在	症状	是否存在
1	静息脉搏升高		疲乏、无精神	
2	频繁轻度感染		注意力难以集中	
3	容易感冒		冷漠	
4	轻度损伤次数增多		缺乏训练动机、缺少训练热情	
5	慢性肌肉酸痛和关节不适（疼痛）		易怒	
6	疲惫感增强		焦虑	
7	出现嗜睡现象		沮丧、无名失落感	
8	体重异常下降		头疼	
9	食欲不振		失眠	
10	持续口渴或出现脱水现象		情绪波动较大	
11	出现厌烦、抵触或消极运动现象		莫名其妙地出现紧张感	
12	运动后恢复比较缓慢		情绪躁动	

5）提高力量

力量训练也可以有效预防运动损伤，因为力量训练可以增加肌肉和肌腱的力量，有助于保持运动中的身体始终位于合适位置。力量训练中的负荷是作用在骨骼上的，从而使它们变得更加强壮，并使韧带变得更具有伸展性，有助于吸收运动中对骨骼和韧带所造成的冲击力。

机体中会存在一些经常不参与专项运动的部位，这些部位由于使用较少而变得比较脆弱。当这些不经常被使用的部位突然参与运动时，遇到大运动量则会产生运动损伤。若合理安排力量训练，使每块肌肉都被练习到，则可以消除这些薄弱部分，达到平衡机体、避免运动损伤的目的。

除此之外，肌肉力量不平衡也是造成运动损伤的常见原因之一。当一块肌肉比对抗肌更强壮时，相对薄弱的肌肉会出现疲劳现象，过度疲劳则会造成损伤。肌肉力量不平衡还可以影响到关节、骨骼和肌肉的异常牵拉，使关节出现错误的运动形式，从而造成运动损伤。当一侧肌肉过于强壮时，会过度牵拉肌肉所附着的关节，使其靠近强壮肌肉，从而造成对侧韧带过度拉伸和紧张，引起关节的慢性疼痛和劳损。

因此，合理的力量训练可以避免薄弱肌肉的出现，使其与对抗肌保持平衡，消除运动损伤的隐患。虽然力量训练可以避免因肌肉力量不平衡带来的运动损伤，但在力量训练过程中也需要时刻保持警惕，避免在力量训练中出现不必要的损伤。

12.2 运动损伤的治疗与恢复

运动损伤发生的第一时间应该进行一些紧急治疗，然后再具有针对性地对其进行一系列的康复治疗，使其恢复健康。对于跑步者而言，最常见的运动损伤是一些软组织损伤，而涉及头部、颈部或脊柱损伤相对较少，本小节将重点介绍简单软组织损伤的治疗与恢复方法，包括紧急处理、治疗与康复等。

1 紧急处理

在运动损伤发生后三分钟内进行的处理方法，称为紧急处理，是处理运动损伤最为关键的一个步骤。紧急处理时，首先应对运动损伤进行级别评估，然后选择正确的处理方法，以减少损伤程度并防止进一步的损伤。紧急处理过程中，包括停止活动、询问损伤、观察损伤和阻止进一步损伤等流程，其具体介绍如下所述。

- 停止活动　发生运动损伤时，应及时终止当前的运动或比赛，并阻止跑步者进行任何活动。
- 询问损伤　及时询问跑步者有关损伤发生的一切问题，包括损伤发生的原因、过程、位置、感觉等。

- 观察损伤　观察损伤位置是否存在异常情况，为后续治疗奠定基础；例如观察有无肿胀、伤痕、变形和触痛等。
- 阻止损伤　根据上述行为获得的损伤情况，有效阻止可能进一步发生损伤的一切不良条件。

最后，需要再一次评估损伤的严重程度，并采用相应的手段进行处理。

2 治疗

紧急处理损伤之后，便需要减轻和缓解出血、肿胀，以及减轻疼痛。治疗损伤最为常见的方法包括休息、冰敷、加压包扎和抬高损伤部位等。

- 休息　尽可能固定受伤部位，积极休息，避免再一次发生损伤。
- 冰敷　冰敷可以有效止血、消肿和缓解疼痛，当损伤发生后应立即进行冰敷，并视伤情和伤者情况在48~72小时以内进行间隔性冰敷。
- 加压包扎　需要对受伤部位进行加压包扎，有效防止受伤位置的出血和肿胀情况，并通过固定受伤部位，防止造成再次损伤。
- 抬高伤处　受伤后要尽可能抬高损伤部位，使之保持在心脏水平位置上，这样有利于血液回流，促进止血和消肿。

注意：

在损伤发生后的48~72小时内，切勿为损伤部位进行热敷、热水浴等桑拿操作；并切勿进行按摩和过量饮酒等不良行为，避免加重伤口出血、肿胀和疼痛程度。

3 恢复

恢复阶段是治疗运动损伤最为关键的阶段，有效的治疗手段可以使受伤部位恢复至比受伤之前更加健康强壮。其恢复阶段的手段主要包括消除瘢痕组织和恢复身体素质两部分内容。

1）消除瘢痕组织

瘢痕组织是指肉芽组织经改建成熟形成的老化阶段的纤维结缔组织，其形成是肉芽组织逐渐纤维化的过程。运动损伤的部位会形成纤维细胞分裂、增殖，并向受损部位迁移，从而产生细胞外基质，形成瘢痕组织，修复创伤。

瘢痕组织是由胶原蛋白组成，非常脆弱和僵硬，极易引起相关软组织的柔韧性降低、软组织长度缩短，造成软组织或其本身再次被撕裂或损伤，因此这些瘢痕组织也是很多旧伤容易复发的主要原因。同时，由于瘢痕组织的弹性较差，若治疗不恰当则容易导致受伤组织的力量和爆发力降低。

对于瘢痕组织，可以利用热疗、

超声和深层组织的运动按摩等方法，通过增加损伤部位的血液供给量加速损伤的恢复和瘢痕组织的消除。

2）恢复身体素质

运动损伤发生之后，身体素质会随之下降。此时，跑步者需要恢复身体素质，即重新恢复机体的柔韧性、力量、爆发力、耐力、平衡性和协调能力等素质。由于身体素质的恢复过程需要跑步者主动参与进来，因此整个恢复阶段属于主动恢复阶段。

注意:

"疼痛就是停止运动的标志"，在进行主动恢复时，所做的任何动作都应避免牵扯到受伤处而引起疼痛。

● 柔韧性练习

身体素质恢复的第一步是进行柔韧性练习，恢复各关节的灵活性。在柔韧性练习中，首先需要进行一些轻松且简单的运动，例如弯曲和伸直动作等。当进行这些简单动作机体感觉良好且无不适感时，则可以增加左右或旋转动作。整个柔韧性练习，需要遵循循序渐进的原则，类似于初级跑步者刚开始参与跑步运动一样，放慢运动速度，确保损伤部位安全无不适感。

● 拉伸和力量练习

柔韧性恢复阶段结束之后，便可以增加关节的运动强度和幅度，逐渐恢复损伤部位的力量素质。拉伸和力量练习包括等长练习和离心练习。与柔韧性练习一样，本阶段的练习也需要先从一些轻柔的动作开始，逐渐增加练习难度并避免产生不适感。

● 协调性与平衡性练习

运动损伤恢复过程中的协调性和平衡性练习，一直被运动者所忽略。良好的协调性和平衡性练习，可以有效防止损伤部位再次复发。这是因为，软组织在损伤时，其损伤部位及周围区域的神经也会受到损伤，从而导致神经控制肌肉和肌腱的能力减弱，进而影响到关节的稳定性。

损伤恢复过程中的协调性和平衡性练习，包括单独平衡练习、单脚闭眼平衡练习以及借助瑞士球、平衡板和平衡垫等器械进行的一些练习。通过相应的练习，可以精确调节神经控制能力以及增强本体感觉功能，避免损伤复发。

● 完全恢复阶段

运动损伤恢复中的完全恢复阶段，主要目标是使损伤部位恢复到受伤之前的状态。在该阶段，可通过进行一些动力性和爆发性相结合的练习，加大运动强度和负荷，达到进一步恢复机体素质的目的。由于本阶段的练习强度几乎接近受伤之前的强度，因此在练习过程中需要遵循循序渐进的原则，结合损伤恢复情况逐渐加大强度，切勿因兴奋而造成过度训练。

12.3 常见的运动损伤

对于长期坚持跑步的跑步者而言，无论身体状态、跑步姿势及运动水平如何，多多少少都会受到一些运动损伤的困扰。为了避免运动损伤以及在发生运动损伤时积极应对、有效治疗，还需要了解一些常见的运动损伤的发病机制与治疗知识。在本小节中，将重点介绍脚部、踝关节、小腿、膝关节、大腿等部位的常见运动损伤及治疗方法。

1 脚部

脚是跑步机制中最为重要的部位，具有减震、保持平衡和维持原动力（蹬离地面）的重要作用。由于脚是跑步过程中唯一接触地面的部位，会产生强大的冲击力；因此，脚部运动损伤的预防、治疗与恢复是最为重要的一个环节。一般情况下，脚部的运动损伤包括足底筋膜炎、黑指甲（甲下血肿）和应力性骨折等。

1）足底筋膜炎

足底筋膜位于足底，连接足跟与足趾根部。它可以维持脚部、支撑足弓，并且在脚撞击地面时提供稳定性。当脚着地的时候筋膜呈伸展状，当脚离开地面的时候筋膜呈收缩状。过度拉伸筋膜就会引发炎症，损伤部位通常位于跟骨结节筋膜原点处（脚后跟底部的隆起物）。如果不进行积极治疗，其炎症组织便会演变成轻微的撕裂伤，从而导致足跟疼痛。

● 症状

足底筋膜炎会感觉到足跟疼痛，早晨起床及运动后疼痛会加重。足底筋膜炎若未给予及时治疗，则可引起慢性疼痛，从而改变走或跑的姿势，进而依次引起膝关节、髋关节和下背部等一系列的问题。损伤的疼痛位置，如下图所示。

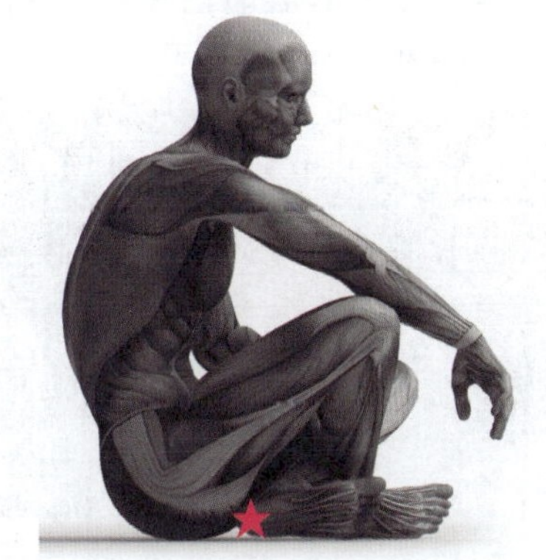

● 损伤原因

造成该损伤的原因包括在硬地面上跑步、不合适的鞋、足弓问题、错误训练、过度疲劳、足部过度内翻、小腿三头肌（比目鱼肌和腓肠肌）、跖肌和跟腱紧张、缺乏柔韧性等。

● 预防措施

虽然足底筋膜炎为一种足底损伤，但该损伤或许是由其他部位的损伤引起的。因此，需要对其进行积极的预防，其预防方法包括下列7种。

➢ 每周进行1~2次力量训练。
➢ 通过赤脚跑或健步走运动增加足部的肌肉量。
➢ 每天通过足底滚动网球的方法，为足底筋膜进行几分钟的按摩。
➢ 每天运用泡沫轴为腓肠肌进行按摩。
➢ 通过拉伸运动，拉伸小腿后侧肌群和足底筋膜。
➢ 对于足弓过高的患者，可通过足弓垫进行矫正。
➢ 缩短跑步过程中的步幅，增加跑步步频。

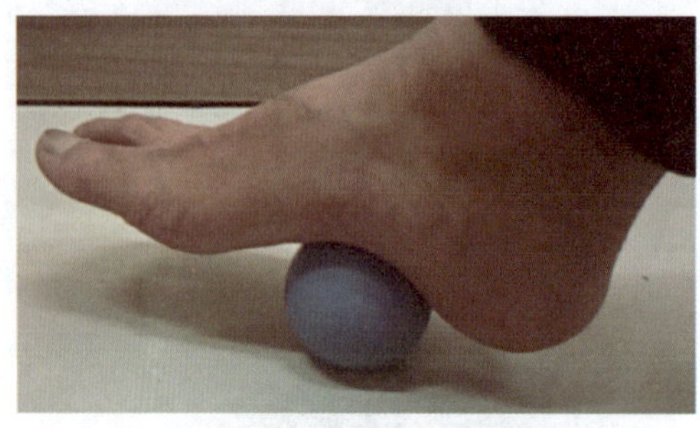

● 治疗

在治疗足底筋膜炎过程中，可通过骑自行车、游泳或椭圆机进行运动，防止身体素质下降。除此之外，还可以通过下列4种方法，积极有效地进行治疗。

➢ 对脚进行冰敷消肿。
➢ 可以吃一些消炎药，帮助减轻疼痛。
➢ 每天起床之前，通过上下挥动脚踝10~15次的方法，减轻炎症和疼痛。
➢ 拉伸跟腱和足底筋膜，加速恢复和预防损伤复发。

2）黑指甲（甲下血肿）

黑指甲是由损伤或甲床感染引起的趾甲下出血。黑指甲的血块可能较小，也可能覆盖整个甲下区域。损伤与疼痛位置，如下图所示。

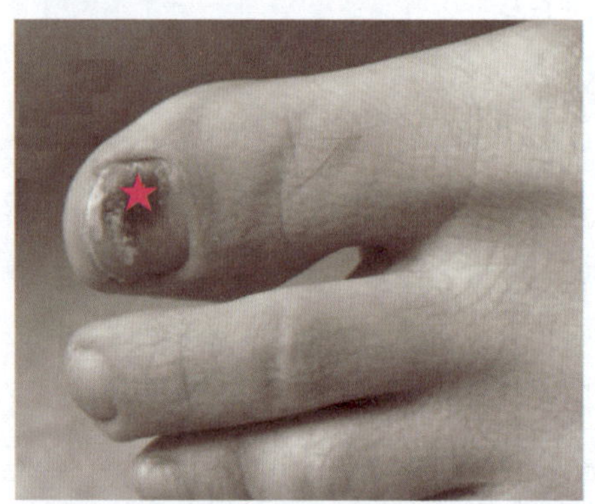

● 症状

黑指甲会出现红色、褐红色甚至黑色颜色，且甲下有压迫感和疼痛感。黑指甲造成的压迫会引起相关组织的损伤，严重者可能造成组织坏死，引起感染造成指甲脱落。

● 损伤原因

造成该损伤的原因包括足趾挤压损伤、趾甲下由于异物造成的甲床破裂以及感染引起等。

● 预防措施

运动中注意保护趾甲，避免因碰撞、挤压等外力引起伤害；根据自己足部形态和跑步技术特点选择大小合适、功能合理的运动鞋以及对其采取适当的保护性措施。

● 治疗

在受伤初期可以对其进行冷敷，而在受伤严重的情况下或后续治疗中出现趾甲脱落现象，则需要特别注意使用覆盖方式保护甲床、防止感染。多数情况下黑指甲比较容易治愈，但如损伤产生的压力不能得到缓解，则需要求助医生将瘀血从甲床排出。

注意：

若是挤压（或砸伤）损伤严重的情况下，会存在骨折的风险，应及时就医。

3）应力性骨折

应力性骨折是由于压力和过度损耗导致的骨骼表面出现微小裂缝。应力性骨折常见于承重骨骼，在跑步运动中常见于胫骨和足部骨头。若不及时治疗，裂缝会发展成更为严重的骨断裂。

● 症状

任何一块骨头均有可能发生应力性骨折，跑步运动中多见于胫骨和脚部的跖骨，易发及疼痛位置，如下图所示。

损伤骨骼附近部位出现肿胀、酸痛和发热现象，骨折处会有触痛感，用伤腿行走时，疼痛感强烈。若不加以处理则可发生更加严重的应力性骨折，甚至出现骨骼完全断裂。肿胀和炎症还可能会引起损伤部位血流和神经功能障碍，出现疼痛加剧、无法行走等现象。

● 损伤原因

该损伤多发生于身体的一侧，通常因为肌肉无力或失衡，跑步方法错误以及受力不均衡所致。若在坚硬的地面上跑步或锻炼持续时间、距离较长、过快，或是肌肉疲劳、技术动作不合理等都有可能导致骨头出现细小的裂缝，这些细小的裂缝积累起来便可转变为应力性骨折。

● 预防措施

可增强相关肌群的力量练习，减轻对骨骼的冲击力。选择合适的运动鞋与采用适合的运动技术，注重热身和放松运动，避免在坚硬的场地跑步。同时，还需要摄取含钙丰富的食物避免应力性骨折。

● 治疗

伤病初发阶段，实施一般治疗方法。在身体素质的恢复阶段，需要注意进行足部和小腿肌群的练习。经过休息与康复，应力性骨折通常可以完全治愈且不会留下永久性影响，骨折部位经过愈合后将会比损伤前更为结实。

注意:

如果损伤部位出现完全骨折或者是通过一般治愈不能修复该损伤的严重情况下，需求助医生进行手术治疗。

4）莫顿神经瘤

莫顿神经瘤是一种因足部趾足底固有神经加厚而造成的损伤，主要侵犯足底神经。

● 症状

脚心处会出现疼痛或伴随灼热感，并且在跑步的时候辐射到脚趾，严重者可能会感觉到第3~4足趾有刺痛和麻木感。另外，脚前掌可出现麻木、刺痛或抽筋等症状；穿鞋负重时足外侧出现难以忍受的疼痛，脱鞋后疼痛会减轻。若不加以注意，可能会导致足趾永久性丧失感觉或者是疼痛加剧，使该组织最终丧失功能。损伤疼痛部位如下图所示。

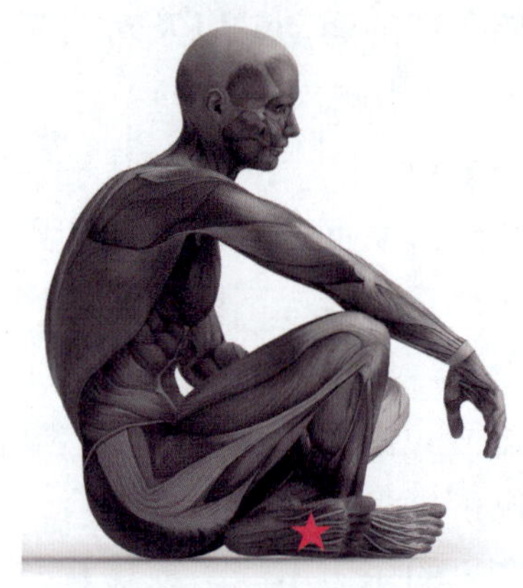

● 损伤原因

造成该损伤的原因包括长时间的跑、跳、走等致使跖骨反复受力或重复受伤，以及过紧的鞋对足造成压力、足部畸形（过度内翻）或者是第3、4跖骨损伤等。

● 预防措施

可通过选择合适的鞋、避免穿高跟鞋、借助具有足弓支撑的鞋垫等方法进行预防。

● 治疗

停止或限制运动，对损伤部位进行冰敷。如果疼痛剧烈，可适当使用消炎药缓解疼痛。另外，逐渐恢复运动以及避免足前掌的重复创伤可以加速损伤恢复。

5）跟腱炎

跟腱炎是指跟腱急慢性劳损后形成的无菌性炎症，一般是由于小腿腓肠肌和跟腱承受了反复过度牵张力引起的。另外，突然增加运动强度或频率也会引起跟腱炎。

● 症状

足跟部位疼痛并可出现轻微的红肿，走、跑、跳的时候疼痛明显加剧。一般会在剧烈运动后的休息区间或早晨发作。若损伤后不能及时处理，跟腱可能完全断裂，亦可导致出现并发症，造成走、跑、跳时无法完成提踵动作。损伤及疼痛位置，如下图所示。

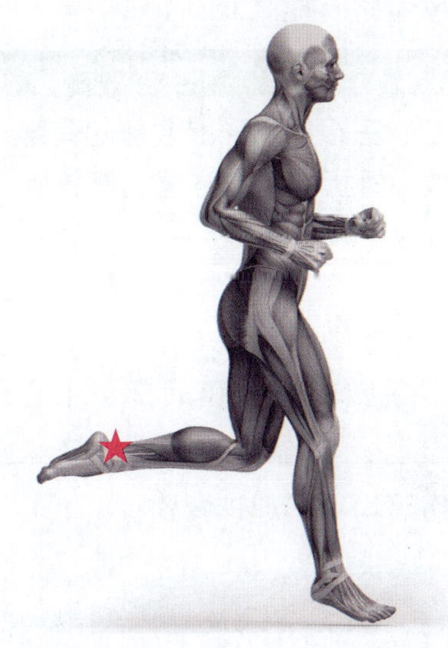

● 损伤原因

不合脚的鞋，走和跑姿势不正确，运动持续时间和距离及运动量增加过快以及跟腱受伤等因素都可以引起跟腱炎。另外，跑步之前热身不充分，使跟腱处于紧张状态，承受过大的压力，这是造成跟腱炎的主要原因。另外，如果跑步计划安排得过于频繁，增大患跟腱炎的概率。如果是扁平足，因为落地时过度内翻，会通过对肌腱造成压力而引发跟腱炎。

● 预防措施

加强小腿腓肠肌的力量与柔韧性练习，注重运动前的热身运动与运动后的放松练习。如果是扁平足或者跑步内翻过度，应使用具有支撑功能的跑鞋进行预防。

● 治疗办法

损伤造成之后首先需要暂停跑步，并使用冰敷或消炎药缓解疼痛。加强腓肠肌力量并对小腿肌肉进行拉伸，可以有效促进跟腱炎的恢复。跟腱炎经过适当的治疗和休息，可完全康复，少数情况下需求助医生排出因炎症产生的积液以促进损伤愈合。通过上述治疗方法后仍无法治愈时，可咨询医生进行手术治疗。

2 踝关节

踝关节损伤是所有运动中最为常见的损伤，一般损伤包括肌腱炎和踝关节扭伤等，其损伤判断、治疗和恢复方法等如下所述。

1）踝关节扭伤

任何参加运动的人皆可能发生踝

关节扭伤，它是一种急性损伤，往往发生在支撑腿转动时。该损伤可发生于支持踝关节结构的任何一条或所有韧带上。受伤与疼痛位置，如下图所示。

● 症状

该损伤可分为三级：一级情况下受伤部位出现轻微肿胀或无肿胀，略感疼痛，关节僵硬；二级情况下存在明显的肿胀和关节僵硬感，中等疼痛，负重困难，关节出现不稳定现象；三级情况存在明显的剧烈肿胀与疼痛感，不能负重，关节不稳定。该损伤如果处理不当，可导致慢性疼痛和踝关节不稳，引起力量和稳定功能减弱或丧失，亦可引起相关关节的再次伤病。

● 损伤原因

当足部外翻、内翻或受到强力扭转时，即可发生踝关节韧带的过度拉伸、撕裂。一般踝关节外侧损伤比较常见。

● 预防措施

加强小腿肌肉力量和平衡练习，通过平衡练习可提高机体的本体感觉能力、强化踝关节周围韧带的稳定性。另外，还要注意活动中的技术动作，防止足部过度的翻、转等动作的出现。

● 治疗办法

伤病初发阶段，实施一般治疗方法。如果出现二、三级情况，则需要固定踝关节并立刻就医。经过有效的康复和力量练习，伤者一般情况下不会出现运动受限问题，但踝关节再次受伤的风险略有提高。

注意:

二、三级损伤一般会伴随有腓骨骨裂、骨折等风险，需就医排除骨折风险。

2）胫后肌腱炎

胫后肌腱位于小腿后部，不合理的跑步姿势、不合适的跑鞋以及未治愈的损伤等均可引起该损伤。

● 症状

小腿、踝关节以及足内侧出现疼痛或压痛感，走、跑时有疼痛感，以及部分时候肌腱上方会出现肿胀情况。损伤与疼痛位置，如下图所示。

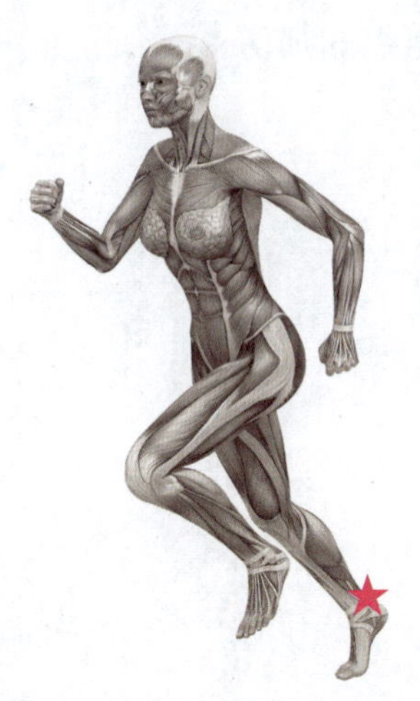

如不恰当处理，该损伤可导致足弓塌陷或肌腱完全撕裂；疼痛还可导致跑姿的改变，使运动链上的其他组织发生次生损伤。

● 损伤原因

造成该损伤的原因包括跑步姿势不正确、不合适的鞋以及踝关节内侧有旧伤等。

● 预防措施

确保跑姿正确，选择合适的跑鞋，注重运动前的热身活动与运动后的放松练习，并加强小腿后侧肌群的力量和柔韧性。

● 治疗办法

伤病初发阶段，实施一般治疗手法。可适当使用消炎药，等疼痛消退后进行适度的力量和拉伸练习，有助于伤病的加速恢复。在治疗后期身体素质恢复阶段的力量练习中，建议使用足弓支撑物等辅助器械。

3）腓骨肌腱炎

腓骨肌腱对脚部的稳定性具有直接关系，对踝关节提供保护机制，以防止踝关节向内侧面翻转。因此，足部过度内翻的跑步者易发生腓骨肌腱炎。

● 症状

小腿、踝关节以及足外侧出现疼痛或压痛感，开始运动时疼痛最为明显，运动过程中逐渐减轻，运动后疼痛感逐渐加重。损伤及疼痛位置，如下图所示。

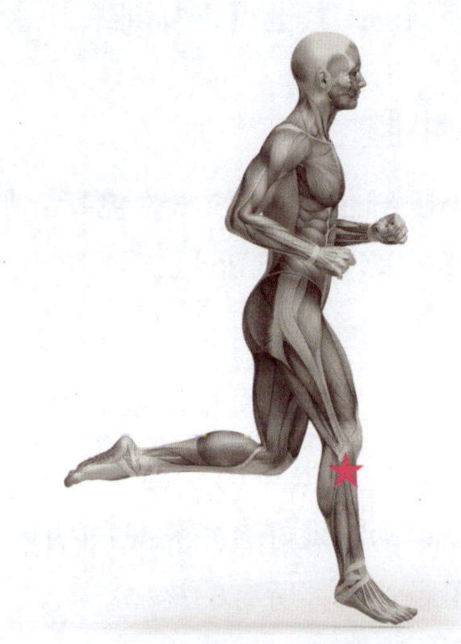

如不及时治疗可导致肌腱完全断裂，长期的炎症也会增加周围韧带的损伤概率。

● 损伤原因

造成该损伤的原因包括跑和跳的过程中脚部过度内翻、跑步姿势不合理以及踝关节旧伤等原因。

● 预防措施

注重运动前的热身活动与运动后的放松练习，加强小腿侧肌群的力量和柔韧性以及完善跑步的技术动作。

● 治疗办法

伤病初发阶段，实施一般治疗方法。除此之外，可适当使用消炎药，疼痛消退后进行适度的力量和拉伸练习，有助于伤病的加速恢复。在治疗后期的调整阶段，需要特别关注不正确的足部形态和步态问题；如因足部形态问题所引起的炎症，可以使用矫正器等辅助工具进行康复训练。

3 小腿

小腿部位的损伤一般包括：胫前内侧疼痛综合征（外胫夹）和小腿后肌群拉伤。

1）外胫夹（胫前内侧疼痛综合征）

外胫夹是很多田径运动员和刚参与跑步运动的爱好者中常见的病症，它涵盖了胫骨前部所有的疼痛。

● 症状

损伤部位（小腿前侧）会出现麻木、胫骨内部疼痛等感觉，运动时疼痛会加剧。另外，还会出现胫骨内侧触痛，个别情况会伴有轻微的肿胀。损伤与疼痛位置，如右图所示。若对损伤不加以及时治疗，可引起剧烈的疼痛直至跑步运动被迫中断。该炎症也可引起其他组织的损伤。

● 损伤原因

造成该损伤的原因较多，其主要是由于覆盖或连接于胫骨上的肌腱受到刺激而引起疼痛。跑步的持续时间、频率、强度以及跑步运动结束后未能进行积极的放松与整理活动与该损伤的发生有着直接关系。

● 预防措施

外胫夹的预防措施，包括下列5种。

- 加强小腿肌群的力量练习，提高胫前肌群力量和柔韧性。
- 完善训练计划，调整训练强度与内容。
- 重视腿部力量练习，以减缓冲击力对该部位造成的刺激。
- 注重跑步前的热身运动（特别是胫前拉伸练习）和跑步后的放松练习。
- 增加热敷和按摩（泡沫按摩效果将更好）的恢复练习。

● 治疗办法

伤病初发阶段，实施一般治疗方法，并适当使用消炎药来减轻疼痛。随后通过热敷、按摩等方法促进血液循环，加速损伤痊愈。该损伤可有效治愈，且不会留下后遗症。

2）小腿肌肉拉伤

小腿后肌群包括腓肠肌、比目鱼肌和跖肌，这些肌肉通过跟腱止于跟骨。在进行爆发性运动以及肌肉特别疲劳的情况下，比较容易造成小腿肌肉的拉伤。

● 症状

发生小腿肌肉拉伤时，会感觉到小腿后侧肌群疼痛（通常位于中部位置）；在使用脚尖站立时，疼痛明显加剧，有时屈膝也会产生小腿疼痛。另外，拉伤后小腿后侧肌群部位会出现肿胀或血肿。损伤与疼痛位置，如下图所示。

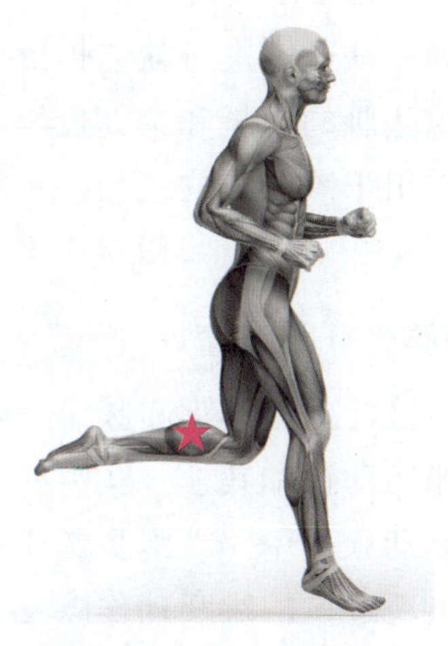

如果疼痛不及时治疗，会导致该肌肉完全断裂，从而导致直立、行走、跑步时的身体不稳定甚至丧失功能，该损伤还会引起运动链上其他相关组织的次生损伤。

● 损伤原因

造成该损伤的原因包括跑步时脚蹬地或落地时姿势不合理、腓肠肌和比目鱼肌强直收缩，以及非正常的、过度的离心用力。除此之外，小腿后侧肌群在疲劳状态下进行爆发性用力，也会造成该损伤。

● 预防措施

加强小腿后侧肌群的力量、耐力力量和柔韧性练习，注意保持该肌群的机能良好；注重热身运动和运动后的放松与恢复并完善训练计划，调整训练强度与内容。

● 治疗办法

伤病初发阶段，实施一般治疗方法，以及通过服用消炎药来减轻疼痛。注意，在治疗与康复的初级阶段，应采用消除疤痕组织、热敷、按摩等可促进血液循环的治疗手段，促进损伤痊愈。如果处理及时得当，特别注重加强身体素质调整阶段的练习，会减少肌肉拉伤的复发性。

4 膝关节

膝盖是跑步运动中的重要部位，

一般会出现跑步膝、髌腱炎等一系列的膝盖损伤，其每种损伤的具体预防、治疗与恢复措施，分别如下所述。

1）跑步膝（髌骨软骨软化症）

髌骨软骨软化症是髌骨的关节软骨变软或者发生退化引起的损伤。跑步爱好者往往由于膝关节的过度使用、创伤或者是跑步姿势不正确等原因，比较容易引发该损伤。由于这种损伤在跑步者中最常见，因此又被称为跑步膝。

● 症状

该损伤的症状包括膝盖骨以下的疼痛、久坐或者是上下楼梯疼痛明显、从坐姿到站姿的过程中疼痛明显，以及膝关节伸展时疼痛，其显著特征是伸膝时疼痛明显。其损伤与疼痛位置，如下图所示。

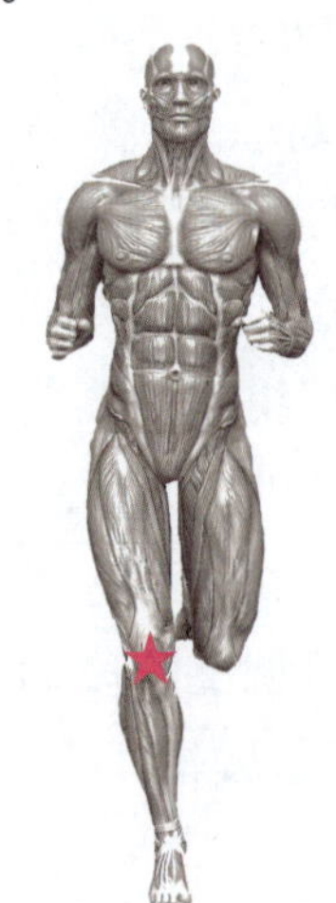

如不进行及时治疗，将会致使髌骨软骨与骨面瘢痕组织增多，进一步引起更大面积的炎症。严重时将导致髌骨软骨撕裂形成游离体游离于关节腔内，影响伤者正常生活。

● 损伤原因

造成该损伤的原因包括髌骨错位、髌骨骨折、软骨脱位等伤病史，以及跑步姿态和脚步落地位置不合理等。

● 预防措施

强化股四头肌、腘绳肌、臀肌和躯干的肌肉力量，达到稳定膝盖、阻止膝盖向内凹陷的目的。特别注重热身运动和跑步后的放松练习，每次运动后都应使用泡沫轴来保持肌肉放松，特别是对股四头肌和髂胫束的放松练习。另外，改善跑步姿态，特别是注意跑姿中的步幅和脚着地的位置也是一种积极的预防措施。

● 治疗办法

伤病初发阶段，实施一般治疗方法，可通过服用消炎药来缓解疼痛。损伤发生后需要限制活动至疼痛消失，然后循序渐进地进行恢复性训练，加强股四头肌的力量和柔韧性练习，以减轻作用于髌骨上的压力。一般经过消炎处理和恢复性练习即可见效。

2）髌腱炎（跳高膝）

髌腱炎又称为跳高膝，一般发生在篮球运动员和其他一些需要大量跳跃的运动项目中。当跑步者在跑步过程中出现过多的跳跃动作以及进行大运动量的下坡训练时，也会造成髌腱炎损伤。

● 症状

该损伤会造成髌韧带疼痛并发炎，以及肌腱周围出现肿胀感、压痛感。损伤与疼痛位置，如下图所示。

如不加以治疗，将会引起更多的炎症，从而形成恶性循环，严重者可导致髌骨肌腱断裂、引起周围组织损伤。

● 损伤原因

造成该损伤的原因包括髌骨韧带的疲劳用力、重复的跳跃和落地练习、跑步和踢腿运动、髌韧带的轻微损伤等。

● 预防措施

强化股四头肌、腘绳肌的肌肉力量，注重热身运动和跑步后的放松练习；同时还需要注重股四头肌、腘绳肌、小腿后肌群的拉伸练习。

● 治疗办法

伤病初发阶段，实施一般治疗方法，并可以使用消炎药缓解疼痛。康复性练习阶段需要特别注意寻找引起损伤的原因，并借助调整阶段的练习纠正引起损伤的问题。另外，在康复性训练阶段，可借助髌骨带等辅助器械以及平衡性练习进行康复训练，以均衡膝关节周围的力量。

3）髂胫束综合征

髂胫束是一条连接臀大肌、阔筋膜张肌和胫骨的肌腱，从臀部穿过膝关节延伸至膝盖，具有控制运动中小腿动作角度的作用。运动过程中，当髂胫束紧张时，其张力会增加，从而挤压黏液囊，造成黏液囊肿胀并引起疼痛。

● 症状

该损伤的症状包括膝关节外侧髁处疼痛和膝关节屈伸时疼痛。损伤与疼痛部位，如下图所示。

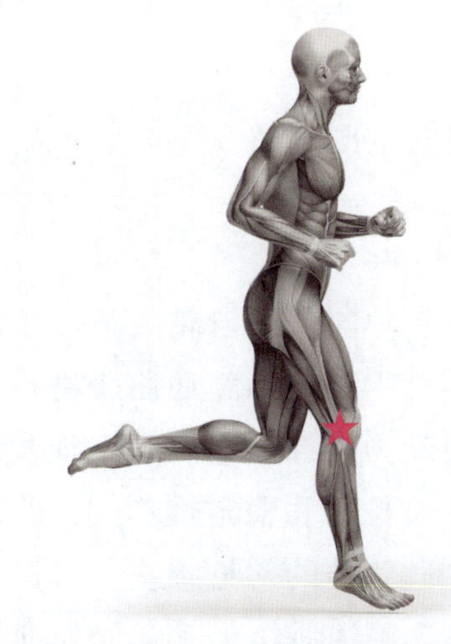

髂胫束的疼痛将导致阔筋膜张肌

和髂胫束的紧张、僵硬，如不及时治疗还可能导致慢性疼痛及髋关节损伤。

● 损伤原因

该损伤的原因包括髂胫束受到挤压与摩擦、髂胫束与阔筋膜张肌过于僵硬、不合理的跑步姿态、肌肉力量薄弱或力量不均衡；以及由于阔筋膜张肌的紧张，在跑步时反复地屈伸髋关节和膝关节所引起的摩擦等。

● 预防措施

可通过加强髋关节和大腿周围所有肌肉的力量和柔韧性练习，以及均衡发展髋关节和大腿肌群力量和改善跑步姿态等方法进行预防。

● 治疗办法

伤病初发阶段，实施一般治疗方法，并通过按摩加速恢复。在疼痛能够忍受的范围内进行拉伸训练，可有助于加速损伤的恢复；当疼痛减轻后，可加强相关肌肉群的力量练习和柔韧练习。髂胫束综合征可完全治愈，不会留下后遗症。

5 大腿与髋关节

跑步时，大腿与髋关节部位的腘绳肌、股四头肌和髋屈曲肌群是身体的主要动力来源，它们对于跑步者而言发挥着推动和稳定性作用。跑步时大腿和髋关节的常见损伤包括股四头肌拉伤、腘绳肌拉伤和髂腰肌肌腱炎等一系列的损伤，其每种损伤的具体预防、治疗与恢复措施，如下所述。

1）股四头肌拉伤

股四头肌附着在膝盖上，与腘绳肌是一组拮抗肌，主要用于扩展膝盖。在站立等静力性运动和跑步、跳跃等动力性运动中起着承载体重、稳定膝盖的作用。强壮的股四头肌不仅可以更好地保持膝关节的稳定性，而且还可以减轻其他肌群的负担。股四头肌由股内侧肌、股外侧肌、股中肌和股直肌 4 块肌肉组成，其中任何一块皆可以拉伤，但股直肌拉伤比较常见，一般发生在跑的过程中，并且最常发生在膝盖以上肌肉（股直肌）连接肌腱的位置。当股四头肌处于紧张状态时，更容易拉伤。

● 症状

该损伤的症状包括跑步的过程中会突然出现刺痛级别以上的疼痛、一种不太明显的突然爆裂感、股四头肌处出现肿胀以及瘀伤、肌肉变形、屈曲等症状，以及在直立、行走或跑步等动作中会引起明显疼痛。其损伤和疼痛位置，如下图所示。

轻微损伤如未能及时治疗可导致肌肉继续撕裂，损伤恶化；严重的损伤如不及时治疗则会造成运动能力急剧下降，甚至使肌肉伸缩功能丧失，直接影响日常生活。

● 损伤原因

该损伤原因包括肌肉超过了其可以承受的程度（力量和幅度）、股四头肌力量薄弱、股四头肌强力的收缩或被牵拉等。

● 预防措施

可通过加强热身运动和放松练习、加强股四头肌的力量和柔韧性练习，以及锻炼股四头肌和腘绳肌的力量使之均衡等方法进行预防。

● 治疗办法

伤病初发阶段，实施一般治疗方法，注意在治疗与康复的初级阶段消除瘢痕组织，然后利用热敷、按摩加速恢复。在恢复性训练期间，需要遵循循序渐进的练习方法，加强股四头肌和腘绳肌的力量和柔韧性练习，使之均衡发展。同时，还需要积极进行拉伸练习，并通过增加运动强度来降低损伤复发的风险。

2）腘绳肌拉伤

腘绳肌拉伤即腘绳肌肌腹或肌腱的拉伤，也是跑步运动中最为常见的运动损伤，多出现于冲刺、瞬间加速或疲劳状态下的加速运动中。

● 症状

腘绳肌有疼痛或压痛感，一级拉伤非常轻微，二级以上拉伤则可能导致虚弱无力、行动困难甚至无法支撑身体的平衡。二级和三级拉伤可观察到损伤部位出现肿胀的情况。损伤与疼痛位置，如下图所示。

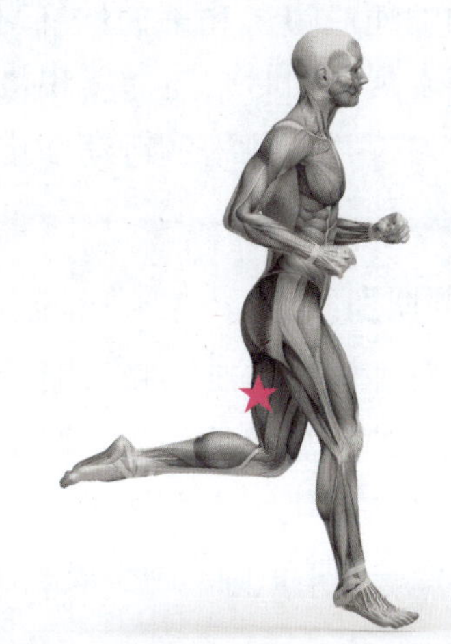

若未及时治疗则会引起腘绳肌持续疼痛和紧张、僵硬，腘绳肌的紧张会进一步引起腰背部和髋部的次生伤病，严重者则可能发展成完全的腘绳肌撕裂。

● 损伤原因

该损伤的原因包括腘绳肌负荷过大、股四头肌与腘绳肌力量不均衡、肌肉收缩时受到强力牵拉等。

● 预防措施

该损伤可通过加强热身运动和放松练习、加强腘绳肌的力量和柔韧性练习，以及平衡股四头肌和腘绳肌力量等方法进行预防。

● 治疗办法

伤病初发阶段，实施一般治疗方法，注意在治疗与康复的初级阶段应先消除瘢痕组织，再利用热敷、按摩加速恢复。在恢复性训练期间，需要遵循循序渐进的练习方法，加强股四头肌和腘绳肌力量和柔韧性练习，使之均衡发展。同时，还需要积极进行拉伸练习，并通过增加运动强度来降低损伤复发的风险。

3）髂腰肌肌腱炎

髂腰肌包括髂肌和腰大肌两块肌肉，主要具有屈髋的作用。髂腰肌肌腱炎亦称髂腰肌止点肌腱炎，通常由急性损伤或者不正确的跑步姿态造成。

● 症状

腹股沟上部有压痛感，髋关节活动时疼痛，其活动时疼痛感明显或加剧。损伤与疼痛位置，如右图所示。出现损伤时如未及时进行治疗，且继续从事活动会导致该肌肉撕裂，严重者将会引起该肌肉的肌腱滑囊炎。

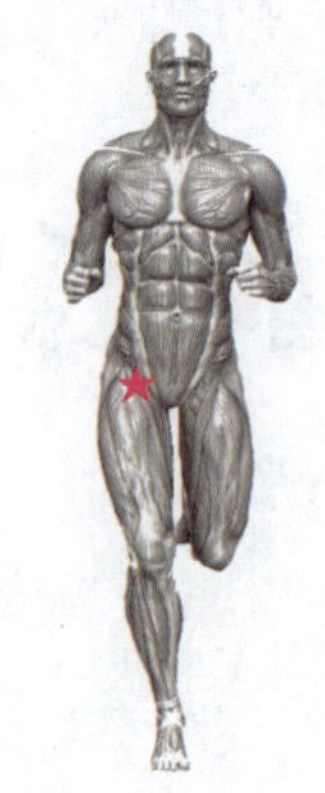

● 损伤原因

造成该损伤的原因包括不正确的跑步姿态、反复的屈髋运动、跑步练习的运动量和强度过大、髂腰肌损伤而未及时治疗等。

● 预防措施

该损伤可采取加强髂腰肌的力量和柔韧性练习、拉伸髂腰肌的拮抗肌（伸髋肌群），以及运动前后的热身练习和放松练习等预防措施。除此之外，还需要加强屈髋和伸髋肌群力量、柔韧性的均衡发展。

● 治疗办法

伤病初发阶段，实施一般治疗方法，可适当使用消炎药消除肿痛，并通过热敷、按摩加速恢复，限制活动至疼痛消失。在恢复性训练期间，需要遵循循序渐进的练习方法，同时加强屈髋和伸髋肌群的力量与柔韧性练习，积极进行拉伸练习，并通过增加运动强度来降低损伤复发的风险。